ギリシアへの陶酔

ジョージ・グロートとJ. S. ミルによる
古代ギリシア思想の受容

村田 陽 著
MURATA Minami

ナカニシヤ出版

凡　例

【出典の表記・略記について】
- 本稿で引用・参照したジョン・スチュアート・ミルの著作，書簡，草稿は，すべてトロント大学出版会の『ジョン・スチュアート・ミル著作集』（*Collected Works of John Stuart Mill*, 33 vols., F. E. L. Priestley and J. M. Robson eds., University of Toronto Press, 1963-1991）による。同書は CW と略記する。出典の表記は，著者の苗字・略記・参照頁の順に記す。日本語訳のある文献は，その該当箇所を併記する。例：Mill, Autobiography：p. 5 [35 頁]。

『ジョン・スチュアート・ミル著作集』から出典を表記するときに用いる略記一覧
Aristotle：(1873) "Grote's Aristotle", CW, XI, pp. 473-510.
Autobiography：(1873) *Autobiography*, CW, I. pp. 4-290.
Bentham：(1838) "Bentham", CW, X, pp. 77-115.
CRG：(1861) *Considerations on Representative Government*, CW, XIX, pp. 371-577.
Death of Bentham：(1832) "Death of Jeremy Bentham", CW, XXIII, pp. 467-473.
Democracy in America [I]：(1835) "De Tocqueville on Democracy in America, I", CW, XVIII, pp. 47-90.
Democracy in America [II]：(1840) "De Tocqueville on Democracy in America, II", CW, XVIII, pp. 153-204.
EL：(1812-1843) *The Earlier Letters of John Stuart Mill, 1812-1843*, CW, XII-XIII.
GG [1]：(1846) "Grote's History of Greece [1]", CW, XXIV, pp. 867-875.
GG [2]：(1847) "Grote's History of Greece [2]", CW, XXIV, pp. 1084-1088.
GG [3]：(1849) "Grote's History of Greece [3]", CW, XXV, pp. 1121-1128.
GG [4]：(1849) "Grote's History of Greece [4]", CW, XXV, pp. 1128-1134.
GG [5]：(1850) "Grote's History of Greece [5]", CW, XXV, pp. 1157-1164.
GH [I]：(1846) "Grote's History of Greece, I", CW, XI, pp. 271-305.
GH [II]：(1853) "Grote's History of Greece, II", CW, XI, pp. 309-337.
Gorgias：(1834) "The Gorgias", CW, XI, pp. 97-150.
Guizot：(1845) "Guizot Essays and Lectures on History", CW, XX, pp. 257-294.
Inaugural Address：(1867) 'Inaugural Address Delivered to the University of St. Andrews", CW, XXI, pp. 217-257.
LL：(1849-1873) *The Later Letters of John Stuart Mill, 1849-1873*, CW, XIV-XVII.
Michelet：(1844) "Michelet's History of France", CW, XX, pp. 217-255.
OL：(1859) *On Liberty*, CW, XVIII, pp. 213-310.
Phaedrus：(1834) "The Phaedrus", CW, XI, pp. 62-96.
Plato：(1866) "Grote's Plato", CW, XI, pp. 375-440.

Protagoras：(1834) "The Protagoras", CW, XI, pp. 39-61.
Remarks on Bentham：(1833) "Remarks on Bentham's Philosophy", CW, X, pp. 3-18.
Sedgwick：(1835) "Sedgwick's Discourse", CW, X, pp. 31-74.
SOL：(1843) *A System of Logic*, CW, VII and VIII.
South Australia：(1834) "Wakefield's The New British Province of South Australia", CW, XXIII, pp. 738-742.
Statesman：(1837) "Taylor's Statesman", CW, XIX, pp. 617-647.
TPP：(1840) "Two Publications on Plato", CW, XI, pp. 239-243.
Utilitarianism：(1861) "Utilitarianism", CW, X, pp. 203-259.

- ジョージ・グロートの『ギリシア史』(*History of Greece*, 12 vols., 1846-56, John Murray) は，著者の苗字のあとに History と略記し，その巻数と参照頁を記す。(例：Grote, History, 1：p. 1)
- ジョージ・グロートの『プラトンとソクラテスの同時代人』(*Plato, and the Other Companions of Sokrates*, 3 vols., 1865, John Murray) は，著者の苗字のあとに Plato と略記し，その巻数と参照頁を記す。(例：Grote, Plato, 1：p. 1)
- ウィリアム・ミトフォードの『ギリシア史』(*The History of Greece*, 5 vols., 1818, T. Cadell and W. Davies (First published in 1784-1810)) は，著者の苗字のあとに History と略記し，その巻数と参照頁を記す。(例：Mitford, History, 1：p. 1)

【その他】

- 英語文献で日本語訳のある文献を引用する場合，筆者によって適宜改訳を行なった部分がある。
- 本書では日本語で現代および近代を指す modern について，同時代的な意味や意識を含む場合は「現代」と訳出・表現した。ただし，特定の時期区分を指す場合には「近代」を用いた箇所もある。
- 英語文献を引用・参照する場合，筆者による補足は亀甲括弧〔　〕を用いて示す。
- 書簡を引用・参照する場合，出典を明記したあとに差出人，受取人，年月日（日・月・年の順序）を記す。
- 原文の強調（イタリック）には傍点を付した。
- 筆者による強調（傍点）を付した部分は，その旨を注に明記した。
- 複数巻ある著作を引用・参照する場合，著者の苗字と出版年の次に巻数を注に記載した。
- 脚注内でハリエット・グロートの文献を指す場合は H. Grote と表記し，それ以外の Grote はすべてジョージ・グロートによる。

目　　次

凡　例　*i*

序　章 …………………………………………………………………… 3
  1　目的と問い　3
  2　ミル研究史上における問い　5
      ――ミルの古典古代論の位置づけをめぐって――
  3　グロート研究史上における問い　8
      ――グロートは何者だったのか？――
  4　着眼点と構成　14

第1章　ギリシアに陶酔した二人の哲学的急進派 ……………… 21
  1　問題の所在　21
      ――半世紀におよぶ交友の歴史――
  2　それぞれの人生の始まりと若き日の出会い　24
  3　哲学的急進派としての異なる〈自覚〉　34
  4　知的交流の深化　43
      ――『ギリシア史』と『プラトン』――
  5　二人の眠る場所　55
      ――ウェストミンスター寺院とアヴィニョン――

第2章　アテナイの民主政論 ……………………………………… 67
      ――「国制の道徳基盤」の盛衰――
  1　問題の所在　67
      ――古典古代へと回帰することの意味――
  2　ヴィクトリア朝におけるギリシア史をめぐる保守派と急進派の対立　70

3　アテナイの国制改革史　77
　　4　国制の道徳基盤のアテナイにおける盛衰とその近代的再建　85
　　5　アテナイ史の現代的意義をめぐって　93

第3章　デマゴーグの再解釈 ………………………………………… 99
　　　　――クレオンとニキアスを手がかりに――
　　1　問題の所在　99
　　　　――民主政の「悪役」をめぐって――
　　2　古代人によるデマゴーグ評価　103
　　　　――アリストパネスとトゥキュディデス――
　　3　18世紀英国におけるデマゴーグ批判の言説　109
　　4　「反対論者」としてのデマゴーグ　113
　　5　野党的反対論者としてのデマゴーグの可能性　122

第4章　ソフィストの再定義 ………………………………………… 131
　　　　――プラトンの対話篇受容の観点から――
　　1　問題の所在　131
　　　　――ソフィストは〈悪者〉だったのか？――
　　2　19世紀英国におけるソフィストとプラトンをめぐる知的状況　135
　　3　『ギリシア史』以前のソフィストに対する否定的解釈　142
　　4　グロートとミルによるソフィストの再定義　151
　　5　ソフィストの分類と個別評価　161
　　　　――プロタゴラスを中心に――
　　6　哲学者とソフィストの境界線　171

第5章　二人のプラトン ……………………………………………… 185
　　　　――ソクラテス主義者と独断論者――
　　1　問題の所在　185
　　　　――プラトン受容の射程――

2　プラトンの有用性　　188
　　　──「新プラトン主義」とホイッグの視座──
　3　グロートとミルによるプラトン解釈　　193
　4　ノモス王 対 ソクラテス　　205
　5　哲学者の人生と弁論家の人生　　214
　6　「統治する哲学者ソクラテス」　　224

終　章 ……………………………………………………………… 237
　1　グロートとミルによるギリシアへの陶酔　　237
　2　さらなる争点　　239
　　　──現代論としての古典古代論──

＊

　巻末資料　　246
　参考文献一覧　　247
　あとがき　　263

　＊索引は小社ホームページに掲載した。

ギリシアへの陶酔
―― ジョージ・グロートと J. S. ミルによる古代ギリシア思想の受容 ――

左:ジョージ・グロート
右:ジョン・スチュアート・ミル

©National Portrait Gallery, London

序　章

1　目的と問い

　本書の目的は，19世紀の英国で活躍した二人の哲学的急進派（Philosophic/Philosophical Radicals，以下，急進派と略記）であるジョージ・グロート（George Grote, 1794-1871）とジョン・スチュアート・ミル（John Stuart Mill, 1806-1873）の古代ギリシア受容を当時の知的文脈において明らかにし，両者の政治思想上の共鳴関係の析出を試みることである。彼らの同時代人で哲学者のアレクサンダー・ベイン（Alexander Bain, 1818-1903）は，グロートとミルが「ギリシアに陶酔していた人」であったと評した。この「陶酔（intoxicated）」とは，はたして何を意味するのであろうか。二人は古典古代の世界に「毒されていた」のか，それとも「夢中になっていた」のか。このベインの評価は，一方でおよそ2000年代以降のミル研究に刺激を与え，他方でミルと議論を共にしたグロートを単なる古代史・古代哲学の著述家ではなく，哲学的急進主義の思想家として解明する糸口を提供してきた。

　ミルは，父ジェイムズ・ミル（James Mill, 1773-1836）のもとで3歳から古典ギリシア語を学び始め，幼い頃からプラトンやトゥキュディデスなど多数の西洋古典の著作に触れた。『自伝（*Autobiography*）』（1873年）においてミルは，この英才教育における読書体験が「語学のためだけではなく，その思想のためにも学ぶ価値のあるもの」であったと振り返る。幼少期に出会ったギ

リシアの世界は，生涯を通じてミルの知的思索に多岐にわたる影響を与え，とりわけ 1846 年以降には，アテナイの民主政に対する高い評価と「ソクラテス的プラトン」の称賛という帰結を生み出した。そして，このようにミルがギリシアの歴史と哲学に対する洞察を深めていく過程で決定的に重要な役割を担った人物がグロートであった。

　二人の「陶酔」を紐解く主な手がかりは，グロートによるギリシアに関する歴史書・哲学書とそれらに対するミルの緻密な書評論文にある。これらの一次資料が，本書の主要な分析対象である（本書の巻末資料も併せて参照されたい）。グロートは，1846 年から 1856 年にかけて全 12 巻から成る『ギリシア史 (*A History of Greece : from the Earliest Period to the Close of the Generation Contemporary with Alexander the Great*)』を出版し，1865 年には全 3 巻の『プラトンとソクラテスの同時代人たち (*Plato, and the Other Companions of Sokrates*，以下，『プラトン』と略記)』を公刊した。グロートから寄贈された『ギリシア史』に対して，ミルは書評論文を 1846 年と 1853 年に『エディンバラ・レヴュー』に寄稿し，『スペクテイター』には書評記事を 1846 年から 1850 年にかけて 5 回公表した。よって，ミルは計 7 篇にわたって『ギリシア史』を批評したが，その主旨はグロートの議論を概ね擁護することで，ギリシアを「政治的自由の創始者」に位置づけ，「近代ヨーロッパの偉大な模範とその源流」として賛辞することにあった。[3]

　『プラトン』に対するミルの書評論文「グロートのプラトン (Grote's Plato)」は 1866 年に公表されたが，ベインの伝えるところによると，ミルは同論文を執筆するために「プラトンのすべての著作を原文で読み直す」ことにした。[4] そしてミルは，グロートが「ノモス王 (King Nomos)」批判を通じて強調したプラトンの両義性——「ソクラテス主義 (socraticism)」と「独断論 (dogmatism)」——に対する問題意識を基本的に引き継ぎ，プラトンの伝えるソクラテス哲学のなかにリベラルな諸原理をグロートとミルは発見した。この意味において，両者の「陶酔」は，20 世紀前半の全体主義・ファシスト陣営へと引き込まれていくことになる〈危険な香りを漂わせたプラトン像〉とは一致しない。[5]

　なぜミルはギリシアの歴史と哲学に関心を抱き，人生のさまざまな段階で

古典古代について書き残したのであろうか。なぜグロートは，ギリシア史とプラトン哲学に関する膨大な著作に長い年月をかけて取り組んだのであろうか。これらの問いを明らかにするために，本書は二人の急進派によるギリシア受容を歴史的に再構成する。言い換えると，本書は両者の政治思想を哲学的に検証するのではなく，彼らのテクストを彼らの生きた時代のコンテクストのなかに位置づけるために，思想史研究の方法を用いる。なぜこの手法がグロートとミルのギリシア受容研究に不可欠であるかを示すために，次に研究史上の要点とそこから導出される問いを説明する。

2　ミル研究史上における問い
――ミルの古典古代論の位置づけをめぐって――

　ミルは，19世紀の英国において人文学・社会科学に関わる広範な領域で思索を繰り広げた思想家である。国内外のミル研究者が長年着目している『論理学体系（*A System of Logic*）』（初版 1843 年），『経済学原理（*The Principles of Political Economy*）』（初版 1848 年），『自由論（*On Liberty*）』（1859 年），『代議制統治論（*Considerations of Representative Government*）』（1861 年），『功利主義（*Utilitarianism*）』（1861 年），『女性の隷従（*The Subjection of Women*）』（1869 年）といった代表的著作を並べてみるだけでも，彼の知性の幅広さを知ることができる。1821年に父ジェイムズ・ミルを通じてジェレミー・ベンサム（Jeremy Bentham, 1748-1832）の哲学に触れたミル（子ミル）は，ベンサムの功利主義と改革主義を継承した急進派として「世界の改革者」となることを目指した[6]。しかし「精神の危機」を経た 1830 年代以降のミルは，必ずしもベンサム主義とは一致しない多様な思想を摂取し，父ミルやベンサムとは一線を画す独自の思想・理論を打ち立てたことは，周知の事実である。戦後の研究史においては，このようなミルの多面性をめぐって活発な議論が展開されてきた。
　次に，本書の問いに幅広く関わるミル研究史を簡潔に振り返っておきたい[7]。20 世紀半ばまでは，アイザイア・バーリンらによるミルの「伝統的解釈」が中心的であった。この解釈では，ミルの思想には複数の相反する哲学が混在しているため，ミルを首尾一貫性の欠如した著述家として描き出す傾向が

強かった。しかし，それ以降に台頭した「修正的解釈」においては，アラン・ライアンを筆頭に，ミルの体系的理解に着目し，その一貫性を析出することで伝統的解釈に異論を唱える研究が登場した。この修正主義的アプローチの過程では，ミルの論理学や経済思想など，伝統派が積極的に論じてきた功利主義や政治学以外の著作に対し，新たに注目が集まった。この展開は，1963年から1991年にかけてトロント大学出版会から28年間かけて刊行された『ジョン・スチュアート・ミル著作集』によって支えられていた側面も大きい。つまり，多数の論考・記事・書簡を含む一次資料の整備が続々と進むなかで，ミルの知的営為の全体像が解明されていくかのようにも思われた。[8] かくして，『著作集』が完結した1990年代以降は，修正的解釈の流れを汲み取りながらも，ミルの社会科学の方法論や国際関係論・帝国論，古典古代論といったさらに新たな論点が研究上の重要な争点として浮上した。

そしてミルは2006年に生誕200年を迎えた。この時期に国内外でミル研究の学会・集会が複数開催されたが，例えば，同年の4月にユニバーシティ・カレッジ・ロンドンにて国際功利主義学会のミル生誕記念大会が行なわれた。[9] 同学会の成果は，ゲオルギオス・ヴァロカキスとポール・ケリー編の『ジョン・スチュアート・ミル――思想と影響』に集約されているが，この二人の編者は学会開催時にミルの解釈上の「不一致や論争」が見られたことは，「ミルの思想の活力」を示し続けていると評価した。[10] より近年の研究動向を伝える2017年に公刊されたコンパニオン・シリーズ（ブラックウェル出版）では，ミル解釈に対するコンセンサスの不在が確認された一方，ミルが自らの「多面性（many-sidedness）」を自認していたことに目を向ける必要があると指摘された。[11]

ミル研究の観点から見た本書の副次的目的は，その「多面性」についてグロートを媒介としたギリシア受容の観点から検討することである。この目的に関わる先行研究であり，修正的解釈以降の研究に新しい視座を提供した重要な研究として，政治哲学者のナディア・ウルビナティによる『ミルのデモクラシー論――アテナイのポリスから代議制統治へ』（2002年）が特筆される。同研究は，政治思想家としてミルを捉え直し，その政治的諸概念が「デモクラシーの手続き，エートス，政治的実践に対する我々の理解を豊かにす

る」という枠組みを提示した。さらに同書は，ミルの主要著作に併せて，古典古代に関する多数の記述を分析対象に加えた画期的な成果である。その研究を通じてウルビナティは，第一に，ミルのデモクラシー論が現代の熟議民主主義に新たな視座を与え得ること，第二に，バーリンの「二つの自由概念」やクエンティン・スキナーとフィリップ・ペティットの共和主義的自由とは異なる自由原理として，「服従からの自由 (liberty from subjection)」をミルの政治思想から析出可能であると結論づけた。

　ウルビナティの分析には，J. G. A. ポーコックの『マキァヴェリアン・モーメント』(1975 年) の公刊以降，共和主義研究の興隆下で進展したスキナーとペティットによるシヴィック・ヒューマニズム研究に対して，ミルの解釈を通じて批判的に応答したという特色がある。そのテクスト分析は，ミル的なデモクラシー（民主政）のエートスが，熟議を可能にしたアテナイの諸制度やソクラテスをはじめとする哲学者の徳論を介して析出可能であるとされた。他方，同研究は，従来のミル研究者がさほど注目してこなかった『ミル著作集』の第 11 巻に所収された一連の古典古代論の現代的意義と，そのテクストの存在を浮かび上がらせた。もっとも，川名雄一郎が指摘するように，ウルビナティは「重要な議論」を提示しているが，「その強すぎる現代的関心ゆえに，ミルの古典古代論の同時代的文脈への位置づけについては不十分であった」。

　共和主義思想の文脈でミルの政治思想を位置づけ直す試みは，デール・E・ミラーや小田川大典による刺激的な議論からも確認される。ミラーは，ミルによるアテナイの民主政賛美の理由を，彼の政治哲学が「諸個人の消極的自由という「リベラルな理想」」と「公的な事柄に積極的かつ公平に参加するという「シヴィックな理想」」という二つの理想を中心に形成されたことに見出した。ミラーの提起した「ミル政治思想におけるリベラルな理想とシヴィックな理想の混在」に注視した小田川は，ミルのシヴィックな視点を明らかにし，さらに 1826 年の「精神の危機」以後のミルの思索を分析することで，この問題を検討した。小田川の研究では，「『自由論』のリベラルな自由原理」と「『代議制統治論』のシヴィックな参加デモクラシー」の混在は，ミルの二つの理想の「共闘」として描き出された。このように，ウルビナティ，

序章　7

ミラー，小田川の分析は，古典古代に由来する〈共和主義〉という自由主義とは異なる系譜をミルの政治哲学に導入することで，その思想的・理論的特徴の可能性を浮き彫りにしたと言える[17]。

　その一方で，ウルビナティの研究以後，ミルの思想に内在化されたギリシア的要素を主題とした分析が進むようになるが，そのなかでも包括的な成果を残したアンティス・ロイツィデスによる『ジョン・スチュアート・ミルのプラトン的遺産——性格論を通じた幸福』（2013年）は，ミルの古典古代論の思想史的展開を知るうえで肝要である。ミルのギリシア論についてロイツィデスは，19世紀英国の知的文脈を背景としながら，ジェイムズ・ミルの影響下で受けた英才教育から『論理学体系』，『自由論』，『功利主義』といった中期・後期のミルへと至る展開を歴史的・理論的に検討した[18]。同研究では，ミルのギリシア受容の過程で，ジェイムズ・ミルやグロートといったミルの同時代人が重要な役割を担ったことが示された。以上の研究史を振り返るなかで川名は，ミルの古典古代論研究を進めていくためには，「ミルの議論の内在的分析」に加えて，「ミルの身近で古典古代に関心をもっていた思想家との比較分析を進めることによって，さらなる成果が期待できるだろう」と述べた[19]。

　したがって本書の関心は，ミルを共和主義的潮流，あるいは現代デモクラシー論の観点から理論的に考察するのではなく，ギリシア受容というミル自身のコンテクストのなかでその古典古代論を理解するところにある。その結果，ミルのギリシア史とプラトン哲学の解釈は，『自由論』で表明されたリベラルな諸原理に概ね一致することが本書全体を通じて示される。この帰結は，グロートの『ギリシア史』および『プラトン』，そしてミルの『自由論』という三つの著作とそれらをめぐる両者の応答に深く関わっていたのである。

3　グロート研究史上における問い
　　——グロートは何者だったのか？——

　ミルの古典古代論を歴史的に議論するためには，グロートに着目しなければならない。ここに本書の第二の副次的目的がある。ミルの思想を理解する

手がかりとしてグロートの思想を用いる視点は，前述のウルビナティとロイツィデスの研究にも見られた。しかし本書は，ミルの知的活動を解明するための単なる〈手がかり〉としてグロートを理解するのではなく，グロートとミルのテクストを同等の重みを持つものとして扱うことで両者の比較を試みるところに違いがある。

　長らくグロートは，ヴィクトリア朝を代表する古代ギリシア史家・ギリシア哲学者として評価されてきた。しかし，同時に彼が 19 世紀英国の公的領域に幅広く携わった急進派の政治家・知識人であったという事実は，十分に理解されてきたとは言い難い。その活動範囲は，歴史という過去の世界のみならず，当時の英国議会，ロンドン大学，大英博物館などにも及んだ。グロートの代表作は前述した 1840 年代後半以降の『ギリシア史』と 1860 年代半ばの『プラトン』であるが，両著作の完成に至るまでの間に急進主義に基づく政治改革運動に従事した。ジェイムズ・ミルとの出会いを経て 1820 年代からベンサム主義に傾倒したグロートは，1832 年に庶民院議員に当選する以前に，ベンサムの『自然宗教論』(1822 年) の編纂作業に携わり，さらに議会改革擁護論を公表するなど急進派として活動した。ベインの編纂した『ジョージ・グロートの小作集 (*Minor Works of George Grote*)』(1873 年) には，グロートの活動を知る手がかり (演説原稿や子ミルによる「ウィリアム・ハミルトン卿の哲学」に対する論評 (1866 年) など) が所収されており，ギリシア論のみならず，政治学や哲学に関わる多角的な考察をグロートが繰り広げていたことが示されている。

　しかし，このような豊かな活動にもかかわらずグロートは，(筆者の専門分野である) イギリス思想史や西洋政治思想史の領域において，ベンサムやミル親子ほど際立った注目を集めてきたわけではない。むしろグロートは，『ギリシア史』と『プラトン』の業績によって，19 世紀末から現在にかけて，ギリシア史研究者・西洋古典学研究者の間で一定の評価を獲得してきた。20 世紀の古代ギリシア・ローマ史学を代表する学者のアルナルド・モミッリャーノは，『ギリシア史』の公刊からおよそ 100 年経った 1952 年，ユニバーシティ・カレッジ・ロンドンの古代史研究科長の就任に際して「ジョージ・グロートとギリシア史研究」と題した講演を行なった。同講演でモミッリャー

ノは，グロートのギリシア史学に対する貢献を以下のように高く評価した。

> グロートの歴史は新たな基準を打ち立て，ギリシア史の叙述に新たな衝撃を与えた。グロートの指導下で新たな時代が始まったのである。彼の著作は，その原典およびフランス語とドイツ語の翻訳書を通じてあらゆるところに伝播した。グロートによる〔神話時代の〕英雄たちへのアプローチ，ギリシアの政治生活の再評価，そしてなによりも，政治史と知性史の密接な関連性に対する強調は，古典を学ぶすべての学生たちに感銘を与えたのである。[20]

本書の議論に即して，モミッリャーノのグロート評価から示される要点は次の通りである。グロートの『ギリシア史』は，18世紀後半以降に進展したドイツの古代史研究や19世紀のリベラル派の国教徒の司教コノップ・サールウォール（Connop Thirlwall, 1797-1875）によるギリシア史研究を批判的に摂取することで執筆された。だがグロート独自の視点は，モミッリャーノの指摘した「政治史と知性史」の繋がりを哲学的急進主義の観点から導入したことにもある。さらにモミッリャーノは，1952年の論考でグロートの知的コンテクストを示す貴重な指摘を行なった。ベンサムやジェイムズ・ミルといった急進派とその第二世代のジョン・ミルとグロートは，「歴史における神の摂理ではなく多数派の人々の手による社会的進歩，指導理念の論理的明晰性，政治という活動を規律する法則の理解」に「共通の関心」を抱いた。

> 彼ら〔急進派〕と「ケンブリッジの使徒たち」の間には，経済的関心と政治的傾向において相容れないものが抱えられていたが，それ以上にそもそも知的経験において大きな落差があった。向こう側，つまりケンブリッジとオックスフォードのカレッジ，あの絵にかいたような修道院風の建物の中では，野蛮と文明の間を行ったり来たりしながら徐々に摂理の方向を現していく歴史というものを内省する人々が生きていた。こちら側，つまりロンドンでは，銀行家，法律家，大英帝国の行政官がおり，彼らは決して秘儀的信者ではなく，必ずしもキリスト教徒ではなかった。

世界が理性の王国に向かって急いで行進することを希求していた。[21]

　本書の第4章と第5章では，グロートとミルの思想が英国のプラトン主義者たちの議論に対する批判を直接的・間接的に表わしていたことを分析する。他方，モミッリャーノの分析は，両者のギリシア受容が〈国教会の外側〉という急進派のサークルで進められた様相を描き出しており，本書のテーマに関わる知的文脈の一つを明確に示している。さらに本書の第1章では，グロートがカレッジに進学することなく，ロンドンで銀行業や公務に従事する過程で『ギリシア史』と『プラトン』が構想され，完成へと至った経緯を概観する。加えて同章は，ミルがオックスフォード大学とケンブリッジ大学に代表される高等機関の古典語・古典教育に不満を抱えていたことにも触れる。

　日本においては，戦後の古典古代研究を代表する学者たちがグロートの遺産を伝えてきた。古代史家の秀村欣二は，「近代ヨーロッパにおける古典古代史研究の発展」(1961年) でグロートの知的文脈を簡潔かつ明瞭に議論した。秀村は，グロートの見抜いたギリシアの偉大さは「政治的自由」にあり，「彼のギリシア史は著しくアテナイ的であり，何よりも19世紀イギリス自由主義的であった」と評する。他方，古代ギリシア哲学・西洋古典学研究を牽引してきた内山勝利は，19世紀とは「プラトンを哲学の「専門領域」から解放し，より広範な国民的教養の書として迎えられる動向の始まり」の時期であり，その「最も熱心な担い手」がグロートであったと評価する。グロートのプラトン理解は「（むしろいい意味での）アマチュアリズムに立っていた」が，その『プラトン』は，「すぐれて同時代的な視点でプラトンの生涯と著作を丹念に祖述したもので，今日もなお参照するに価する記述が少なくない。本書〔『プラトン』〕においてプラトンの「対話性」を重要視し，議論による真理の探究者という新たな側面を強調したことは，その後のプラトン研究を先取りするものとなっている」と内山は考察する。[22]

　プラトン哲学やソフィスト論に関する豊かな研究蓄積を持つ納富信留は，『ソフィストとは誰か？』(初版2006年) のなかで，グロートの『ギリシア史』の哲学的特色についてさらに論点を絞った評価を下している。本書の第3章の主題であるグロートのソフィスト解釈を納富は以下のように述べる。

19世紀半ばには，イギリスの歴史家で政治家のジョージ・グロートが大著『ギリシア史』の中で，ギリシア文明におけるソフィストの意義を積極的に評価した。それまで「ソフィスト」として一括され頭ごなしに批判されてきた思想家たち，それぞれに目を向け評価するように促す。他方で，彼の研究は，個別のソフィストを重視するあまり，逆に，ソフィストに共通する本質を見失わせる可能性をはらんでいた。⁽²³⁾

このように国内外の古典学・古代史研究者たちがグロートの貢献とその学術的課題を各々に指摘してきたが，急進派としてのグロート像には検討の余地が残されている。⁽²⁴⁾

18,19世紀の思想史・受容史研究者であるキリアコス・ディメトリオは，1990年代後半から現在にかけて，ベンサム主義者としてのグロートの姿に焦点を当てた研究成果を残した。ディメトリオの一連の研究では，グロートの古典古代論の全体像を把握するのみならず，グロートを取り巻く知的コンテクスト——英独の同時代人たちによるギリシア史論やプラトン哲学——に対する注目がたびたび促されており，グロートの思想を歴史的に理解する手がかりを豊富に提供している。その一方で，グロート研究全体の学術動向は，ミル研究のように複数の多様な専門領域の研究者が集結し，継続的な研究がさまざまな方向に進展する様子は，管見のかぎりさほど確認されない。⁽²⁵⁾ところが，2002年のウルビナティの研究によって，ミルの古典古代論におけるグロートの重要な役割が認知されたことで，イギリス思想やベンサム主義の専門家が改めてグロートに着目する契機が生まれてきたと言えよう。近年のまとまったグロート研究としては，2014年に出版されたディメトリオ編のコンパニオンシリーズ（ブリル出版）が貴重な成果である。⁽²⁶⁾同書では，ミル親子の研究者であるロイツィデスや，ベンサム・プロジェクトの一員で新版『ベンサム著作集』の編者を務めたキャサリン・フラーらが分担執筆者を担当しており，急進派のサークル内にグロートを再配置する研究が盛んに展開された。

本書は，このような2010年代以降のグロート研究の進展を背景としてい

る。だが，その古典古代受容の意味づけには，グロートを取り巻く歴史的文脈のなかで彼を再配置することが不可欠である。このことは，深貝保則による 2013 年の論考「ヴィクトリア期の時代思潮における中世主義と古典主義」から示唆される。深貝はグロートやミルの古典古代論の知的背景を成す思想的展開をダイナミックに叙述した。同研究は，「18 世紀西欧において古典古代への関心の表舞台に出たのはローマ帝国の盛衰であって，古典古代ギリシアへの関心がさまざまなレヴェルで昂まりを見せるのは 19 世紀半ばになってからであった」と指摘する。さらに同研究では，この「昂まり」へと至る文脈が叙述されているが，そのなかでもウィリアム・ミトフォード（William Mitford, 1744-1827）の『ギリシア史』（1784-1810 年）が与えたインパクトは肝要である。ミトフォードは，急進派の政敵であるトーリー党に属した政治家・歴史家で，その『ギリシア史』は，グロートの『ギリシア史』以前の英国で幅広く読まれた混合政体論擁護論を反映した歴史書である。深貝は「グロートの狙い」が，「デモクラシーを専制あるいは圧制の典型としてみなすミトフォードの影響力」を「そぎ落とす歴史観を提示すること」であったと議論する。[27]

それに対して本書は，この「狙い」によってグロートが具体的にいかなる論点設定を行ない，ミトフォードを反駁したのかを検討する。つまり，本書の第 2 章以降では，アテナイの民主政史，デマゴーグ論，ソフィストの再解釈がミトフォードの『ギリシア史』への対抗的争点として配置されたことを明らかにする。さらに，ギリシア史やプラトンをはじめとする各章の論点に応じて，18 世紀後半から 19 世紀前半にかけて急進派と対峙したギリシア論として，ジョン・ギリーズ（John Gillies, 1747-1836）やトーマス・テイラー（Thomas Taylor, 1758-1835），サミュエル・テイラー・コールリッジ（Samuel Taylor Coleridge, 1772-1834），トーマス・バビントン・マコーレー（Thomas Babington Macaulay, 1800-1859）らを分析対象に加え，グロート以前の議論を一つの知的文脈に位置づけながら，グロートとミルの政治的・思想的立場の独自性を析出する。

4　着眼点と構成

　以上の研究史から導き出された争点をふまえると，本書は，ミル研究とグロート研究の双方に関わる着眼点を含みつつも，両者の政治思想を19世紀英国におけるギリシア史受容に位置づけようと試みる研究である。言い換えれば，ミルのギリシア史とプラトン哲学の受容がミルの思想全体を基礎づける決定的な要素であること，ミルの理論的整合性が古典古代論によって見出される可能性があることを本書は想定しない。ミルが功利主義やロマン主義，フランス自由主義など複数の思想を摂取したという先行研究が積み重ねた見解は看過できない。さらに，ミルの専門領域には政治学のみならず，経済学や論理学，倫理学，宗教論といった多様性があったことも事実である。しかし，ミル研究として本書の目指すところとは，ギリシアの市民や政治家，哲学者たちの活動と思索が，とりわけグロートの著作を媒介として，ミルの政治思想を刺激したことを明らかにすることである。そのため，グロートの『ギリシア史』と『プラトン』に関するテクスト分析は，ミルがこれらの書物をいかに読解し，評価したのか，という観点を念頭に置いていることも多い。すなわち，二人の急進派が析出したアテナイの民主政と哲学者に対する賛辞の検討を通じて，双方の議論にいかなる重なり合いが見られたのかに注目する。その過程で，各々に独自のギリシア受容の様相が浮き彫りになるだろう。そのため，本書は，グロートやミルのギリシア解釈を現在の古典学・古代史研究の知見を用いてその整合性や正確さを議論することを研究上の射程には入れない。
　本書では，ミルとグロートの立場を示す哲学的急進派という用語を使用するが，一般的に急進派とは，ベンサムの功利主義思想を支持する人々によって形成された知的・政治的集団を指す。彼らの思想や哲学には多彩な特色が認められるが，その政治学的基礎には代議制民主主義や改革主義に対するさまざまな支持が見られる。その活性期は18世紀後半から19世紀半ばにあるが，本書の分析対象であるグロートとミルはその第二世代に位置づけられる。ところが，急進派の創始者ベンサムは，古典古代や過去一般に対して警戒意

識を持っていたことに留意が必要である。

　ベンサムは，「邪悪な利益（sinister interest）」によって支配された英国政治を改革すべく，伝統や慣習として古くから伝わる法，政治，社会制度を批判した。この「古くから」というニュアンスに対するベンサムの批判は，例えば『誤謬の書（*The Book of Fallacies*）』（1824年）において看取される。ベンサムが問題とした誤謬の一つに，過去の権威に基づいて現在の政治を肯定する「権威の誤謬」がある。権威の誤謬の説明を通じてベンサムは，古くから続く慣習や法律，古人の意見が特定の政策を支持する際の理由として安易に利用されやすいことを指摘した。「由緒ある古代」，「古来の英知」といった表現を引き合いにしながら，古いものを古いという理由によって尊重することには危険が伴うとベンサムは警告する。言い換えると，「死者の骨を崇拝すること」は「高慢，怒り，強情，傍若無人といった謙虚さに最も相反する気質や情念」さえも助長する可能性があるため，歴史的権威に訴えかけることを避けなければならない。このように，ベンサムが過去の援用方法に注意を促したのに対して，グロートとミルは過去に回帰することで現在を再構成すること，つまり現在の問題として古典古代を論じる立場を選択したと言える。よって本書の議論は，急進派の世代的変化を示唆する部分もある。

　本書の構成は次の通りである。第1章では，グロートとミルの人生を振り返り，両者のベンサム主義と古典古代論の受容過程を中心に検討する。ここでは，グロートとミルがおよそ半世紀をかけて交友を深めていたことも示される。そのため，同章は伝記的要素が色濃く表われているが，各々が独自の仕方で「ギリシアへの陶酔」を経験していたことを検討し，互いの意見や活動に見られる共通点と相違点を概観する。

　第2章から第5章は，本章の冒頭で列挙したグロートとミルの古典古代論を主なテクスト分析の対象とし，各章の主題を構成するコンテクストのなかで両者の言説を扱う。第2章は，グロートとミルによるアテナイの民主政史解釈について，ミトフォードの『ギリシア史』との比較によってその特徴を明らかにする。急進派たちは，クレイステネスの改革後に民主政の進展を見出し，ペリクレスの治世にその完成を位置づけたが，その理由はペリクレスの民主政が個人の自由を保障し，市民の間に「国制の道徳基盤（constitutional

序章　15

morality）」を広めたことにある。さらに，ミルの視点を通じたグロートの歴史研究上の位置づけと，アテナイの民主政から両者が析出した「国制の道徳基盤」の内実を探る。

　第2章がアテナイ民主政のなかでも市民に焦点を当てるのに対して，第3章はデマゴーグ論を媒介にアテナイの政治家評価に注目する。トゥキュディデスとアリストパネスの叙述によって煽動政治家的な性格を付与されたデマゴーグは，その語源に基づいて「反対の演説者」として定義すべきであるとグロートは主張した。この主張は，ミトフォードを筆頭とする混合政体論者が妬み嫌ってきた，デマゴーグの代表格であるクレオンを大胆に救い出すという解釈上の転換を試みたものである。さらにグロートは，〈大衆派〉クレオンとの対比において長らく支持を獲得していた〈貴族派〉ニキアスを，宗教的懐疑主義の立場から批判した。ミルは，グロートの独創性と有用性を見出し，民主政にはデマゴーグのような野党的反対勢力が必要であると考察した。

　第4章では，グロートとミルによるソフィストの再解釈を扱う。グロートは『ギリシア史』において，古典古代以来デマゴーグと共に非難の対象となったソフィストの再定義を行なった。プラトンのソフィスト批判を踏襲した18世紀後半から19世紀前半の著述家たちは，ソフィストとは，〈何かよからぬことを教えて金銭を授受する悪しき党派〉であると解釈する傾向が強かった。その結果，この党派的ソフィストが，アテナイの民主政を堕落させ衰退へと導いたとみなす言説が19世紀半ばの英国では流布していた。しかしながらグロートとミルは，従来の解釈に歪みが生じていると指摘した。グロートは歴史的分析を通じてソフィストに対する偏見を暴き出し，ソフィストは時代の教師であると再定義した。ミルは，グロートの見解に同意したが，『プラトン』においてグロートがソフィストの代表格プロタゴラスの哲学的分析を行なった部分については異論を唱えた。

　第5章は，グロートとミルが提示した〈二人のプラトン問題〉──「ソクラテス主義的プラトン」と「独断論的プラトン」──の内実と，それに対する両者の結論を明らかにする。グロートとミルによるアテナイの民主政支持について考察するのであれば，その批判者であるプラトンをいかに受容した

かを検討せねばならない。すなわち、民衆裁判によって師ソクラテスを失ったプラトンは、民主政を衆愚政治であると否定し、哲人政治を打ち立てた。その結果、プラトンの政治学は急進派の信条に一致しない可能性が必然的に生じる。しかしグロートとミルは、議論の焦点の定め方に相違はあるものの、総じてプラトンの描いた哲学者ソクラテスの弁証術・問答法を擁護し、権威主義的な後期プラトンの政治哲学を批判した。ただし、民主政を支える弁論家の価値を認めたグロートは、ミルと比較してプラトンの独断論をより強く批判したと考えられる。一方で、ソクラテスの死に対する悲しみは、グロートよりもミルの言説に特徴的に見られた。また、ソクラテス主義の分析を通じて、グロートが生み出した「ノモス王」概念の役割を析出する。以上の議論に基づいてノモス王が法と慣習の権力・権威によって生じる圧制の危険を暴き出す急進主義的装置であったこと、そしてノモス王の造語過程にミルの『自由論』が影響を与えていた可能性を示し、二人の思想的共鳴関係に迫る。

　終章では、グロートの古典古代論に対する同時代人からの反論の一例を素描し、19世紀の英国において過去が現代を論ずるためのモチーフであったこと、急進派のグロートに代表されるリベラルな民主政擁護に基づくアテナイ解釈が論争的に受け止められたことを確認する。もっとも本書は、急進派のギリシア受容が彼らと対峙した保守的なギリシア像の刷新であったことを明らかにする研究であるが、グロートやミルの思想が当時の標準的なギリシア論を反映していたかについては慎重になるべきであろう。だがこれは、本書の問題設定の外側に広がる問いであるため、グロートとミルによる「ギリシアへの陶酔」の内実に焦点を絞って議論する。

(1) Bain 1882b: p. 94 [118頁].
(2) Mill, Autobiography: pp. 22-25 [48頁]. 強調は筆者による.
(3) Mill, GH [1] : p. 273.
(4) Bain 1882b: p. 125 [151頁].
(5) 20世紀プラトン受容を「プラトンの呪縛」という観点から明らかにした政治学・政治思想史研究として佐々木 (2000) が代表的である。ただし、佐々木の『プラトンの呪縛』では、「功利主義に依拠するジェイムズ・ミルやジョン・スチュアート・ミルなどの周辺もプラトンに強い関心を示したが、そこではプラトンはあくまで哲

学者として議論の対象になった。自由主義を掲げた彼らの間においてもプラトンの政治論がほとんど話題になっていないことは興味深い」と指摘されている。それに対して本書の第5章は，グロートと子ミルがプラトンの政治論に踏み込んだ議論を展開していたことを示す。他方，グロートが「プラトンの多様な姿を肯定すべきであるとした」という佐々木の見解には本書も同意する（佐々木 2000：56-58頁）。なお，近年の研究として，古典古代がイタリアのファシズムとドイツのナチズムに与えた影響については Roche and Demetriou eds.（2017）が包括的なテーマを扱っており興味深い。

（6） Mill, Autobiography：pp. 136-137 ［203頁］．
（7） 川名（2015）は，戦後から2015年頃までのミルの研究動向について八つの研究争点（功利主義，『論理学体系』と科学方法論，経済理論・経済思想，政治・社会思想，国際政治・国際関係思想，宗教論，伝記的研究）を取り上げることで丹念にその研究動向を伝えており貴重である。本書のミル研究史の整理は，川名の貢献に負うところが少なくない。
（8） 以上，伝統的解釈から修正的解釈に関する研究史の概説は，Gray（1979）および Gray and Smith（1991）を参照。
（9） ロンドンと横浜でのミル生誕200年記念研究集会の様子は深貝（2007）が伝えている。さらに日本イギリス哲学会第31回研究大会（2007年）でも，ミル生誕200年を記念したシンポジウムが開催され，その大会報告は『イギリス哲学研究』第31号（103-111頁）に掲載されている。なお2023年には，同学会にてミル没後150年のシンポジウムが開催された。
（10） Varouxakis and Kelly eds. 2010：p. 15.
（11） Macleod and Miller eds. 2017：p. xvii；Mill, Autobiography：pp. 170-171 ［224頁］．この『自伝』の箇所は「精神の危機」を経た1830年前後のミルの意識を反映しているが，その部分において彼は「ゲーテが言った」「多面性」こそ，私がこの時代に自分自身のもとにしたいと最も切望したことであった」と述べている。
（12） Urbinati 2002：pp. 1-10.
（13） Ibid.：pp. 158-172.
（14） 川名 2015：80頁。
（15） Miller 2000：pp. 88-89. 小田川（2006：163頁，注（9））ではミラー以外によるミルの共和主義的側面に着目した先行研究が詳細に紹介されている。
（16） 小田川 2006：140頁，159-160頁。小田川は，同論考の末尾において「残された課題」として，「ミルの議論を共和主義という概念で捉えること自体の妥当性」があると指摘した。つまり，「もしもポーコックのように，共和主義の特質を「腐　敗」批判と「公 民 的 徳」の提唱と考えるならば，ミルの議論は間違いなく，人間的自由の条件——それはリベラル・デモクラシーにおいて忘却の危機に瀕していた——についての哲学的考察を伴った共和主義理論の一つのあり方を示していると

いえよう。だが，スキナーやペティットのように，共和主義の核心を，立憲主義的な制度設計による「恣意的支配のない状態（non-domination）」の確保——それはリベラル・デモクラシーの下で何の支障もなく実現可能なものと考えられている——と捉えるのであれば話は別であろう」（同書：162 頁）。本書の主な分析対象から外れる功利主義に関して小田川（2014）は，ミルの幸福論におけるアリストテレス的なエウダイモニズムとベンサム的なヘドニズムの混在を指摘し，ミルがエウダイモニズムを導入したことの独自性を『自由論』『代議制統治論』への影響関係によって指摘した。

(17) ただし，ミルの古典古代論をポーコック的な共和主義の思想史研究の文脈に直接的に置くことは，コリーニらによる『高貴なる科学』（1983 年）が指摘するように，19 世紀における知的状況の転換を軽視することに繋がる危険性をはらんでいるようにも思われる。つまり，共和主義の歴史的展開やその定義，研究上の方法論などに留意する必要がある。以上のことに幅広く関わる研究として，犬塚（2008）；小田川（2008）；森（2002）；安武（2010）を参照。したがって，Burrow（1988）の問題設定に見られるような，当時の論争に即して哲学的急進主義とホイッグの自由主義の分析をさらに進めることも有益であるように思われる。

(18) Loizides 2013：pp. xxiii-xxv.

(19) 川名 2015：80-81 頁。

(20) Momigliano 1966：p. 65.

(21) モミッリャーノ 2021：205-206 頁。なお，ミル研究の観点から見ても意義ある研究として，アーウィンの成果がある。ギリシア哲学研究者のテレンス・アーウィンは，1998 年の『コンパニオン・ミル』に寄稿した論考において，グロートのギリシア史と哲学の二つの研究は，「第一級の貢献」であると評価した。「同時代のイングランド人のなかで，どちらか一方の研究分野に対するその功績に匹敵する者」はおらず，ましては「両方の分野に対する彼の業績に値する者」は誰もいなかったと評価された（Irwin 1998：p. 424）。

(22) 秀村 1961：104 頁；内山 2022：9 頁。

(23) 納富 2015：35 頁。納富（2002：77 頁）で参照されているカーファードの『ソフィスト思潮』（1981 年）は，ソフィストの再解釈を促進した重要な研究の一つであるが，カーファードはグロートのソフィスト論の独自性を指摘している（Kerferd 1981：p. 8）。

(24) 国内のイギリス思想・哲学研究の分野において，グロートに対する注目が皆無ではなかったことに留意されたい。例えば，『イギリス哲学・思想事典』ではグロートの項目が執筆された（児玉 2007：592-593 頁）。グロートを主題とした研究としては大久保（1997a）が貴重な成果である。

(25) その例外として Calder and Trzaskome eds.（1996）が挙げられる。ただし同研究はギリシア史家・哲学研究者としてのグロート像に焦点が概ね定まっており，その

　　　　急進主義についてはさほど踏み込んだ分析は見られない。
(26)　Demetriou ed. 2014.
(27)　深貝 2013：36-40 頁。
(28)　19世紀の英国における古代ギリシア論を受容史研究の観点から明らかにした重要な成果として，Turner（1981）と Roberts（1994）が特筆される。
(29)　小畑 2013：262-264 頁；高島 2017：287-290 頁；Barrell：p. 10, pp. 42-43.
(30)　Bentham 2015：p. 145, pp. 166-167.

第1章　ギリシアに陶酔した二人の哲学的急進派

1　問題の所在
──半世紀におよぶ交友の歴史──

　本章の目的は，グロートとミルによるギリシア受容の文脈の一つを構成する二人の歩んだ人生について，その時間的変遷をたどりながら，両者の交友や思索の検討を試みることである。はたして二人の哲学的急進派は，それぞれの知的活動を通じていかに古典古代に対する造詣を深めたのであろうか。1820年代初頭にジェイムズ・ミルを介して知り合ったグロートと子ミルは，その後のおよそ50年間をかけて，時にやや疎遠になる時期はあったものの，政治的・知的な対話を続けた親しい友人同士であったと考えられる。両者の思想的共鳴関係が最も顕著に表われている成果は，本書の第2章から第5章で扱うアテナイの民主政分析とプラトンをはじめとする古典古代の哲学解釈に集約されている。そこで本章では，グロートの『ギリシア史』と『プラトン』の公刊前後を含む二人の活動について，両者の関係性とそれぞれの思想に影響を与えたと想定される事象を中心に描き出す。
　とはいえ，二人の全く異なる著述家の生き様を緻密かつ包括的に描き出しながら，同時に彼らの交流の様相を明らかにするためには，伝記研究という本書の方法論である思想史研究とは異なる方向性が求められる。また，グロートとミルに関する個別研究の蓄積には明らかな格差があることにも注意しな

ければならない。ミル研究の場合，決定版著作集（トロント大学出版会）の公刊が1991年に完了したことを受けて，現在我々の手元には，主要著作以外の多数の記事・書簡を分析対象に含んだ多様な伝記的研究が豊かに用意されている。その一方でグロートは，19世紀後半以降，ギリシア史家として長らく名声を獲得してきた側面はあるが，その人生や人物像に迫った二次文献の数はミルと比較すると圧倒的に少なく，いわゆる〈著作集〉のような現代の研究者による批評・分析を経て編纂された一次資料は現時点では用意されていない。

　グロートをめぐる研究状況一般には発展可能性が残されているが，分析の手助けとなる有益な資料はいくつか存在している。とりわけ，グロートの伝記的研究として最もまとまった先行研究として，M. L. クラークによる『ジョージ・グロート——伝記』（1962年）が挙げられる。同研究は近年のグロート研究者によっても継続的に参照されている貴重な成果である。また，グロートの妻であるハリエット・グロート（Harriet Grote, 1792-1878, 旧姓Lewin）がグロートの死後に出版した『ジョージ・グロートの私生活（*Personal Life of George Grote*）』（1873年）は，同時代人の視点からグロートの人生や性格を垣間見ることのできる一次資料である。さらに，実のところ，グロートの人生と活動を解明する鍵はミル親子をめぐる著作から析出され得る。ミルの『自伝』(1)（1873年），アレクサンダー・ベインによる『ジェイムズ・ミル評伝』（1882年）および『ミル評伝』（1882年）では，グロートに関する言及が多数確認される。二次文献としては，ニコラス・カパルディの『ジョン・スチュアート・ミル——伝記』（2004年）が，ミルの重要な周辺人物としてグロートを扱っている箇所が複数あるため参考になる。

　本章では以上の一次資料・二次資料を主な参照文献として活用しながら，両者の人生を同時並行的にたどるうえで要となる二つの要素に議論の焦点を絞る。その要素とは，ミルとグロートの思想上の共通点である〈哲学的急進主義〉と〈古典古代論の受容〉である。ただし，ベンサム主義と古典古代論の摂取の時期や方法，その受け止め方にはそれぞれの特殊性があったことも事実である。このことは，第2章以降で扱うギリシア論の相違を生み出す一つの背景となっていると考えられる。そのため，彼らの「ギリシアへの陶酔」

がいかなる状況下で生成されてきたのかを本章では確認する。

まず第2節では，グロートとミルの生誕からおよそ青年期に差し掛かる時期までを検討する。そして当該時期に，二人は異なる形でジェイムズ・ミルとの出会いを果たし，各々に古典語を学び古典古代の書物に触れたことが明らかにされる。なお，グロートとミルの交友関係に影響を与えることになるハリエット・ルーウィン・グロートの活動についても簡潔に示す。続く第3節は，二人が各々の視点で哲学的急進派としての自覚を抱いた過程を分析する。グロートとミルは，1830年代にベンサムとそれぞれの父親を失った。この喪失を経て子ミルが自身の功利主義や改革主義に修正を加えたことはよく知られている。他方，グロートは実父の死去を受けて政治家の道を志すなど，父親との別れが彼の活動に大きな影響を与えていた可能性がある。第4節では，二人の交流が再活性化を見せる1840年代半ばから両者の晩年までを扱う。ここでは，ミルが，政界引退後のグロートによる『ギリシア史』をいかに受容したのかについて，近年の資料的進展状況を紹介することで，同書が二人にとって重要な思想上の交錯点であったことを示す。さらに，ミルのパートナーであったハリエット・テイラー・ミル（Harriet Taylor Mill, 1807-1858, 旧姓Hardy）の死と『自由論』の出版，教養教育における古典教育論といった後期ミルの知的活動を振り返ることで，グロートとミルの接続点やミル独自の古典古代論受容を素描する。最後に，晩年のグロートが爵位の授与を辞退したことを取り上げ，その急進主義者としての地位や信条を理解する手がかりを探る。

グロートはミルよりも12歳年上であった。この歳の差は，特に両者の若年期を時系列的に並べて比較分析することを難解にしている。さらに本章の議論は，ミル研究者やミルの人生の全体像を把握したい読者にとっては，伝記的分析としてアンバランスな印象を与えるかもしれない。加えてグロートの生涯は，古代史・古代哲学研究以外にも政治家や知識人としての活動によって特徴づけられる部分が多い（例えば，第一次選挙法改正後の政界での役割やロンドン大学（ユニバーシティ・カレッジ・ロンドン）をはじめとした教育的・行政的貢献など）が，本章では分析枠組みの設定上，その公的役割を十分に扱うことはできない。しかし，以上の予想される課題を認識したうえで，本書

全体の目的であるグロートとミルの「ギリシアへの陶酔」を明らかにするために，両者のベンサム派の思想家としての人生と彼らの古典古代論の受容過程に迫ってみたい。

2　それぞれの人生の始まりと若き日の出会い

(1)　グロート——ジェイムズ・ミルとハリエット・ルーウィン・グロートとの出会い

　1794年11月17日，グロートはイングランド・ケント州のベックナム近郊にあるクレイ・ヒル[(2)]に生誕した。グロートは，父親で銀行家のジョージ・グロート（1762-1830）と母親のセリーナ・メアリー・グロート（1775-1845, 旧姓Peckwell）の11人の子供たちの長男である[(3)]。5歳のときにセブノークスのグラマー・スクールに入学し，9歳からは父親の出身校であるチャーターハウス校で学んだ。このとき，グロートは「生涯の友人」となるコノップ・サールウォールとの出会いを果たした[(4)]。サールウォールは，のちにケンブリッジ大学のトリニティ・カレッジで学び，セント・デイヴィッドの司教を務めた英国のギリシア史家で，グロートの『ギリシア史』に重要な影響を与えた[(5)]。チャーターハウス校でグロートは古典学習に勤しみ，ラテン語とギリシア語を習得した。サールウォールとは対照的に，15歳になったグロートは大学へ進学せず，ロンドンのスレッドニードル通りにある家業の銀行「プレスコット・グロート（Prescott and Grote）」にて，父グロートのもとで働くことになった[(6)]。1815年には同銀行の共同経営者の地位を21歳で与えられ，その後48歳まで勤めた[(7)]。

　ただし銀行業は，グロートの「精神活動と野心に対するあらゆる生気を抑制する傾向」があった。それは彼にとって「精神を麻痺させる」業務だった[(8)]。そのため，若きグロートは家業に活発に従事する傍ら，ギリシアとローマの著作，哲学，ポリティカル・エコノミーの研究時間を早起きして確保したそうである[(9)]。さらに，この時期にドイツの哲学や詩への関心から，ロンドンのルター派の聖職者のもとでドイツ語を学んだ。当時のグロートのドイツ語学習は学術的目的が主たるものではなかったが，その言葉を習得したことは，

のちの『ギリシア史』や『プラトン』の執筆過程においてドイツ語圏の古代史家や哲学史家から最新の古典古代研究を多く学び，それらを批判的に読み込む能力を彼に与えた。また，1810年代の後半には，イタリア，ドイツ，ロシアの歴史を学び，エピクロスの哲学を伝えたルクレティウスの著作，セネカの悲劇，アリストテレスを読解した。さらに同時期にはドイツのシラーやレッシングの作品，加えてバークレー，カント，ヒュームを読んだそうである。1818年と1819年には，アダム・スミスをはじめ，リカード，マルサス，ジャン＝バディスト・セイといった古典派経済学を学んだ。

　他方でグロートは，家業や勉強の合間の時間を使って西ケント州のクリケット・チームでクリケットを楽しんだ。クリケットは当時の若者たちにとって社交の場を提供していたが，グロートは試合後のダンスパーティでのちの妻となるハリエット・ルーウィンに1815年に出会った。この年の夏までに二人は恋に落ちるが，人間関係上の摩擦や家族からの反発によって両者が結婚に至るまでにはそれから5年の歳月を要した。特にグロートの父ジョージは二人の婚姻に長らく強く反対していた。しかし息子ジョージとハリエットは，1820年の3月に両親や親戚の許可を得ずにベクスリーの教会で密かに結婚式を行なった。その後，二人は早産で生まれた第一子の息子を生後1週間ほどで亡くすという深い苦しみを経験し，さらにハリエットは産褥熱で生死の境目をさまようなど，二人の生活の始まりは苦難と哀しみに包まれていた。しかし，それからおよそ50年間をかけて，ジョージとハリエットは公私ともに人生を共有した。両者の間には，意見や性格の違いによる対立が生じたこともあり，晩年には婚姻関係の〈危機〉を経験したが，互いの政治的・知的・芸術的特徴を刺激し合うヴィクトリア朝の知識人・文化人として活躍した。

　ハリエット・グロートは，1792年7月1日にイングランド南東部のハンプシャー州のサウサンプトン近郊のリッジウェイ（Ridgway）に生まれた。ハリエットは，東インド会社に勤めていた父トーマス・ルーウィン（1753-1843）と母メアリー・ルーウィン（1768-1837，旧姓Hale）の12人の子供たちの三女として育った。ルーウィン家は，父トーマスが南インドのマドラスでの植民地勤務の折に得た収入で生活をする比較的豊かな家庭であった。幼い頃から

ハリエットは，乗馬を好み，大変快活な性格で家族からは「女帝(the Empress)」と呼ばれていた。家庭教師による教育を受けて育ったハリエットは，父の影響下で音楽への愛とその才能を開花させ，ピアノとチェロに長けていた。結婚後のジョージとハリエットは二人の時間にチェロを好んで弾いたそうである。
　リチャードソンによるハリエットの伝記的研究によると，彼女はジョージとの結婚後に，哲学的急進派のサークルを中心に政治活動に積極的に携わるようになり，知識人や政治家の交友の場であるサロンを多数開催した。1830年代の政治改革運動では，政治的手腕を発揮することもあった。物静かで控えめなところもあったと言われるジョージの性格とは対照的に，ハリエットは社交的で活発な人柄で，ヴィクトリア朝の女性に求められた「家庭の天使」の規範に抵抗を見せるような生き方を貫いた側面が，彼女の人生からはたびたび看取される。ハリエットはジョージを「野党のリーダー」と呼んでいたが，リチャードソンの研究は，ハリエットの方がより熱心な改革推進派であったと指摘している。これは，同時代の政治家のリチャード・コブデンが「もし彼女〔ハリエット〕が男性であれば，政党の党首になっていたであろう」と述べたことでも裏付けられている。コブデンによって「ズボンを履いた普通の政治家（a regular politician in breeches）」と表現されたハリエットの姿は，ジェンダー研究の観点からさらなる分析が求められると同時に，当時の哲学的急進派やホイッグ党の間で繰り広げられた党派的抗争を解き明かす一つの鍵を握っているように思われる。またリチャードソンの研究において，ハリエットの活動は，当時の英国政治家たちとの書簡のやり取りや，アレクシス・ド・トクヴィルやオーギュスト・コントをはじめとするフランス知識人との交流，さらにウィリアム・グラッドストン首相の外交政策への助言など多岐にわたっていたことが示されている。
　加えて文芸の領域でも活躍を見せたハリエットは，人生のさまざまな段階でバレエ・ダンサーやオペラ歌手，画家などを私的あるいは公的に支援し，文化振興に尽力した人物としても著名である。例えば，1855年から57年にかけて「女性芸術家協会（Society of Female Artists）」を設立するなど，女性の社会進出を支える活動を展開した。このような彼女の芸術・文化に対する貢

献は，ルーウィン家で受けた豊かな教育が，彼女の人生の一つのライフワークとして結実した様子を伝えている。さらに，現在大英図書館やUCL図書館，セナート・ハウス・ライブラリー等に保管されているグロートの初期・中期草稿や書簡の多くは，ハリエットによって編纂された。彼女の献身的なアーカイブ作業の成果は，今日の研究者がジョージ・グロートの思索や知的展開を知る手がかりを残している。以上のことをふまえると，グロート夫人は，夫ジョージの政治的・知的生活を支えると同時に，自身も著述活動や政治的活動を繰り広げた活発的な女性知識人であったと評価される。

さて，ここで再び議論をジョージに戻してみよう。1819年，グロートにとって人生を左右することになるもう一つの出会いが訪れた。この年にグロートは，デイヴィッド・リカードを介してジェイムズ・ミルと知り合い，その後まもなくしてジェレミー・ベンサムとの交流を開始した。[25] グロートが初めて父ミルに会ったときの所感を伝えるベインによると，グロートは，父ミルを「非常に深淵な思考の持ち主」で「曖昧さのない明瞭な」対話を行ない，「彼の精神には，確かにベンサム学派に属するあらゆる皮肉と辛辣さが備わっている」と感じた。ところが同時に，父ミルの「他人の間違いや欠点にくどくどしくこだわること」が「彼のなかで私が主に嫌いなこと」であったともグロートは表現したそうである。だが，このような人物に出会えることは「非常に稀なこと」であるとも認識していた。さらにグロートは，1866年に子ミルによる「ウィリアム・ハミルトン卿哲学」に対する論評を公表し，[26] そのなかで父ミルとの会話が「単に教育的であるだけでなく，眠りについていた知性を刺激するもの」であったこと，そして父ミルがプラトンの対話篇を彷彿させる弁証術を有していたことを回想している。子ミルは，父親がグロートと出会ったときのこと，そしてグロートの知的生活に関する見解を『自伝』で次のように残している。[27]

> 彼〔グロート〕は，父〔ジェイムズ・ミル〕と親交して会話を交わすことを熱心に求めた。彼は，既に教養の深い人物であったが，父と比べれば，人間の思想の大問題については初心者であった。しかし，彼は，直ちに父の最もすぐれた思想を理解した。（……）グロート氏の父は，銀行家

第1章　ギリシアに陶酔した二人の哲学的急進派

で，完全にトーリー派であったと思われるし，彼の母は，熱心な福音派であったから，彼のリベラルな意見（liberal opinions）は，全く家庭の影響ではなかった。しかし，彼は，相続によって裕福になれる期待を持っている大抵の人々と違って，銀行の仕事に活動的に従事しながら，多くの時間を哲学研究に捧げていたし，彼が私の父と親交したことは，彼の精神的な進歩の次の段階の性質を著しく決定した。私は，しばしば彼〔グロート〕を訪問したが，政治的，道徳的，哲学的な主題について彼と話したことは，多くの貴重な知識だけでなく，彼の生涯と著述とがその後に世間に明らかにしたような，知的にも道徳的にも卓越した人と心を通わせて交際することの大きな喜びと利益を私に与えてくれた。[28]

このように子ミルは，父ミルの交友関係を通じてグロートに知り合ったのであるが，子ミルにとってグロートは「最も有益で，私が最も親しく交際した」人物の一人となった。[29] 両者は，経済学クラブなど当時の若手急進派が多く参加していた研究会を通じて交友を深めたようである。[30] 1825年には，グロート宅で「精神哲学に関する学生会（Society of Students of Mental Philosophy）」が始まり，グロートと子ミルは共にこの研究会に参加し，ジェイムズ・ミルやリカード，ハートリー，ホッブズなどを検討した。[31]

ジェイムズ・ミルとの知的交流を介してグロートは，功利主義者，観念連合論者，民主的改革の支持者，宗教的懐疑主義者としての自覚を持つに至る。[32] 英国教会の信徒の父ジョージと敬虔な福音主義者の母セリーナのもとで育ったグロートが，父ミルの影響下でこの世界の起源を知ることはできないという懐疑論的な教えに触れたとベインは回顧している。[33] このように，すでに獲得した知的環境を転換させるほどの影響を父ミルから受けたことは注目に値する。銀行家の道を進むように（半ば強制的に）促されたことやハリエットとの結婚に対する反発など，父グロートとの確執がしばしば見られた子グロートにとって，哲学的急進派たちとの交友の場は，ある意味で〈避難所〉となっていたように考えられる。ハリエット・グロートは，若い頃のジョージが「彼自身の家族の輪の外側に」社会的交友の場を求める必要があったと記している。幸いにも彼は，急進派のサークル内で，「気の合う仲間や心の

こもった歓迎のみならず，知的な共感や励まし」を得ることのできる場所を発見したのであった。[34]

(2) ミル——プラトニスト・功利主義者の息子として
古典語と古典の学びを通じて

1806年5月20日，ジョン・スチュアート・ミルは，ロンドンのロドニー・ストリートにて，父ジェイムズ・ミルと母ハリエット・ミル（旧姓 Barrow）のもとに生誕した。子ミルは，9人の兄弟・姉妹の長男であった。『自伝』によると，幼少期から父親による家庭教育を通じて，3歳から8歳にかけてギリシア語，英語，算数を学習した。最初に読んだギリシア語の書物は『イソップ寓話集』で，その次に『アナバシス』を読んだと子ミルは記憶している。8歳になるとラテン語を学び始め，同時にその頃には父ミルの指導下でギリシアの散文作家の多くの書物に触れた。そのなかでも，子ミル自身が確かに読んだと記憶している作品は，ヘロドトスの全巻，クセノポンの『キュロスの教育』と『ソクラテスの思い出』，ディオゲネス・ラエルティオスの『哲学者列伝』のなかの何巻か，ルキアノスの一部，イソクラテスの『デモニコス』と『ニコクレス王へ』である。7歳の頃にあたる1813年には，プラトンの対話篇の最初の6篇にあたる『エウテュプロン』『ソクラテスの弁明』『クリトン』『パイドン』『クラテュロス』『テアイテトス』を読解した。[35]

ミルの古典古代論受容という本書の目的に鑑みて，彼の西洋古典の読書経験を『自伝』よりもさらに詳細に伝えているベインの『ミル評伝』を併せて参照しておきたい。ベインは，ミルが13歳のときにサミュエル・ベンサムに宛てた手紙を直接引用することで，ミルの幼い頃の学習を伝えている。その書簡によると，8歳の時点でミルはトゥキュディデスやアリストパネスの『雲』を読解していた。9歳になるとホメロスの『オデュッセイア』を読んだ。10歳になるとポリュビオスの一部を読み，クセノポンの『ギリシア史』を読破し，アリストパネスの『蛙』を読んだ。11歳にはトゥキュディデスを再読し，デモステネスの演説を多数読み，アリストテレスの修辞学を全巻読んだ。13歳には，プラトンの『ゴルギアス』『プロタゴラス』『国家』を読解し，抜粋を作成した。8歳から13歳の間に，ミルはラテン語で書かれ

た作品を数多く読解し，キケロなどにも触れている。なお，8歳以降の英語で書かれた書物の読書はミルの記憶上定かではないそうだが，8歳より後に「〔アダム・〕ファーガソンのローマ史とミトフォードのギリシア史を読んだこと」は覚えていると13歳の時点で述べている。次章以降で取り上げるように，アリストパネスとトゥキュディデスは，プラトンの対話篇に加えてミルのギリシア解釈に関わる著作となり，ミトフォードの『ギリシア史』はその解釈上の重要文献となった。

幼い頃からミルが徹底してギリシア語やラテン語の教育を受けていたことは，父ミルが個人的に行なった英才教育という特殊な経験にすぎないと思われるかもしれない。しかしながら，19世紀の英国の教育過程において，古典言語学習は一般的に重視されており，当時の基本的な教育言語は英語ではなくラテン語だった。そのため，ミルが自宅学習でこれらの諸言語を学び，その習得後に弟や妹へ教える役割を与えられていたことは，さほど特異な状況であったとは言い難い。ところが，ラテン語よりも先にギリシア語を学習させた父ミルの順序づけは，彼自身のギリシア哲学に対する傾倒が関連している。そこで，次にジェイムズ・ミルのプラトン受容についてロイツィデスらによる先行研究を参考にすることで，簡潔に確認しておきたい。

父ミルは，息子と同じくプラトンを好む傾向があり，とりわけプラトン的ソクラテスの対話術の教育的価値を認識していた。ミルとプラトンとの出会いは諸説あるものの，それは彼のエディンバラでの学びの時期にまで遡ると想定される。そのプラトン受容は，主としてキケロによるプラトン解釈を媒介としていたとロイツィデスは指摘する。ミルにとってキケロは，プラトンの著作に関して権威的で適切な見解を打ち立てた著述家であった。さらに，プラトンの対話術が伝統的な思考傾向を解体し，哲学的・科学的探求に先立つものは何もない，という前提を与えることになったとミルは理解していた。ロイツィデスによると，ミルはキケロの理解に従うことで，熟慮のための理想的な方法を提示したプラトンをもっぱら「探求の哲学者」として読解した。ジェンキンスの分析に基づくと，ベンサム主義者であったミルは，「より合理的で，より民主的で，より世俗的な」英国の社会像を模索するなかで，「ソクラテス的探究の批判的精神」を先導した人物の一人であったと捉えられる。

ミル自身の言葉を用いるのであれば、プラトンの「巧妙で雄弁」な対話篇には、「青年の独創性を磨き上げ」、「科学と徳への愛を生み出す」ための適切な作用が働いているのである(42)。

このように自身も若い頃からプラトンに親しんできた父ミルは、息子にも古典語教育を行ない、その過程でプラトンをはじめとする古典を読ませたのであった。子ミルは、『自伝』第2章「幼少年時代の道徳的影響・父の性格と意見」のなかで、父の立場を次のように記した。

> 父の人生観は、言葉の現代的な意味ではなく、古代的な意味において、ストア的、エピクロス的、それにキュニコス的な性格を持っていた。父の個人的な資質については、ストア的なものが圧倒的であった。父の道徳基準は、功利主義的であって、行為が快楽と苦痛を生み出す傾向を善悪の排他的な判断基準とする限りにおいてエピクロス的であった(43)。

子ミルの視点から見ても、父親が古代哲学から影響を受けていたことは明白であったようである。ただしロイツィデスは、ジェイムズ・ミルのプラトン受容は、ベンサム主義との出会い以前に行なわれたことに注意を促す(44)。要するに、功利主義者であり、プラトニストであった父ミルには、二つの異なる伝統が存在していたと言える。この視点に注目したロイツィデスは、前者の改革主義者としての立場が、選挙権の支持と政府への監視を求める政治的立場を特徴づけ、後者の古典主義者としての立場は、選挙権に関する教育論において看取されると論じた(45)。

さて、このような父親が息子に行なった古典語教育は、時代の風潮を反映していたことに留意する必要がある。19世紀初期から中期おける英国の古典学習には、学習時の辞書や文法書のスタイルに関わる特徴と、古典古代のテクスト理解に関する特徴があった(46)。第一の語学習得に関する特徴は、ミルの学習形態からも示唆される。3歳よりギリシア語の勉強を開始した子ミルは、父ミルが息子のために作った単語集を用いてギリシア語の暗記を行ない、文法については名詞と動詞の変化を学び、ギリシア語の英訳の練習を行なっていた。そのときの苦労について、子ミルは次のように述べている。

第1章 ギリシアに陶酔した二人の哲学的急進派

私は，自分のギリシア語の勉強の準備をしている間中，父が執筆していたのと同じ部屋の同じ机で勉強していたのであるが，当時，希英辞典はまだなかったし，まだラテン語の勉強を始めていなかったので，希羅辞典を使うことができなかった。そのため，自分が知らないすべての言葉の意味を父に質問せざるを得なかった。[47]

　以上の記録から示されるように，19世紀初頭の英国では，ギリシア語の学習はラテン語を媒介とすることが一般的であった。辞典のみならず文法書もラテン語で書かれており，ギリシア語の著作はラテン語版を参照して英訳されていた。そのため子ミルは，自身のギリシア語の学習経験を通して，英国の読者が，ギリシアのテクストと直接的な関係を結ぶことが困難であることを認識した。[48]事実，本書の第5章で詳述するシデナムとテイラーによる『プラトン著作集』(1804年)は，プラトンのラテン語版を基本的に底本として英訳された作品であり，ミル親子にとって悩みの種であった。1804年と1809年にジェイムズ・ミルは，テイラーのプラトンの英訳とその解釈を批判した二つの論考を公表した。これらの論考を通じて父ミルは，テイラーのプラトンの対話篇翻訳にはギリシア語に対する造詣が不足していることを特に問題視した。[49]テイラーのラテン語を基礎としたプラトン論は，ラテン語というローマ起源の言語とその言葉に付随する価値観を媒介とすることが，当時の古典古代論を読解する主な方法であった象徴的な一例である。次節で触れるように，父のテイラー批判を引き継いだ子ミルは，1834年から35年にかけてプラトンの対話篇のギリシア語を底本とした英訳の一部を公表するに至る。

　第二に，古典古代のテクストに関する教育上の特徴は，当時のテクスト理解の形式にも見られる。19世紀初期の古典学習・研究においては，文法と形式に関して細心の注意を払ってテクストを読解する訓練が重視されていた。古典語の厳密な解読・発声に注視する傾向は，父ミルによる息子への教育からも看取できる。子ミルが記憶するところによると，父は「朗読法の原理，特に最も重視されている分野である発声の変化，すなわち朗読法の専門家が抑揚（一方では発音と，一方では表現とに対照される）と呼ぶものの諸原理につ

いて深く考えて，文章の論理的な分析に基づいた諸規則にまで還元した」方法を重んじた。発声法を特に重視していた父ミルは，息子が誤った読み方をすると叱りつけた。このような朗読の練習は，子ミルにとって「非常につらい課題」であった(50)。だがウェッビーが指摘するように，形式面に特化した読解や発声法の訓練は，ミル家だけが実践した方法ではなかった。オックスブリッジを筆頭に，当時古典古代の教育を精力的に行なっていた教育機関では，各々の教育スタイルに基づいて，発音やスペリング，口述，文法を生徒・学生に教え込んでいた。すなわち，ウェッビーの表現を借りるのであれば，当時の生徒・学生たちは学校の制服を着るように，ラテン語やギリシア語を「身につける」ことが求められたのである(51)。

ベンサム哲学との出会い

　幼い頃からミル親子がベンサム家と交流を深めていたことは，これまでの研究で周知の事実となっている。ベンサム主義者の父ミルは，私生活においてもジェレミー・ベンサムと交流を深めた(52)。14歳のときにミルは，父親から離れて，約1年間ベンサムの弟のサミュエル・ベンサム一家の世話でフランスに留学した。このフランス滞在時にミルはフランス語を習得し，モンペリエ大学理学部の冬季講座へ出席するなどした(53)。このとき，ミルの思想に影響を与えることになるフランスの社会主義者サン・シモンとも対面した。留学で得た収穫をミルは次のように記している。

> 私が自分で見た社会から持ち帰った主な収穫は，大陸の自由主義（Continental Liberalism）に対する強烈で永続的な関心であり，これについては，イングランドの政治と同様に見守り続けている。このような関心は，当時としては，イングランド人にとって異例なことであって，私の成長に極めて有益な影響を与えた。（……）すなわち普遍的な問題をイングランドの基準のみによって判断する誤りから私を解放してくれた(54)。

　フランスから帰国した15歳のミルは，エティエンヌ・デュモン（Étienne Dumont, 1759-1829）の『立法論』（1802年）を父から手渡された。『立法論』

は，スイス人のデュモンがベンサムの法学理論をフランス語で平易にまとめた著作である。『自伝』によると，同書との出会いがミルに「人生の一大画期」をもたらし，「精神史上の転換点の一つ」を与えた。ベンサム哲学に触れたことでミルは，「以前の道徳家たちはすべて取って代わられて，いまや思想の新時代が始まった」という感情に襲われた。この出来事を経ることで，ミルは自身の思想的・政治的立場を哲学的急進派に位置づけることに自覚的になり始めた。例えば，17歳になると友人と功利主義者協会を結成することで仲間たちと議論を重ねた。さらにミルは，1824年にベンサムの出資によって創刊された雑誌『ウェストミンスター・レヴュー』への寄稿を行ない，功利主義やベンサム由来の改革主義の普及に携わった。18歳で子ミルは父ミルの勧めで東インド会社へ就職し，同会社がインド統治権を喪失する1858年まで職務に携わり，最終的に父と同じくインド文書審査部長の地位にまで昇進した。

　以上，生誕からおよそ20歳頃までのミルの知的生活は，父から受けた英才教育とベンサム家との交流，フランス留学，さらに功利主義との出会いによって特徴づけられる。この過程においてミルは，幼少期から10代の半ば頃までに，プラトンに影響を受けていたジェイムズのもとで，古典古代の書物に多数触れていたことが確認された。その一方で，グロートは教育機関で古典教育を受け，父ジョージの取次で15歳のときに家業の銀行で職を得るが，その後も独学で古典古代に関する研究を続け，さらにジェイムズ・ミルを媒介として功利主義・改革主義との出会いを果たしたのであった。

3　哲学的急進派としての異なる〈自覚〉

(1) グロート——ベンサム主義者とギリシア史家としての出発

　1820年代に入るとグロートは，ベンサム主義者の立場から著述活動に積極的に関わるようになる。グロートの急進主義が前景化された最初の論考は，ベンサムやジェイムズ・ミル批判を展開したホイッグ派の政治家で歴史家のジェイムズ・マッキントッシュ卿（Sir James Mackintosh, 1765-1832）への反駁論文として公表された1821年の『議会改革の問題に関する声明（*Statement of the Question of Parliamentary Reform*)』である。本論考の公刊に至る流れは次の通りである。1809 年にベンサムが執筆を始めた議会改革に関する複数の論説は，最終的に 1817 年に『議会改革案（*Plan of Parliamentary Reform*)』として集約されることで公表された。同書を通じてベンサムは，既存のイングランド国制内部に「民主的支配」を確立することを目指して，男子普通参政権，毎年選挙，選挙区の平等，秘密投票といった選挙制度改革を提案した。『議会改革案』は，ベンサム自身の代議制統治論のみならず，同時代やその次世代の改革主義を理解する手がかりとなる急進派の政治学的文献である。

　この著作に対する異論は，1818 年にホイッグのマッキントッシュによって『エディンバラ・レヴュー』に寄稿された。マッキントッシュは，ベンサムが邪悪な利益の乱用を防ぐために不可欠な改革として秘密投票を支持したことを批判し，公開投票が持つ教育的効果を強調した。加えて，毎年選挙や選挙区の再編成に関する提案が，政党ではなく候補者個人に有利な帰結を惹起することに疑問を呈した。このマッキントッシュに対する反駁論文が，ジェイムズ・ミルの「統治論」（1820 年）と前述したグロートの『声明』である。『声明』でグロートは，ベンサムの改革案を継承することで，無記名投票制，年 1 回という頻繁な選挙，普通選挙権を支持した。さらにグロートは，民主政的制度の確立において，共同体の紐帯としての義務感と市民権への愛着が重要であることを強調した。

　グロートの急進主義に関わる初期の知的活動を示す次の成果は，ベンサムとの〈共作的著作〉に位置付けられる『自然宗教論（*An Analysis of the influence of natural religion on the temporal happiness of mankind*)』（1822 年）である。グロートは同書に先立って，1820 年の草稿「魔術論（Essay on Magick）」において宗教批判を論じており，「魔術論」は同書と合わせて，ベンサム主義の影響を受けて間もない頃のグロートの宗教観を理解する貴重な資料の一つである。さて，『自然宗教論』は「フィリップ・ボーシャン（Philip Beauchamp）」というペンネームを用いて公表されたが，その内実はグロートがベンサムの宗教批判に関する膨大な草稿を編纂することで完成した書物である。キャサリン・フラーによる同書の執筆・制作過程に関する緻密な分析によると，ベンサムがグロートに送付した草稿は 1500 枚以上に上った。フラーは，その編

集作業において，ベンサムに特徴的な「冗長で退屈な，時に不明瞭な」文体は再現されておらず，ベンサム自身の語句とは異なる表現が用いられている箇所があるなど，ベンサムの草稿にグロートが修正を加えたことを明らかにした。[63]

しかしこの修正問題は，研究者間で見解の相違が認められる。有江大介は，「草稿の整理から出版に至る過程」には「共通の了解が成立しているものの，内容，主張，表現の点」において，ベンサムとグロートのいずれが「主導的であるか」について複数の議論があることを指摘している[64]。一方でフラーの研究では，グロートの作業全般に対する「公平な概要」を与えるのであれば，『自然宗教論』は「ベンサムの文章や要約を反映していたが，グロート自身の思想や彼独自のスタイルに合わせて書き直されていた（rewritten）」と結論づけられている[65]。

ここでは『自然宗教論』の〈真の著者〉をめぐる問題には立ち入らないが，フラーが考察するように，ベンサムに端を発した宗教に対する懐疑的立場は，ジェイムズ・ミルに継承され，グロート（あるいは子ミル）にまで影響を与えた可能性は注目に値する。フラーは，「〔ジェイムズ・〕ミルもグロートもイングランドの国民を信仰を持たぬ者に改宗させようとは考えていなかったが，ベンサムがそうであったように，両者は教会によって植え付けられた信仰と実践の諸体系に内在化した欠陥を指摘し，このことによって不信仰の合理性を示すことに熱心であった」と考察している。本書の第3章で検討するように，グロートは『ギリシア史』の第6巻（1849年）と第7巻（1850年）を通じて，アテナイの政治家・将軍のニキアスの敬虔さを徹底して批判した[66]。よって「魔術論」と『自然宗教論』は，信仰心の厚い両親に対する反発という私的な事情を抜きにしても，若きグロートが宗教に対する批判的視座を，1819年にベンサム主義との出会いを果たした直後に獲得していた証左であると言える。[67]

クラークの古典的な伝記研究によると，『自然宗教論』の完成から間もなくしてグロートは『ギリシア史』の執筆に着手した。この大著の執筆に至るきっかけを提供した人物は，グロートの青年期の友人で読書やクリケットを共にしていたジョージ・ノーマン（George Warde Norman）かジェイムズ・ミ[68]

ルか，あるいは妻のハリエットであったかには諸説ある。一方でその時期については，大英図書館に残された草稿（「ギリシア史の執筆のため 1822 年頃に書かれた初期ギリシア史に関する諸考察」）によると，1822 年頃から同書の執筆のために書き残された原稿やメモが確認される。その一部には，本書の第 2 章以降で分析するミトフォードの『ギリシア史』が，反民主政の偏見に満ちた議論を展開していたとする批判的な言及が含まれる。加えて，古典古代に関するより広範なテーマを内包した議論や考察の痕跡は，1816 年頃以降に書かれた草稿にまで遡る。

1823 年にハリエット・グロートがノーマンに宛てた書簡は，当時グロートが歴史書の執筆に没頭していた様子を伝えている――「文学的名声への貪欲な渇望が，彼の想像力のあらゆる道筋を埋め尽くしている。〔グロートには〕自然の美しさや空想的作品，芸術を鑑賞する楽しみは残されていない」。さらに 1826 年には，『ギリシア史』以前のグロートのギリシア史解釈を最も詳細に知る手がかりとなる論考が『ウェストミンスター・レヴュー』に発表された。同論考では，グロートによるミトフォード批判が展開され，トーリーの歴史叙述に対する問題意識がこの時点ですでに確立されていたことが示されている（詳しくは本書の第 2 章を参照）。

ところが，1830 年にグロートは『ギリシア史』の作業から一旦離れることを余儀なくされる。その背景は，第一に，グロートは父のジョージを 1830 年に亡くしたことで，家業の銀行業の引き継ぎや遺言の執行作業に追われるようになったためである。第二に，パリにおいて七月革命が勃発したことが関連する。もともとフランスのリベラル派と交流のあったグロートは，シャルル 10 世による議会の解散や言論と出版に対する統制といった抑圧的な措置に憤りを感じたため，7 月 29 日に「民衆の大義」のためにとパリの銀行家たちに 500 ポンドの融資を開始した。第三に，七月革命の成功も相まって，英国内の政治改革運動の機運が高まりを見せるようになったことである。クラークの分析によると，父ジョージの生前中，グロートは父の意向や銀行業によって自身の生活や仕事上の拘束を受けることが多かった。しかし，父親の死後に彼から受けていたしがらみを脱した結果，グロートは積極的に政治に関与することが可能になったと推測される。父の死という人生の大きな転

換と英仏の政局的変動が重なったのち,グロートは哲学的急進派の庶民院議員としておよそ9年間,実践領域で活躍を見せることになる。

(2) ミル——精神の危機からハリエット・テイラーとの出会いへ

　1826年の秋,当時20歳のミルは自らの〈生〉を支えていた思想・信条である功利主義に対して強い疑念を覚える。ミルの知的経験において有名な「精神史の一危機(A Crisis in My Mental History)」の到来である。1821年の冬にベンサム哲学と出会って以来,ミルは功利性の原理と改革主義を通じて「世界の改革者(a reformer of the world)」を目指すという人生の目的を発見し,自らの幸福はこの目的と一致していると考えていた。しかしミルはこの考えに強い疑念を抱くようになり,内的問答を繰り返した。ミルの憂鬱な心情に一筋の光が照らし出されたきっかけは,J. F. マルモンテル(1723-1799)の『回想記』(1741年)を読解したことであった。主人公の少年が父の死に直面し,悲嘆の最中で霊感を受けて,家族のために尽くそうと決意した一節にミルは涙を流した。その瞬間,ミルの心の重荷は軽くなり,絶望から抜け出す回復の兆しが見えてきたようである。

　ミルは,この一連の危機をめぐる過程でロマン主義を摂取した。特に,コールリッジやカーライル,ワーズワスの作品に触れ,過度の知的合理主義の世界を越えて,情緒や愛情,絵画,音楽の美といった内面の世界と向き合うことの意義を自覚した。すなわち,ロマン主義との出会いはミルに〈知的教養〉だけではなく,「個々の内面的陶冶」が人間の幸福に不可欠であることを教えたのである。

　　いまや諸能力の間に適切な均衡を維持することが極めて重要であると考
　　えるようになった。感情の陶冶が私の倫理的,哲学的な信条の核心の一
　　つとなった。そして,私の思想と性向は,このような目的に役立ちそう
　　なすべてのことに,ますます向けられていったのである。

　精神の危機を経た1830年以降,ミルはユニテリアン派の人々と交流を深めていく。1830年の夏,ミルは将来の伴侶となるハリエット・テイラー・

ミルにウィリアム・ジョンソン・フォックスを介して出会う。このときすでにハリエットはジョン・テイラー（John Taylor, 1796-1849）と結婚していたが、ミルとハリエットはユニテリアンのサークルを通じて会話を楽しみ、互いの思想や感性の接点を発見していくなかで、次第に惹かれ合うようになった。ベインは、ミルとハリエット・テイラーが恋仲になったことに対して、父ミルが「他の男性の妻との恋であるために彼〔息子〕をたしなめた」と記録している。ジョンとハリエットの関係は、両者周辺の知的サークルの間では周知されていたようだが、このことを好意的に受け止める人々は多くなかった。その代表例がハリエット・グロートである。カパルディの研究によると、この関係の発覚後にグロート夫人は、ミルの勤めていた東インド会社のオフィスを訪れてミルに縁を切りたいと申し出た。それに対してミルは、ジョージ・グロートとの交流は続けるつもりだが、グロート宅に出向くことは今後一切しないと答えたそうである。

(3) ミル——ベンサム主義の再評価

　ミルはハリエットとの出会いから数年後の1832年にベンサム、そして1836年にはジェイムズ・ミルを亡くした。このような〈師たちの死〉を一背景としながら、1830年代半ば頃からミルの政治思想に変化が見られるようになる。本項では、その象徴的な事例として当該時期のミルによるベンサム評価を概観する。

　ミルは、1832年にベンサムの追悼エッセイ「ジェレミー・ベンサムの死」を発表し、「現代の偉大な教師」であったベンサムの功績を称えた。同エッセイにおいて彼は、「ベンサム氏の尽力は、哲学的急進派のなかで彼が第一人者として位置づけられる法学または政治学の分野に限定されなかった。彼は思索を（少なくとも刊行された著作においては）決して詳細にではなかったが道徳へと拡張した」とその貢献を認めた。ベンサム以前の法学と立法の原理は、「手がかりのない迷路で、いかなる道も切り開かれたことのない未踏のジャングル」の状態に置かれていた。つまり、法体系はすでに確立されていた一方で、ベンサムは、その基礎が「野蛮な時代の粗雑な案出物」であり欠陥や不足があることを察知し、その改革に取り組んだ。「自然法あるいは自

然法の諸原理」といった「漠然とした怪しげな通則」に挑んだベンサムをミルは高く評価したのである。[89]

　ミルによるベンサムの改革主義に対するより具体的な解釈は次の通りである。ミルは，ベンサムの『統治論断片』（1776年）が英国法という「怪物」の殲滅を試みた最初の出版物であると論じる。ミルによれば，ベンサムが法との闘いに着手した段階において，ほとんどの法は批判対象にすらなっていなかった。つまり，ホイッグ，トーリー，民主政支持者の間には，党派的な政治的相違はあったものの，彼らは概して法の現状に対する「大袈裟な称賛の言葉」を述べる傾向が強かった。しかしベンサムは，この戦いに60年近く携わった。既存の法理論を破壊する力をベンサムは保持していたが，彼は「古い建造物を壊すときであっても，新しい建造物のための堅固な基礎を置くことに失敗しなかった」[90]。よってベンサムは，法学の基本を再構築するためにその実践と理論の両方に身を捧げた。「道徳科学の創始者」，「立法の科学の創始者」であるベンサムは，「一般的功利性の原理」のために道徳と法の哲学的基礎を確立した最初の人物であった。ミルのベンサム評価に基づくのであれば，ベンサムの挑んだ既成の法という「怪物」との戦いは，彼の独創性と卓越した知性だけでなく，その道徳的性格をも反映していたと捉えられる。[91]

　続けてミルは，ベンサムの追悼記事の翌年の1833年に「ベンサムの哲学考」を公表した。このエッセイは，「功利性の原理」としての「最大幸福の原理」を提唱したベンサムの理論的貢献に一定の高い評価を下した一方，その道徳哲学上の問題を指摘した。[92]特にミルは，ベンサムが個人の性格と統治制度の関連性を見出さなかったことに疑問を呈した。ベンサムは，「政治制度をいっそう高い観点から，つまり人民の社会教育の主要な手段として考察すること」はしなかった。よって，「ソクラテスやプラトン，（神学的にではなく人間的な意味において）キリストといった実に見事なモラリストたち」を求める人々にとって，ベンサムの議論は有効性を発揮しないだろうとミルは批判的に捉えた。[93]

　このベンサム批判は，ジェイムズ・ミルの死から2年後の1838年に発表された「ベンサム」においてより明瞭に展開されている。ミルによると，ベ

ンサムは人間を「精神的完成を目的として追求することができる存在」として認識しておらず，個人を「卓越性の基準に自らの性格を適合させること」を望む存在として理解することはなかった。さらにミルは，「数の上での多数者（the numerical majority）」という表現をたびたび用いることで，ベンサムの政治哲学とその急進主義が前提としてきた「多数派により多くの政治権力を与えること」の問題点を指摘する。すなわち，「人類が自分たちのうちの多数派の絶対的権力のもとにおかれることは，あらゆる時にあらゆる場所で，彼らにとってよいことなのだろうか」と問いかける。なお，ミルは「ベンサム」の刊行時点で，すでにトクヴィルの『アメリカのデモクラシー』の第1巻（1835年）を読解し，その書評を1835年に公表したことは念頭に置くべきであろう。続けてミルは，「世論の専制」に対する危険性について分析する。

> 社会の制度は何らかの形で，不公平な見解を是正するものとしての，そして多数派の意志に対する永続的で恒常的な反対勢力である思想の自由と個性的な性格の避難所としての備えを整えておくことが必要である。長い間進歩的であり続けた，あるいは長い間偉大であったあらゆる国がそうあれたのは，支配的権力がどのような種類であったとしても，その力に対する組織的な反対勢力が存在していたからである。

多数者に対峙する反対勢力の重要性は，本書の第3章のデマゴーグ解釈において取り上げる。このようにベンサムと父ミルを失った1830年代において，ミルはトクヴィルのデモクラシー論を読解し，哲学的急進派の伝統的信条に変更を迫る必要を次第に認識したことは注目に値する。

(4) ミル——プラトンの対話篇の英訳

ベンサムを亡くした約2年後の1834年から35年にかけて，ミルは「一般向けのプラトン対話篇の数篇に関するノート（'Notes on Some of More Popular Dialogues of Plato'）」を『マンスリー・レポジトリ』に公表した。前節では，子ミルが父からの古典語の教育を通じて，ラテン語を介した読書の課題や文

法・発音など形式的側面に過度に特化した読解作法に疑念を抱いていたことを確認した。この疑念に対する応答は,「ノート」を通じても確認することができる。その要点は,プラトンの思想自体への関心を高め,哲学者としてプラトンを受容する必要性をミルが認識したところにある。ウェッビーの研究によると,ミルは,古典言語を十分に学習していない一般の人々のみならず,古典古代の言語に熟知した教養人に対しても,その哲学に対する造詣を深めさせることを意識していたと言える。このことは,ミル自身が「ノート」の一部として公表した『プロタゴラス』の解説から看取される。

> 憤りに満ちた厭わしい言葉でしか語らないわれわれの二つの偉大な「学問の中心地〔オックスフォード大学とケンブリッジ大学〕」は,(……)古代の著述家たちの真価を認めて評価する人々とは全く逆の順序で,古典学研究のさまざまな分野を重視している。すなわち第一に,たんなる言葉の機微に対して,次に,数人の詩人に対して,次に(と言っても評価はずっと下になるのだが,)数人の歴史家に対して,次に(さらにもっとずっと下になるが),弁論家たちに対して,最後に,しかも全くの最後に,哲学者たちに対して,評価をくだしている。

さらに,高等教育機関における古典古代に関する研究状況だけでなく,プラトン受容一般に対しても批判的な態度を持っていたミルは,ほとんどの人がプラトンを読んだ経験がないことを以下のように指摘した。

> わが国では現実生活上の仕事はますますたえざる競争になっているが,そのような仕事に従事している人々の間では,――すべての人の時間と思索は,立身出世,あるいは没落を防ぐための努力,つまり財産の獲得に夢中になったり,あるいは,破産から逃れるための努力にすっかり奪われているので――古典文学のみならず,その名に値するすべての文学を,静かに研究することはほとんどなくなっている。その結果,わが国において,これまでプラトンの作品を読んだことのある人は,おそらく100人ほどもいないであろうし,今でも本当に読んでいる人は20人ぐ

らいであろう。[100]

　そのためミルは，教養のある階級だけでなく，識字能力を身につけた大衆一般にも幅広く古典文学に触れる機会を広めたいと考えた。[101]これは，本書の第5章で分析するトーマス・テイラーの見解と正反対の主張である。すなわちミルは，当時の古典学習が一部の大学で独占されている状況を非難し，古典ギリシア語に基づいたプラトンの英訳を一般の人々が学ぶ必要があると考察した結果，プラトンの対話篇の公表に踏み切ったと考えられる。

　そもそもミルは，1820年代の後半の時点でプラトンの翻訳に取り組むことを決意していた。ただし，翻訳作業を行なっていた当初は，のちにそれらを発表することは想定していなかったようである。『自伝』の記述によると，1834年に発表された『プロタゴラス』とその他の対話篇は，実際の公表の数年前に書かれていた。[102]この数年前がどの程度の期間であるかは定かでないが，おそらく公刊を目的としない下訳の作業を行なっていた1820年代後半頃は，ミルが友人たちと研究会を立ち上げ，共同研究を開始した時期に重なる。この会のために，グロートがスレッドニードル通りにあった自宅の一室を提供してくれたとミルは回想している。[103]そのため，もしミルがこの翻訳の刊行を初めから意図していたとすれば，当時「プラトンの対話篇の梗概（'Digest of the Dialogues of Plato'）」の執筆とギリシア史の研究に没頭していたグロートの手に渡っていたとも考えられる。[104]1820年代から30年代にかけてのプラトンの翻訳に関するグロートとミルの交流の実態は憶測の域を出ないが，1860年代半ばになると，プラトン哲学の再評価の必要性を各々の著作物で議論した。このことは，本書の第5章で改めて詳しく検討する。

4　知的交流の深化
――『ギリシア史』と『プラトン』――

(1) グロート『ギリシア史』の刊行――ミルによるグロート受容

　父グロートの死からおよそ1年後に，グロートは1821年のマッキントッシュへの反駁論考（『声明』）に加筆・修正を施した『議会改革の要諦（*Essentials of Parliamentary Reform）』*（1831年）を公表した。この『要諦』は，選挙制度改革の一環として100万人を目処に有権者を増加させること，公開投票から無記名投票制への改正，短期間での選挙（毎年選挙が理想であるが，最長でも3年で議会を解散すること）といった改革案を提示した。(105) その後，1831年の総選挙でのグロートの立候補がミルの自宅で検討されたが，この時点での出馬は見送られた。同時期にグロートは，ベンサムやジェイムズ・ミルらと交流のあったフランシス・プレイス（Francis Place, 1771-1854）との論争・対立を経験し，加えて，銀行家としての自身の立場と政治に関わることのバランスに悩まされていたようである。しかしそれから間もなくして第一次選挙法改正が1832年に可決したことを受けて，同年6月にグロートはロンドン市選出の庶民院議員候補となることを表明した。クラークの要約に基づくと，同年10月に行なった選挙演説でグロートは，政治改革の必要性を強調し，三年選挙，国教会と政治権力の関わりに関する調査の必要性，課税制度の見直し，穀物法撤廃をはじめとする貿易制限の廃止，奴隷制批判，教育制度改革などの争点を訴えかけた。(106) 1832年12月の選挙においてグロートは国会議員に当選し，1841年まで同職に就いた。(107)

　もっとも，グロートの政治活動は順風満帆ではなかったと言える。初当選後から2回連続でグロートは再選したが，選挙を経るごとに得票数は減少した。さらに，第一次選挙法改正後のさらなる改革（秘密投票制の導入や選挙権の再拡大）をめぐって議会は活発化したが，グロートは急進派を率いるほどの強い政治的指導力を発揮しなかった。このことは，『自伝』の初期草稿にて政治家グロートに対する厳しい評価をミルが下したことからも確認できる。1833年の庶民院では，急進派が複数の議席を獲得していた。このことにミルは期待を寄せていたが，彼らは「計画性も活動力」も発揮しなかった。この文脈でミルは「他のいかなる人たちよりも優れた能力を持っていただけに，グロート以上に父と私とを失望させた人物はいなかった」と記した。ミルによると，グロートは「臆病」で「成功を諦めてしまう」傾向を持っていたが，当選直後の選挙法改正案をめぐる渦中では「興奮して彼の人柄がしばらくの間変わってしまったかのようであった」。この性格的変化にミルは活躍を予期したが，結局グロートは「力不足」で，特定の議会行動を除いて「ほとん

ど無能な政治家」にすぎなかった。よって,「彼が『ギリシア史』を中断して庶民院で過ごした年月は,ほとんど浪費されてしまった」のである。以上の記述は『自伝』の最終稿で削除されているが,ミル親子のグロートに対する期待の大きさが,政治家グロートに対する手厳しい評価に繋がったとも考えられる。しかし,この落胆が二人の交流を妨げるまでに至らなかったことは重要である。

　38歳から47歳にかけて政界に身を置いたグロートは,1841年にその職務を終えたのちに,慰安旅行の意味合いを込めてグロート夫人と大陸ヨーロッパへと旅立った。夫婦はパリなど英国から比較的近い外国に出かけることはしばしばあったが,この旅ではさらに遠方に足を伸ばし,南ドイツのいくつかの街を訪れたのちにイタリア滞在を満喫し,ヴェローナ,ヴェニス,ボローニャ,フィレンツェ,シエナ,ローマ,ナポリなどを歴訪した。帰国後の1842年,グロートは『ギリシア史』の執筆に再び没頭し,1843年には同書の完成のために銀行業から退職した。1845年に『ギリシア史』の第1巻・第2巻が書き終わり,ハリエット・グロートの働きかけによりジョン・マレーが出版を引き受けることが決定し,翌年の1846年3月に最初の2巻が出版された。その後,ミルの書評を含む多数の論評や出版の祝辞が寄せられ,グロートは喜びに包まれたそうである。1820年初頭から執筆を開始した『ギリシア史』は,およそ25年の時を経て世に問われることになったのである。同書は1846年から1856年にかけて,およそ2年ごとに約2巻ずつ出版され,ミルは同書に対する書評を7回公刊した。これらのテクスト分析は本書の第2章以降で行なうため,本章ではミルによる『ギリシア史』の読解や書評執筆の様子に注目する。ミルの最後の書評は1853年に『エディンバラ・レヴュー』に掲載されたが,このことについてベインは以下のように伝える。

　　1853年に彼〔ミル〕はグロートの『ギリシア史』に関する最後の論文を書いた。その論文は,彼がアテナイ人と彼らの民主政の諸制度について,グロートを熱心に擁護したものである。彼は,グロートと全く同様に,ギリシアに陶酔していた人 (Greece-intoxicated man) であった。彼は,生涯に二度,その国を端から端まで横断した。私が彼の最初の旅行の後に

第1章　ギリシアに陶酔した二人の哲学的急進派　　45

東インド会社で彼と会ったとき，彼は，自身がまだ探検していなかった歴史的な地方を挙げるように私を問いつめた。⁽¹¹¹⁾

　ここで，『ギリシア史』を「熱心に擁護した」ミルの活動を理解するための一次資料上の手がかりを紹介しておきたい。オックスフォード大学のサマーヴィル・カレッジのミル図書館には，ミルが自身の研究や読書のために所有していた資料が保管されている。この資料群は，ブラックヒースのミルの自宅にあった蔵書を，彼の死後にヘレン・テイラー・ミル（ミルの養女）とメアリー・テイラーが同カレッジに2000冊近く寄贈したものである。サマーヴィル・カレッジは，1879年に設立されたオックスフォード初の女子高等教育機関であるが，1921年まで同大学の正式カレッジとして認められなかった。1906年にカレッジ専用の図書館が設置され，1909年にはヘレンによって遺されたミルの蔵書が保管されたままであることが判明した。女性が男性と同等の教育を十分に受けることが困難であった20世紀初頭において，ミルの蔵書は女子学生たちに貴重な学習・研究資料として1969年まで提供された。そのため，これらのミルの蔵書にはミル以外の人物による書き込みが確認される（男女同権を訴え続けたミルは女子教育を支援できたことを喜ばしく思うだろうが）。⁽¹¹²⁾

　2015年からサマーヴィル・カレッジと米国アラバマ大学が，この蔵書群のデジタル化プロジェクトを開始し，現在（2024年時点）はウェブサイト「ミル・マージナリア（Mill Marginalia）」上でそのデジタル版が続々と公開されている。このデジタル版は，同プロジェクトの責任者であるアルバート・D.ピオンケを中心とした研究者・司書たちによって作成されている。同ウェブサイトには，ミルの書き込み内容や解析の経過を確認できる仕様が施されており，ミル研究の新たな資料群として注目されるべき要素が少なくない。

　ミルの筆跡と資料分析を行なうピオンケによると，この蔵書群のなかで，「最も長く，最も分厚い著作」が全12巻・総頁数7000頁を超えるグロートの『ギリシア史』である。12巻のデジタル化を進める過程で発見されたミルの書き込みは，約1200か所に及び，そのうちおよそ3分の2が言語的注釈である。⁽¹¹³⁾ 筆者自身も同コレクションの調査を2018年3月と2020年2月に

実施したが、『ギリシア史』の本文ページの空欄を使ったミルの書き込みが多数確認され、さらに巻末の余白ページに本文のページ番号を示したうえで長文のコメントを付している巻が複数見られる。これは、ミルが実際にグロートの歴史書を細かく精読していた証拠と考えられる。ただし、ミルの難解な筆跡の解読のみならず、資料を利用した学生による書き込みとの区別の断定には相当の技術と労力を要する。ピオンケをはじめとしたデジタル化プロジェクトの関係者による緻密な作業によって、現在これらの書き込みの一部がウェブサイト上で閲覧可能であることは貴重である。

　さらに、ピオンケによるミル所蔵の『ギリシア史』の「批判的概要」によると、ミルが使用していた『ギリシア史』(初版)への書き込みの一部は、グロートの『ギリシア史』の新版 (1869 年) に反映された可能性が大いにある。ピオンケは、ミルの注釈が同書の新版に「目に見える影響を与えた」と考えられる箇所が、およそ全 1200 個の注釈のうち、150 個強あると指摘している。その内容は、誤植の指摘や記述内容の正誤をめぐる疑問点、叙述上の表現の是非、さらにミル自身の細やかなギリシア史認識に基づくグロートへの質問など、個人的なメモというよりも、著者に対する専門的な問いかけを多く含む。ピオンケによると、これらの注釈は、「ミル自身が読者として満足するために付されただけでなく、校正、事実の確認、〔言葉や表現の〕言い換え、当時の学術に関するより正確な描写といった効果のために著者〔グロート〕と共有される」ことを意図して作成されたと推測できる。ミルの注釈は、『ギリシア史』の改版過程を知る手がかりをも提供する貴重な資料である一方、グロート研究者によるこの注釈の分析は、管見のかぎり未着手の課題として残されている。

(2) ミル——ハリエットの死、『**自由論**』、「**大学教育について**」

　ベインの評伝に基づくと、おそらく 1840 年代に入った頃からミルとグロートは再び対面で会う機会を設けるようになり、「親密な関係を取り戻していた」。『ギリシア史』に対するミルの詳細な注釈は、この時期的な状況と以下のベインの記述を考慮すると、二人の交流が再活性化する過程で作成されたと想定できる。1840 年代以降、その頻度は確かではないが、グロートがロ

ンドン市内を訪れたときに二人は散歩の約束を必ずしたそうである。ベインもこの散歩にしばしば同行していたが，彼の記憶によると，グロートの『ギリシア史』の第1巻・第2巻の刊行間近であるときには，同書が当然のように話題にあがったが，出版後も同書についてさらに多くの対話が繰り広げられた。同書以外には，プラトンやアリストテレスの哲学，ミルの『論理学体系』が議論された。ベインは，この頃にグロートが「ジョン・ミルの『論理学体系』は私の蔵書のなかで最良の書物である」と話していたと記憶している(115)。

ハリエット・テイラーとミルは，ハリエットの夫テイラーが1849年に病のため亡くなったのちの1851年に結婚し，二人はロンドン郊外のブラックヒースに引っ越した。この頃のミルは，東インド会社の勤務と政治経済学クラブへの出席を除き，プライベートな生活を送ったと言われる。グロートとミルの交流は継続的に続いていたが，ミルがグロート夫人とも交流を再開し，グロート夫妻の自宅に再び招かれるようになるといった「完全な和解への道が開かれた」のは，ミルの最愛の妻であるハリエットが1858年11月3日に亡くなってからであった(116)。グロート夫妻はハリエットの死に哀悼の意を表した手紙をミルに送った(117)。その返信と推定される書簡でミルは，グロートにハリエットを失った悲しみを伝え，グロート夫人の「優しい同情」に感謝の意を伝えた(118)。この1858年11月28日付の書簡で，ミルは長年の友人であるグロートに以下の心情を吐露している。

> 私はあなたが私と共に感じ，私のために感じてくれていることはわかっていました。（……）私が物事や人物，出来事，世界の未来についての意見を気にかけてきたのは，彼女がそれらのことを気にかけていたからにすぎないように思えるのです。〔いまや，〕人生に関心を抱くことができるほどに強く残された唯一の動機は，彼女が望んでいたことを行いたいという願望だけです。しかし，これが何か新しいことを成すための強さや力を与えてくれるのでしょうか。おそらく，違うと思います。しかしながら，私はやってみます。少なくとも私は，彼女と共に協力してすでに書き上げたものを出版へ向けて整理することはできます。これが現

在の私の仕事です。[119]

　人生の伴侶に先立たれてから3週間弱のうちに綴られたこの手紙には，いかにハリエットがジョンの人生の根源的な活力となっていたかが表現されている。そして，残された二人の仕事——『自由論』[120]を世に送り出すこと——に対する深い思いがグロートに伝えられたことは，本書の第5章で検討するグロートの『自由論』受容に対する一つの関連を示唆しているように思われる。

　関口正司による『J. S.ミル』では，『自由論』の執筆過程が明瞭に叙述されており，前掲のグロートに宛てたミルの書簡の位置づけをより明らかにする手がかりとなる。関口の研究によると，ミルは1854年に自由に関する短編のエッセイに着手し，1855年の1月に転地療養のために滞在していたイタリアでそれを「一冊の本として書き改めることを決意」した。この決意をミルはハリエットにローマで認めた手紙で伝えた。二人が話し合ってきたことをミルは思い返し，「いま，執筆し公刊するのに最も相応しいのは，自由に関する本であろう」と考えるに至った。その理由とは，「世論はますます自由を侵害する傾向にあり，また今日の社会改革論者のほとんどすべての計画が，まさしく自由の圧政(*liberticide*)」であるためである。後者の計画はオーギュスト・コントに代表されるとミルは自身の考えを述べた。関口は，ミルがこの書簡で多数者の専制とコント的なエリート専制をそれぞれ自由の脅威として挙げたことは，注目に値すると指摘している。[121]

　『自由論』は，1858年の後半には最後の推敲のみを残すところまで完成していた。体調が芳しくなかったハリエットを連れて，ミルは少年時代の記憶が残る南フランスのモンペリエを療養の地として目指した。しかし，その旅路の途中のアヴィニョンのホテルでハリエットは急逝した。英国への帰国後にミルは，グロートに宛てた手紙で述べたとおり，1859年2月に『自由論』を出版した。[122]本書の第5章で考察するように，『自由論』はグロートの「ノモス王」分析を通じたソクラテス解釈に重要な影響を与えた書物となった。

　『自由論』の公刊後，ミルは『代議制統治論』(1861年)，『功利主義』(1861年)，『女性の隷従』(1869年)といった『論理学体系』や『経済学原理』と並

ぶ代表的著作を続々と出版した。そのかたわら，1860年代のミルは精力的に公的活動を展開した。とりわけ注目すべき活動は，政界での働きである。彼は1865年からの3年間，ウェストミンスター選挙区で当選し庶民院議員を務めた。このとき，1867年の第二次選挙法改革に尽力し，さらに歴史上初めて女性参政権について議会で修正動議を提出した。この動議にあたってミルは，女性たちの署名が入った請願書を提出し，そのなかにはハリエット・グロートの署名も記されていた。他にもミルは，アイルランド土地問題や1865年のジャマイカ事件における反乱派の擁護などの議題に関与することで，当時のグラッドストン首相をはじめとする政治的リーダーシップを支える働きを担っていたとも言われる。トンプソンの研究では，このようなミルの姿が実践における「妥協」の活用を理解した政治家として描かれている。

　国政に携わっていた時期の1867年——この前年にミルはグロートのプラトン論に関する長大な書評を公表した——に，ミルはスコットランドのセント・アンドルーズ大学の名誉学長に就任した。その就任講演「大学教育について」において，高等教育を通じて，古典と近代科学の双方に関わる教育を等しく行なうべきであるとミルは主張した。この演説の知的文脈には，19世紀中期から後期にかけて英国で活発化していた教育論争があった。ミルによるとその「大論争」とは，

　　教育者を改革主義者と保守主義者とに大別するものであり，一般教養教育は古典教育，いわゆる広義でいうところの文学教育であるべきか，それとも科学教育であるべきかという，つまり古典言語か現代科学・技術かで盛んに論じられている問題についてである。この論争は，(……)あの昔からの論争，すなわち，古代人と現代人のどちらが優秀であるかという論争と同様に，延々と実りなく論じられるものである。

当該論争は，古典語と古典文学こそが教養であるとみなす伝統的な教養教育擁護論者と，自然科学の進展を背景に科学を中心とする新しい教養教育の提唱者との間で起こった。前者の代表的論客はマシュー・アーノルド（1822-1888）で，後者はハーバード・スペンサー（1820-1903）が中心的論者であっ

た。

　この教養をめぐる論争に対してミルは,古典文学と科学の双方の教育が必要であると応答した。なぜなら,科学教育は,「われわれに考えること」を教え,文学教育は,「考えたことを表現すること」を可能にするからである。さらに教養教育の目的は,学生が個別に学んだことを包括的かつそれらを関連づける視点を提供し,「諸科学の体系化」に寄与することである。すなわち,専門に特化された個別的知識や技術の獲得のみならず,それらの関連性を哲学的に探求する人物を育むことに高等教育の意義はあるとミルは議論した。[128]

　ミルは,教養教育における古代的・現代的な知識の重要性をそれぞれ述べているが,そのなかでも,古典教育に焦点を当てた箇所にここでは着目しておきたい。ミルによると,ギリシア語とラテン語を通じて過去の原典を学ぶことは,単に古代の精神を理解するだけでなく,自らの生きる現代社会を相対化させる視点を獲得することにつながる。ただし,本章の第3節で確認したように,ミルは1830年代前後の古典の教育手法に否定的であった。この考えは1867年の時点でも維持されており,ミルは,イートン校やウェストミンスター校では文法のみに特化した教育を実施しているため「何も教えていないのに等しい」と指摘する。そのため,より効果的な教育方法を導入し,短期間で古典語学習を効率的に終える必要がある。そうすることで,真理の探求のための検証方法である「観察」と「推論」の技法を学ぶ科学的教育を行なう時間を確保することが可能になり,二つの教養論をめぐる「大論争」に終止符を打てるようになるとミルは捉えた。[129]

　ミルによると,古典の著作群には,内容それ自体としての価値がある。ミルは,古典古代に探求された科学的知識の多くは,時代が進むにつれてより洗練されてきたことを認める一方,それでもなお「古代人の蓄積した財産」を重視すべきであると捉える。[130]つまり,現代人に残されたその財産は「人間の本性と行為についての経験的知識の豊かな蓄積」であり,その大部分が「依然として価値を保ち続けている」のである。[131]よって,ミルの大学教育論における主張は,古代と現代に関わる各々の学問領域に触れるために,古典語の学習方法を改革し,その言葉の形式や作法にとらわれることなく,古典が伝

第1章　ギリシアに陶酔した二人の哲学的急進派　　51

える内容に目を向けるよう促すものであったと言える。したがって，以上の1867年におけるミルの古典教育論は，1830年代半ばのプラトンの対話篇公刊時との一定の連続性が見られる一方，さらに詳細な議論が展開されたと言える。

(3) グロート——『プラトン』の公刊から爵位の辞退へ

　1856年に『ギリシア史』は第12巻目の刊行をもって完結した。同書は歴史書であるため，プラトンやアリストテレスの哲学は一部を除いて中心的に扱われていない。しかしグロートは，1856年の『ギリシア史』の完結後もなくして（あるいは完結の見通しが立った時点で）本格的なプラトン論に取り掛かったと推定される。最終的にこのプラトン論に関する著作は，1865年の『プラトンとソクラテスの同時代人たち』（全3巻）として結実した。『ギリシア史』の公表から『プラトン』の執筆期において，グロートは複数の公務にも携わった。1849年には，1830年まで務めていたユニバーシティ・カレッジの評議員に再選され，1850年にロンドン大学の評議員に就任した。さらに1859年からは大英博物館の評議員に着任した。クラークの伝えるところによると，グロートはこのような諸団体の会合に「規則正しく時間厳守」で出席し，「徹底して情報通」であったグロートの意見には重みがあったことから，各団体の貴重なメンバーとして重宝された。また，長年の学術的功績を讃えられて1853年にはオックスフォード大学，1861年にケンブリッジ大学より名誉博士号を授与された。そのほかにもグロートは，王立協会（Royal Society）のフェローやフランス学士院の外国人会員にトーマス・マコーレーの後任として任命されるなど，多数の団体に関与していた。[133]

　公的活動に多忙を極めるにもかかわらず，『プラトン』の出版をグロートは断念しなかった。その執筆過程を見守っていたグロート夫人は，1862年に自身の妹に宛てた手紙で次のように記している。

> G.〔ジョージ〕は絶えまぬ熱意を持ってロンドン大学と大英博物館での仕事に追われ，あくせくと働いている。それに加えて，プラトン哲学に関する永遠に終わりの見えない著作（everlasting book）を書き続けてい

るため，そのせいで「偉大な男性」である彼は使い尽くされてしまう運命にあるようにも思われる。(134)

この3年後に『プラトン』は完成した。出版当時，庶民院議員を務めていたミルは，その休会中に同書に対する63ページに及ぶ書評を書き上げ，1866年に『エディンバラ・レヴュー』に掲載した。この執筆の様子はベインが伝えている。

> 彼は，6ヶ月の休会中に，自分の哲学的その他の著述を成し遂げた。彼は，1865年の秋と冬に，『プラトン』に関する長い論文を書き終えなければならなかった。彼はそのために，プラトンのすべての著作を原文で読み直すという大きな労力を払った。グロートの読者にとって，その論文は全く新しいことを多く伝えてはいないが，プラトンは彼の父〔ジェイムズ・ミル〕の主題であったのと同時に，彼の最初の主題であったので，彼の取り扱い方には新鮮さと好みがある。(135)

本書の第4章と第5章では，ミルのプラトン論をグロートとの比較において分析するが，『ギリシア史』の一連の書評よりもさらに踏み込んだミル独自の見解が，『プラトン』の書評では展開されている。ベインの記述に基づくのであれば，幼少期に始まったミルのプラトン読解の〈結実点〉とも言える議論が1866年に公表されたことは，ミルの古典古代論受容の一つの結論を理解するうえでも重要である。

　1869年にグロートは，当時の英国首相のグラッドストンより爵位の授与を打診された。この出来事は，晩年のグロートの哲学的急進派としての信条を伝える象徴的な事例であるように思われる。1869年11月8日付の書簡にて，グラッドストンは，「女王陛下のご威光のもと，貴殿に英国の貴族となることを光栄ながら提案させていただきたい」と伝えた。そして，その提案は「貴殿の人柄，奉仕，貢献に対するささやかな賛辞」によるもので，グロートが貴族院にその構成員として迎えられるのであれば，「貴族院がその重責を果たすための力を増すという重大な効果」がもたらされるとグラッドスト

第1章　ギリシアに陶酔した二人の哲学的急進派　　53

ンは述べた。ところがグロートは，妻ハリエットに首相からの打診について一切相談することなく，翌日付の手紙で爵位を受諾することはできないとグラッドストンに丁重に返答した。グロートは，グラッドストンがヴィクトリア女王の許可を得たうえで「寛大な申し出」を届けてくれたことを「お世辞を抜きにして予想外であった」とまずは述べた。そして，

> わたくしの人柄と奉仕について表明してくださった貴殿のお気持ちに心より，そしてありがたく感謝申し上げる。これまで類い稀なほどの誠意と活力をもって改革に取り組まれてきた大臣（Minister）からいただいたお言葉であり，私はこれらを決して忘れることのないよう大切にしたい。このような評価は，私のすべての有益な仕事に対する真の十分な報いである。
> しかし，貴殿がご親切にもご提案してくださったそれ以上の報酬，すなわち爵位（Peerage）については，謹んで，しかし極めてはっきりと（very decidedly）辞退することをどうかお許しいただきたい。この名誉ある地位や称号については，私の年齢や私の特殊な感情（my peculiar feelings）の観点からして歓迎することのできない変化（an unwelcome change）であるため，ほとんど申し上げることはない。だが，このご提案を辞退するにあたってどうしても譲ることのできない理由は，いかなる新しい，もしくは追加的な公職の責務を引き受けることに同意できないためである。

続けてグロートは，新しい職務を遂行することができない具体的な理由として，ユニバーシティ・カレッジとロンドン大学で従事している「高等教育の促進」のための活動や「国家的に非常に重要な」大英博物館における行政的業務，「プラトンに関する著作〔『プラトン』〕の続編となるアリストテレスついての書物」に携わっていることを挙げた。そして，「健康と気力が私に保たれるようであれば，これ〔アリストテレス論〕を完成させることを固く決意している」ため，75歳に近い自分には貴族院での仕事を全うするための「余分な体力」はないと感じていると述べた。加えてグロートは，庶民院に

在籍していた頃は,「立法という多くの異なる要素から成る業務」によって「知的な活力」が散漫になってしまったとも自らの経験を回顧している。末尾には，英国首相に対して辞退表明に大きな引け目を感じているとも記された。この翌日の 11 月 10 日，グラッドストンはグロートの断わりを受け入れると返答した。哲学的急進派として同様に活躍したジョン・ロミリーらが爵位の授与を受諾したのに対して，グロートがこの機会を退けたことは，彼が生粋のベンサム主義者として在り続けようとしたことを示唆しているように思われる。すなわち，グラッドストンからの申し出を断わる理由に，年齢や他の公的業務，執筆活動を挙げている一方,「特殊な感情」が辞退の要因として明記されたことは看過できない。

5 二人の眠る場所
―― ウェストミンスター寺院とアヴィニョン ――

グロートは 71 歳の時点で『プラトン』を公刊し，その後はアリストテレス論に本格的に取り組んだ。1870 年に入ってからもアリストテレスの読書と研究を続けていたが，同年の年末から体調を崩すようになる。1871 年 1 月に腎臓の病気を患うが，5 月には医師の助言を無視して大英博物館の委員会に出席し，さらにロンドン大学の委員会を自宅で開催し，ギリシア語とラテン語で印刷された試験問題に目を通した。そして 1871 年 6 月 18 日ロンドンのサヴィル・ロウの自宅にて，グロートの生涯は幕を閉じた。享年 77 歳であった。彼の亡骸は，ジョン・ミルトンやロマン主義者たちが眠るウェストミンスター寺院の「詩人たちの場所（Poet's Corner）」に位置する南袖廊の片隅に埋葬されている。グロートのすぐ隣では，彼のギリシア史研究を刺激したコノップ・サールウォール司教が眠っている。

ウェストミンスター寺院が現在伝えるところによると，グロートの逝去を受けて,「さまざまな高名な同時代の人々（peers）や著述家たち」がグロートを同寺院に埋葬するように請願したそうである。埋葬や葬儀に関するグロートの生前遺言の内容は定かではないが，宗教的懐疑主義を貫いたグロートの生き様を考慮すると，国教会の寺院が彼の最期の場所となったことに複

雑な思いを抱かずにはいられない。65歳になったミルは、長年の友人との別れの場に参列した。その当日の様子をベインは以下のように伝える。

> グロートは1871年6月に亡くなった。ミルはウェストミンスター寺院にグロートが埋葬されることを好まなかったが、もちろん葬儀には出席した。彼は、棺を持つ人の一人になるべきだという提案に反対したが、強く勧められてようやく譲歩することにした。彼〔ミル〕が私〔ベイン〕と一緒に散歩をしたとき、彼〔ミル〕は「そう遠くはないうちに、これとは全く違う作法で私は地中に横たえられるでしょう」と述べた。(143)

その2年後の5月7日、この言葉通りにミルはグロートとは「全く違う作法」で、アビニョンの墓地にて亡き妻ハリエットの横で永遠の眠りについた。最期にミルは、ハリエットの末娘でミルの養女となったヘレンに「わかるね、私は自分の仕事をやり終えたのだよ(144)」と伝えて亡くなった。

　以上、本章ではグロートとミルのおよそ半世紀にわたる交友の歴史について、一次資料および伝記的研究を参考に検討を試みてきた。本書の第2章以降の議論に関わる要点を最後に整理しておきたい。二人の急進派のギリシア受容を分析するために注目すべき人生上の争点は、ベンサム主義と古典古代論をいかに両者が摂取したのかにあった。

　グロートは、1819年のジェイムズ・ミルとの出会いを通じて、ベンサムの急進主義に目覚めた。この錯覚は、グロートの議会改革論や宗教的懐疑主義に影響を与えたことを本章で確認したが、次章以降では、ベンサム由来の民主政支持について『ギリシア史』と『プラトン』を手がかりに考察する。さらにグロートは、パブリックスクールで古典教育を受けたが、15歳以降は高等教育機関に所属することなく、銀行業や公務の傍らに独学でギリシア関連の研究を持続的に行なった。一方で、ジェイムズ・ミルの息子として生まれたミルは、15歳の頃にベンサム主義者となることを決意するが、精神の危機を経た1830年代から徐々にベンサムの思想に修正を加える必要性を認識した。本書の第2章から第5章にかけて、ギリシア論におけるグロートとミルの比較を通じて、ミルの方がグロートよりも民主政に批判的で、古典

古代論を媒介とした現代政治論に対する熟慮が特徴的であったことを分析する。他方，1860 年代後半まで一貫して当時の古典教育の問題点を認識していたミルは，プラトンをはじめとする哲学教育に関する検討を重ねていたと言える。

　二人の関係性については，本章で参照した一次資料とそれらに関連する二次資料の見解をまとめると，グロートとミルが生涯を通じて対話を重ね，晩年まで交流を続けた友人同士であったと結論づけることができるだろう。この人生における二人のさまざまな交錯を念頭に置いたうえで，次章以降では，『ギリシア史』と『プラトン』をめぐる 1846 年から 1866 年までのグロートとミルによるテクスト分析を通じて，「ギリシアへの陶酔」の思想的内実を分析する。

(1)　関口が強調するように，ミル『自伝』の主要な意図とは，「思想形成過程において重要な役割を果たしたと自身が思う人物や書物，出来事だけに絞った自伝を書く」ことにあった。「書き手本人」によって「意識的な限定が加わっている」ことに注意するようにと関口は促しており，本章もその指摘に留意したい（関口 2023：5-6 頁）。

(2)　クレイ・ヒルは，1965 年の行政区再編成に伴い現在はグレーター・ロンドンに位置するショートランズの近郊に位置する。

(3)　グロートの兄弟のなかでも，七男にあたる弟ジョン・グロートは，ケンブリッジ大学の道徳哲学教授に就任した。表立って信仰心を持たない兄ジョージとは対照的に弟のジョンは，聖職者であり功利主義批判者であった。二人の考えや立場には相違があったが，兄弟として互いに尊敬し合っていたそうである（Clark 1962：p. 4）。

(4)　Hamburger 2018.

(5)　例えば，サールウォールの知的活動とその『ギリシア史』（1835－1844 年）を扱った研究として Demetriou（2002）を参照。

(6)　フラーは，グロートが「彼の父の主張によって大学教育の可能性を否定された」と表現しており，親子の確執を考えると，息子の意向よりも父の考えや銀行業の事情がより強く反映された可能性もあるだろう（Fuller 2014：p. 117）。

(7)　Hamburger 2018. クラークは，父グロートが自身の抱える子供たちが多数いたことも相まって，「余計な出費」を出さないために，息子を大学に進学させず家業の銀行で働かせたようであると記す（Clark 1962：p. 7）。

(8)　H. Grote 1873：pp. 12-13, p. 13, fn.*。

(9)　Hamburger 2018.

(10) Clark 1962 : pp. 8-9.
(11) Ibid. : p. 17. 1810年代後半のグロートによる政治経済学に関する草稿は BL Add. MSS. 29530 に所収されている。同時期の執筆と推定されるルクレティウスとキケロに関する草稿は BL Add. MSS. 29525 を参照。
(12) Clark 1962 : pp. 9-10. ジョージとハリエットの結婚へ至るまでの紆余曲折はクラークを参照 (Ibid. : pp. 10-16)。
(13) Ibid. : p. 16, pp. 25-26 ; Hamburger 2018.
(14) Clark 1962 : pp. 92-96 ; Hamburger 2004 ; 2008.
(15) Hamburger 2008 ; Richardson 2014 : pp. 134-135.
(16) Lewin 1909, 1 : p. 148 ; Richardson 2014 : p. 135 ; Hamburger 2008.
(17) Hamburger 2008 ; Clark 1962 : p. 9.
(18) ヴィクトリア朝の英国では「外の世界」(男性の居場所) と「内の世界」(女性の居場所) という公私二元論の区分が加速し、女性は経済競争が繰り広げられる〈公的領域〉で疲弊した男性をケアする「家庭の天使」として〈私的領域〉で振る舞うことが規範的に求められたと捉えられる (姫岡 2008 : 53-55 頁)。
(19) ハリエットと議会改革運動の関連はリチャードソンを参照 (Richardson 2014 : pp. 146-151)。
(20) Ibid. : p. 148.
(21) Buckley 1926 : p. 151. Cf. Richardson 2014 : p. 148.
(22) Richardson 2014 : p. 151.
(23) ハリエットの芸術や音楽に関わる諸活動はリチャードソンを参照 (Richardson 2014 : pp. 139-143)。
(24) Ibid. : p. 142. 女性芸術家協会 (1912 年に The Society of Women Artists に改名) は現在も活動中の団体で、そのウェブサイトにはハリエット・グロートによる貢献が明記されている (https://www.society-women-artists.org.uk/about) (最終閲覧：2024 年 11 月)。
(25) クラークは、グロートがジェイムズ・ミルに出会ったのは 1818 年であったとベインが記していることに注意しているが、ジョン・ミルの『自伝』における記述とハリエット・グロートによるグロートの伝記に所収された書簡 (ノーマンに宛てたジョージ・グロートの手紙) に基づいて、1819 年に両者が初めて会ったと推定している (Bain 1882a : p. 180 ; Mill, Autobiography : pp. 74-75 [124 頁] ; H. Grote 1873 : p. 21 ; Cf. Clark 1962 : pp. 19-20)。
(26) Bain 1882a : pp. 180-181.
(27) Grote 1873 : p. 284.
(28) Mill, Autobiography : pp. 74-75 [124 頁]. 強調は筆者による。
(29) この時期にミルが知り合った人物のなかで「最も有益で」「最も親しく交際した」のは、グロート以外にジョン・オースティンであった (Ibid. : pp. 74-75 [123 頁])。

(30) 経済学クラブに関する詳細な記録を残した研究として藤塚（1973）を参照。
(31) Capaldi 2004：p. 43.
(32) Hamburger 2018；Clark 1962：p. 21.
(33) Bain 1882a：pp. 90-91；Russell and Russell eds. 1937：p. 421.
(34) H. Grote 1873：p. 12.
(35) Mill, Autobiography：pp. 8-9［38頁］, p. 9, fn. ‡.
(36) Mill, EL：pp. 6-10（J. S. Mill to Samuel Bentham, 30/07/1819）. Cf. Bain 1882b：pp. 6-9［9-12頁］.
(37) Whedbee 2007：pp. 22-23.
(38) ジェイムズ・ミルは，教区立学校にてラテン語を学び，その後モントローズ・アカデミーにてギリシア語を習得した。そのため，エディンバラ大学入学以前にすでにギリシア思想の影響を受けていたとの指摘もある（Pappé 1979：p. 297）。
(39) J. Mill 1804a：p. 453；Loizides 2013：p. 46. Loizides（2019b）では，ジェイムズ・ミルが受容したプラトンのソクラテス的方法論に関する分析が行なわれており有益である。なお，ジェイムズ・ミルの政治思想・哲学・論理学を包括的に扱った近年の思想史研究としてLoizides（2019a）を参照。
(40) J. Mill 1804a：p. 453；J. Mill 1809：p. 194；Loizides 2013：p. 46.
(41) J. Mill 1809：p. 199；Jenkyns 1980：p. 233.
(42) J. Mill 1804a：p. 449；J. Mill 1809：p. 199.
(43) Mill, Autobiography：pp. 48-49［88頁］。この箇所の直後で，父ミルはその後半生において快楽に対してほとんど信用していなかったとも子ミルは述べている。快楽について無感覚ではなかったにしろ，「現在の社会状態においては，快楽に代償を支払わなければならないような価値があるものはほとんどない」と父ミルは考えていたと子ミルは記す。子ミルによると，人生の失敗の大部分が，快楽を過大評価していることに起因すると父ミルは捉えていた。続けて，「ギリシアの哲学者たちが意図した広い意味での節制――何をするにも適度なところで止めること――が，ギリシアの哲学者の場合と同様に，父の場合にも，教育的な教訓のほとんど中心的な核心であった。父がこのような美徳を教え込んだことは，私の子供の頃の記憶のなかで大きな地位を占めている」と子ミルは考察している（Ibid.）。
(44) Loizides 2013：p. 56.
(45) Thomas 1971：pp. 737-738；Loizides 2013：p. 55.
(46) Whedbee 2007：pp. 22-25.
(47) Mill, Autobiography：pp. 8-9［38頁］.
(48) Whedbee 2007：p. 23.
(49) J. Mill 1804a；1804b；J. Mill 1809.
(50) Mill, Autobiography：pp. 24-27［50頁］.
(51) Whedbee 2007：p. 24.

(52) 山下 1971：15 頁，19 頁，注 16。
(53) ミルのフランス留学について，山下 1971：56-60 頁；関口 2023：13-15 頁を参照。
(54) Mill, Autobiography：pp. 62-63［97 頁］.
(55) Ibid.：pp. 66-67［118 頁］.
(56) Ibid.：pp. 66-67［119 頁］.
(57) Schofield 2006：p. 346［459 頁］. この時点でベンサムが女子の選挙権をあえて提言しなかった理由については，Schofield（2006；2014）を参照。
(58) ［Mackintosh］1818：pp. 168-170.
(59) Grote 1821：pp. 89-91. ロイツィデスによるジェイムズ・ミルとグロートの改革論に関する比較研究では，ジェイムズが「一般的に反改革を掲げていたトーリーの聴衆」を対象とした議論を展開していたのに対して，グロートは「穏健派」を含む「改革賛成派」の「ホイッグの聴衆」を射程にしたことが指摘されている（Loizides 2014：p. 79）。
(60) Ibid.：pp. 111-112, pp. 116-119, p. 135；Cf. Murata 2019.
(61) BL Add. MSS. 29531. ジェイムズ・ミルは，「魔術論」が『ブリタニカ百科事典』に掲載されるべきエッセイであると考えていたとクラークは指摘する（Bain 1882a：p. 193；Clark 1962：p. 29）。
(62) ベンサムとグロートによる『自然宗教論』が子ミルに与えた影響については，有江（2008）が分析している（有江 2008：677-679 頁）。同研究は，同書がミルに受容されたことに加えて，ミルの宗教論が包括的に検討されている。
(63) Fuller 2014：p. 118, p. 128.
(64) 有江 2008：698 頁，注 4。同注では，『自然宗教論』の主導的著者が誰であるかを扱った研究として，Crimmins（1990），Berman（1990），有江（1997），大久保（1997b）等が比較されており有益である。一方でフラーは，この問題にアプローチすること自体の難しさに言及している。つまり，フラーは，同書の編纂作業が進められた時点で，すでに功利性の原理を確立させ，著述家として各所から評判を得ていた晩年のベンサムと，「何も失うものはない」状態で世に出た 20 代の青年であるグロートを「何かしらの方法で比較すること」は「軽率」ではないかと指摘する（Fuller 2014：p. 126）。
(65) Fuller 2014：p. 128.
(66) Ibid.：p. 131. グロートは 1866 年に『自然宗教論』を再び印刷しているが，この印刷はいわゆる〈出版〉という形ではなく，私的な配布を意図してのことだったそうである。ただし同書は，グロートの死後の 1875 年に再度印刷され，フランス語にも翻訳された（Clark 1962：p. 32）。
(67) Fuller 2014：p. 126, fn. 50.
(68) グロートとノーマンの交流については Clark（1962：pp. 8-14）を参照。

(69) BL Add. MSS. 29521；Clark 1962：pp. 33-34.
(70) 例えば1818年から1824年にかけて残されたギリシア史関連のノートとして，BL Add. MSS. 29515にはのちの『ギリシア史』に続く議論が散見される。また，1818年から1824年にグロートが残したさまざまなトピックが含まれたBL Add. MSS. 29529には興味深い草稿がいくつか確認される。例えば，「ハリントンのオシアナ（Harrington's Oceana）」はグロートの〈共和主義思想〉を知る手がかりになるかのような題目であるが，ハマスリーが指摘するように，ハリントンの投票論に関わる争点について踏み込んだ議論をグロートが行なっていたかには疑問が残る（Hammersley 2019：pp. 8-9）。ハリントンのオシアナ共和国論における投票制度については，竹澤（2006：37-38頁）を参照。さらに，BL Add. MSS. 29529には「封建制度（Feudal System）」や「イタリアの諸共和国（Italian Republics）」，「統治論（Government）」と題された草稿に加えて，「古代と現代の教育（Ancient and Modern Education）」，「古代と現代の社会システム（Ancient and Modern Social System）」といった時代比較の視点を導入した草稿が所収されている。
(71) H. Grote ed. 1874：pp. 23-24（H. Grote to G. W. Norman, 30/05/1823）.
(72) Grote 1826.
(73) Clark 1962：pp. 35-36, p. 41.
(74) Ibid.：p. 37.
(75) Ibid.：pp. 37-39.
(76) Mill, Autobiography：Ch. 5［5章］.
(77) Ibid. pp. 136-137［203頁］.
(78) 精神の危機に関する研究蓄積は数多くあるが，関口（2023：第2章）がその危機の経緯と乗り越えについて思想史的分析を行なっており有益である。
(79) Mill, Autobiography：pp. 144-145［209頁］.
(80) ミルは，その後何度か再び憂鬱な気持ちに襲われることがあったが，再び危機的な精神状況に陥ることはなかったようである（Ibid.：pp. 144-145［210頁］）.
(81) Ibid.：pp. 147-163［211-220頁］.
(82) Ibid.：pp. 146-147［211頁］.
(83) ハリエットの哲学者・思想家としての研究はミル研究のみならず，女性の思想史の観点からも見ても重要であることは言うまでもない。最新のハリエット研究として McCabe（2023）による概説書が挙げられる。そのほか，ハリエットの論考や伝記については Jacobs（2002）を参照されたい。研究史上の争点の一つとして古くから議論されてきた問いとして，ハリエットがミルの知的活動に与えた影響を精査する「ハリエット・テイラー神話」がある。この争点については，泉谷（1977）を参照。
(84) Capaldi 2004；Robson 2004.
(85) Bain 1882b：p. 163［195頁］.

(86) Capaldi 2004 : p. 112 ; Cf. Bain 1882b : p. 163 ［195 頁］．
(87) Mill, Death of Bentham : p. 467 ［155 頁］．
(88) Ibid. : p. 471 ［160 頁］．
(89) Ibid. : pp. 468-469 ［157 頁］．
(90) Ibid. : pp. 469-470 ［158-160 頁］．
(91) Ibid. : pp. 470-471 ［160-161 頁］．
(92) Mill, Remarks on Bentham : p. 5, p. 7 ［169 頁，172 頁］．
(93) Ibid. : p. 16 ［184-185 頁］．
(94) Mill, Bentham : p. 95 ［127 頁］．
(95) Ibid. : pp. 106-107 ［145-146 頁］．
(96) Cf. Mill, Democracy in America ［I］; Democracy in America ［II］．トクヴィルの『アメリカのデモクラシー』第 2 巻の書評は 1840 年に公表されたが，1836 年に発表された「文明論」はトクヴィルに関する 1835 年と 1840 年の書評を理解するうえでも重要な論考である．
(97) Mill, Bentham : p. 108 ［148 頁］．
(98) Whedbee 2007 : pp. 24-25.
(99) Mill, Protagoras : p. 39 ［7 頁］．
(100) Ibid. : p. 40 ［8 頁］．
(101) Cf. Loizides 2013 : pp. 66-71 ; Whedbee 2007 : p. 21, pp. 29-33.
(102) Mill, Autobiography : pp. 206-207 ［276 頁］．
(103) Ibid. : p. 123 ［169 頁］．
(104) Loizides 2013 : pp. 88-89. Cf. BL Add. MSS. 29519.
(105) Grote 1831.
(106) Clark 1962 : p. 49. プレイスとの関係は Kunzer 2014 : pp. 30-34 を参照．
(107) グロートの議会行動や庶民院議員としての活動は本書では立ち入らないが，クラークの伝記研究で詳細に検討されている（Clark 1962 : Ch. 3）．また，クンザーによる近年の研究は，グロートの選挙出馬前後の動向や政治思想上の特徴，さらに庶民院議員の在任期間中を細やかに分析しており有益である（Kunzer 2014）．
(108) Mill, Autobiography : p. 202, p. 204 ［301-302 頁］．Cf. Ibid. : p. 203, p. 205 ［273-275 頁］．
(109) なお，グロートが庶民院に議席を確保していた時期の 1837 年に，グロートとミルは共著でヘンリー・テイラーによる『政治家（*The Statesman*）』の批評論考を公表しており，同論考は二人の意見の共通性を伝えていると解される（Demetriou 2013 : p. 190）．同論考では，議会改革が「人民の責任感を増幅させる」改革であると表明された（Mill, The Statesman : p. 623）．また，同論考はテイラーが古典研究へ無関心であることを批判し，政治家の資質の活性化にとって古典が重要であることを主張した．古典古代の名著を学ぶことは，「あらゆる古代の道徳倫理の前提

となる公的責務」や「すべての徳のある人間に内在する最も力強い感情を引きつける自らの義務と配慮の最上の目的としてのコモンウェルスの観念」にとって，いまだに熟慮に価するものであるとグロートとミルは考察している（Ibid.: pp. 624-625）．

(110) Clark 1962: pp. 75-79.
(111) Bain 1882b: p. 94［118 頁］．
(112) Somerville 2024；Mill Marginalia Online.
(113) Pionke 2024.
(114) Ibid.
(115) Bain 1882b: pp. 82-83［100-101 頁］．
(116) Clark 1962: pp. 87-88. クラークは，ハリエット・グロートがハリエット・ミルの死までジョン・ミルに対して冷淡に接していた様子を伝えている．ただし，ハリエット・ミルはグロート夫人に消極的な印象は抱いていなかったようである（Ibid.）．グロート夫人の態度がミルとグロートを疎遠にさせていたとカパルディは指摘している（Capaldi 2004: p. 303）．
(117) Russell and Russell eds. 1937: pp. 371-372；Cf. Clark 1962: pp. 87-88. この書簡のやり取りを含むミル夫妻に関するグロート夫人の言及は，ミルが名付け親となった哲学者のバートランド・ラッセルの両親であるジョン・ラッセルとキャサリン・ラッセルが残した日記に残されている．
(118) Mill, LL: pp. 577-578（J. S. Mill to George Grote, 28/11/1858）．
(119) Ibid.
(120) 近年の興味深い研究動向として，ミルの『自由論』に対するハリエットの貢献について，デジタル・ヒューマニティーズの一手法である計量文献学を用いて実証分析を試みた Schmidt-Petri et al.（2022）が特筆される（Cf. 村田・戒能 2024）．同研究によると，『自由論』の第 2 章はジョンの単独執筆であることが十分に推定される一方，第 3 章にはハリエットによる執筆の痕跡が確認され，第 5 章は共著である可能性が非常に高いと言われる．しかし，シュミット・ペトリらが提示した『自由論』の〈共作説〉に対して，別の統計学的手法を用いることで反論した Neocleous et al.（2022）がある．2024 年度の国際功利主義学会（UCL 開催）では，「ミルとテイラーの共作（collaborations）の迷宮を超えて」と題したセッションが開催され，Schmidt-Petri et al.（2022）の筆頭著者であるシュミット・ペトリと Neocleous et al.（2022）の共著者であるロイツィデスが，それぞれの最新研究を報告し，この〈共作説〉にアプローチする方法論上の課題が検討された．Schmidt-Petri et al.（2022）の指摘は，ジェンダー研究の観点から見ても意欲的な研究であるが，十分な反対検証を経た確定的な結果が出ていない部分も確認されるため，この争点は慎重に見守る必要があるようにも思われる．
(121) Mill, LL: p. 293（J. S. Mill to Harriet Mill, 15/1/1855）．同書簡の日本語訳は，関

　　　 口（2023：131 頁）を参考のうえ筆者が一部調整した。
(122)　関口 2023：130-133 頁。
(123)　ミルの政治家としての活動に関する研究として Thompson（2007）を参考。
(124)　Richardson 2014：p. 150.
(125)　Thompson 2007：p. 167.
(126)　Cf. Mill, Inaugural Address：pp. 220-243［20-92 頁］。
(127)　Ibid.：p. 220［20 頁］。強調は筆者による。同論争については，ミル『大学教育について』（岩波文庫，2011 年）に所収された竹内洋による解説（169 頁）を参照。
(128)　Ibid.：p. 219［16 頁］, p. 221［21 頁］。
(129)　Ibid.：pp. 221-222［22-25 頁］, p. 234［63-64 頁］。
(130)　Ibid.：p. 229［45-46 頁］。
(131)　この財産の蓄積としてミルは，トゥキュディデスの演説集，アリストテレスの修辞学，倫理学，政治学，プラトンの対話篇，デモステネスの弁論集，ホラティウスの諷刺文学，タキトゥスの全著作，クインティリアヌスの著作を挙げている。加えて，著名な哲学者・弁論家・文学者たちの作品のみならず，古代の歴史家や哲学者，劇作家が残したものには，「市民生活と私的生活の両面に適用できる非凡な良識と洞察とを表わす言葉や箴言」が残されていることをミルは強調した（Ibid.）。
(132)　Clark 1962：p. 85.
(133)　Clark 1962；Hamburger 2018.
(134)　Lewin 1909, 2：p. 246（H. Grote to Frances E. von Koch, 14/07/1862）。
(135)　Bain 1882b：p. 125［151 頁］。強調は筆者による。ミルがグロートに宛てた書簡では，ミルがグロートの『プラトン』を書評することを快く引き受け，その第一巻を読み終えた時点ですでに満足したことが伝えられている。ミルは，グロートのプラトンに関する全般的な見解に異論を挟む余地のないと感じており，同書を要約する意図で書評に取り組むことを表明した（Mill, LL：J. S. Mill to G. Grote, 11/03/1865, p. 1010；18/06/1865, pp. 1067-1068）。しかし，本書の第 4 章・第 5 章で確認するように，この書評では，ミル独自のプラトン解釈が含まれており，ミルのプラトン受容を検証する手がかりが提示されている。
(136)　Clark 1962：p. 97.
(137)　Ibid.：p. 99.
(138)　BL Add. MSS. 44423, ff. 54［大英図書館草稿 Gladstone Papers, Vol. 388 所収］。
(139)　Ibid.：ff. 54-55.
(140)　Ibid.；Clark 1962：p. 98.
(141)　Ibid.：p. 101.
(142)　ウェストミンスター寺院の公式ウェブサイトには，この請願の内容が次のように記録されている。「我々，以下の署名者たちは，故ジョージ・グロート氏がその著作物によって文学と学問に，また生涯を通じた絶え間ない努力によって教育の大義

に捧げた卓越した奉仕を考慮し，ウェストミンスター首席司祭に対して，彼の遺骸を大修道院の城壁内に埋葬する栄誉を認めるよう，切に要請する」(Westminster Abbey 2024)。

（143） Bain 1882b : p. 133 ［158 頁］．グロートの葬儀の参列者は Clark（1962 : pp. 101-102）を参照のこと。

（144） 関口 2023：265 頁。ミルの晩年や最期の様子は関口が明快かつ丹念に叙述しており一読に値する。

第2章　アテナイの民主政論
——「国制の道徳基盤」の盛衰——

1　問題の所在
——古典古代へと回帰することの意味——

　19世紀英国の哲学的急進派は，ベンサムの功利主義を基礎とした知的・実践的な活動を通じて，個人の幸福と自由を可能にする民主的な国制を模索した。ところが，ヴィクトリア期の初期には「民衆統治は自滅することをアテナイは示した」といった歴史的事例に基づく格率や常套句が流布していた。[1] 例えば，アリストパネスの『騎士』によって風刺された市民の〈気まぐれさ〉は，反民主政論者の格好のモチーフとしてたびたび援用された。急進派で歴史家のグロートは，『ギリシア史』（1846-1856年，全12巻）において「哲学的歴史」に基づいた歴史を描き出すことで，この歪みの修正に挑んだ。さらに，ミルは同書を高く評価した書評を1846年から1853年にかけて計7回公表した。急進派によるアテナイの民主政評価が公表される以前，18世紀の後半にアメリカ独立革命とフランス革命が勃発した。続けて19世紀に入ると，フランスでは七月革命（1830年）と二月革命（1848年）が起こった。英国外の政治変動に加えて，国内の政治改革の気運の高まりを背景としながら，自由主義と民主政の両立可能性が模索された世紀の中頃に，グロートとミルはアテナイの歴史を再検討した。
　アレクサンダー・ベインは，グロートと同様にミルを「ギリシアに陶酔し

ていた人物(2)」であったと評した。本書の第1章で確認したように，ミルは父ジェイムズ・ミルより受けた英才教育の過程で，幼少期から古典語を学んだことを次のように回想する――「父と共に読解を続けたラテン語とギリシア語の書物は，語学のためだけではなく，その思想のためにも学ぶ価値のあるものが主であった(3)」。ミルに内在化した古典古代の思想的価値は，1830年代中頃におけるプラトンの対話篇の英訳の公刊，本章の主たる分析対象であるグロート『ギリシア史』の書評，本書の第4章・第5章で分析するグロートの古代哲学に関する評論から主に看取される(4)。1853年にミルは，グロートの『ギリシア史』に関する7回目の書評を『エディンバラ・レヴュー』に寄稿し，ギリシアのなかでも後世に多大な影響と功績を残したのはアテナイであると明言する。「法的権威」の確立，「党派的な暴力からの自由」，「自由もしくは天才」を育む特徴，「生命と財産」の保護，「高度な知性あるいは独創的な功績」の条件を成す「精神の平穏」といった進歩的な諸要素がアテナイの民主政には点在しており，それゆえ，アテナイは優れていたとミルは理解する(5)。本章は，このような急進派による古代民主政の評価について，彼らの論敵であるトーリーのウィリアム・ミトフォードとの対比を通じて，グロートとミルがアテナイの政治から析出した「国制の道徳基盤（constitutional morality）」を解明する。

　古典古代とミルの政治哲学との密接な関連は，ウルビナティの研究が包括的に検証している。彼女は，ミルの古典古代論が近代の代議制民主主義論への貢献を示す鍵となると捉え，バーリンの自由概念やスキナーとペティットによる共和主義的自由とは異なるミルの政治的自由の観念を明らかにし，その特色を熟議民主主義論に位置づけた。しかし，アテナイのポリスに近代性を付与した役割を総じてミルに帰す彼女の解釈は，ターナーによるヴィクトリア期の古典古代論の思想史研究で明らかにされたグロートの意義とその役割を明確化できない(7)。ウルビナティの研究以後，ミル研究においては，『ギリシア史』の書評論文と主要著作との繋がりに注視することで，ミルが古代アテナイの「古典的共和主義」を「理想モデル」とし，それを近代社会に適用することを目指したという枠組みに注目した研究や(8)，グロートをはじめとしたギリシア史論の読解が教育，社会，政治に関するミルの改革論を支えた

と捉える分析[9]が登場した。だが，いずれの研究も二人の急進派の立場を十分にふまえたうえでギリシア史を再構成したとは言えず，ターナーの研究もミルのグロート解釈にはさほど踏み込んではいない。

グロート研究は近年進展が見られる分野であり，ケアステッドは『ギリシア史』の記述を古代史の知見を生かしながら丹念に分析している[10]。同研究は，グロートの歴史叙述が「アテナイの民主政に対する歴史的偏見」を覆し，ミルの議論に活力を与えた点において「革命的なもの」であったと評しており，ウルナビティの研究よりもグロートの役割を強調した[11]。しかし，そもそもなぜ功利主義者が，歴史に着目したのかという根本的な問いは残されたままであり，前述のいずれの研究においても，保守的なギリシア史観への反駁という政治的目的が強調された。ところが，ベンサム，グロート，ミル親子の歴史論を明らかにしたバレルの政治思想史研究は，彼らが過去から現在に対する意義を抽出することに否定的であったと論じる。バレルは思想家ごとの多様なアプローチを強調するが，全体として急進派は，「功利主義的，急進主義的，あるいは自由主義的な歴史哲学を，それぞれの過去に対応する展望に単純に当てはめることで，〔自らの立場に〕歴史的正当性の輝きを付け加えようとしたわけではない」と主張する[12]。

以上の先行研究から導き出される本章の主題——急進派によるギリシアの民主政論——には，三つの目的がある。第一に，なぜミルとグロートが歴史研究を自らの思想的課題としたのかを検討することである（第2節・第3節）。両者の歴史研究に対する関心からは，保守派への反論という単純な政治的意図には還元されない「哲学的歴史」「歴史の科学」を志向する側面が示される。ただし，本章はバレルのように，自らの政治的意図を歴史に投影することに急進派が徹底して抑制的であったとは結論づけない。なぜなら，保守派と急進派のギリシア史叙述を比較してみると，保守派に反してグロートとミルが民主政と自由の両立可能性を強調したことを明示できるからである。ここに第二の目的がある。ターナーとケアステッドはグロートのテクストをミトフォードの叙述に基づいて分析したが，〈ミトフォード－グロート－ミル〉の三者の歴史認識をギリシア史の盛衰という時系列的展開から十分に検討していない。よって，一次資料の比較分析に基づいて三者の政治的意図を明ら

かにする（第3節・第4節）。そして第三の目的は，グロートとミルが強調した「国制の道徳基盤」の比較により，両者のいずれがアテナイに近代性を付与したのかというウルビナティの研究以後問われる争点を扱う。国制の道徳基盤とは，グロートとミルが着目したアテナイの政治道徳である。その働きは，国制を尊重し，法を遵守すると同時に，開かれた言論における自由を重視し，権力者に対する持続的な監視を行なうことである。グロートはこの基盤の作用を主に市民のなかに見出した。両者は「古代人の復活」を企図しなかったが，グロートと異なりミルは，国制の道徳基盤に市民と統治者の視点から検討を重ねたことが結論として示される（第4節）。

2　ヴィクトリア朝におけるギリシア史をめぐる保守派と急進派の対立

(1) 英国の混合政体とアテナイの民主政

　ギリシア史，とりわけアテナイを扱った歴史書は，18世紀後半から19世紀前半にかけて英国で刊行が続いた。その多くが，米仏の革命と国内の議会改革という文脈のなかで，アテナイの民主政をいかに評価するべきかという実践的問題を含んでいた。つまり，1820年代から30年代にかけて，議会改革への関心の高まりと共に民主政の是非が検討された。アメリカ合衆国をめぐる議論は，英国の政治・社会改革に反発した保守的なトーリー，アメリカを理想的な改革モデルとして好意的に受け止めた急進派，そして両者の中道路線を採用したホイッグの間で展開された。[13]このアメリカ論と同時期にギリシア史に関連した論争がこれら三つの陣営によって展開されたことは注目に値する。他方，19世紀中期に差し掛かる頃には，政治的イデオロギーと一定の距離を置くことを目的とした科学的な歴史学の探究がドイツや英国で登場した。グロートとミルは，これらの民主政評価と歴史的方法論に対する問題意識をそれぞれ独自の形で共有しながらアテナイの歴史を論じた。まずは両者がアテナイに着目するに至るまでの古代史の特色を概観することで，論争上の図式を提示する。[14]

　18世紀の英国では，エドワード・ギボン(Edward Gibbon, 1737-1794)の『ロー

マ帝国衰亡史』(1776-1788年) に代表されるように，ローマ史への着目が顕著であった。ローマ史を題材とする 18 世紀の古代史受容は，ローマの発展と衰退という「腐敗の循環」を提示した。しかし，コリーニらが検討するように，このような循環論的な観念は 19 世紀のイングランドでは次第に影をひそめていく。その背景には，急進派が企図した政治改革の一定の帰結──選挙権の拡大や世論の役割が重視されること──が，支配者層と非支配者層の間の腐敗を抑制するであろうとの楽観的な見通しが立ったことがある。結果として「「奢侈」およびそれによる公共的徳の腐敗に対する 18 世紀的批判はその意味を失った」が，続いて，選挙権拡大に伴うデマゴーグによる煽動的な民主政治がもたらす新たな腐敗が問題化した。[15] 他方，18 世紀中頃から末期にかけて，民主政批判を表明した保守的なアテナイ史が複数発表された。エドワード・ウォートリー・モンタギュー (Edward Wortley Montagu, 1678-1761) は『古代共和国の盛衰に関する考察』(1759 年) を刊行し，アテナイに生じた「奢侈」「軟弱さ」「腐敗」といった危険を描き出し，英国に民主政を適用することの問題点を示した。同書は，アテナイが崩壊した要因にデマゴーグの民衆扇動を挙げ，ギリシアの諸国家の盛衰論を通じて名誉革命後の国制の正当化を試みた。[16] さらに，古典研究を介して近代の政治的諸課題に取り組んだ歴史家でスコットランド出身のジョン・ギリーズは，『古代ギリシア史』(1786 年) の冒頭で国王へ向けた献辞を捧げ，ギリシア史が民主政の「危険な乱れを暴露し，僭主たちの専制を糾弾する」と表明した。加えて，共和政 (民主政) の「不治の諸悪」を描き出すことで，「世襲王の合法的支配と十分に制限された君主政の安定した働き」によって自由がもたらされるとギリーズは宣言した。[17] よって，彼は民主政に専制や放縦に陥る危険を察知し，制限君主政を支持したのであった。以上の知的文脈のなかで，ミトフォードはフランス革命勃発前の 1784 年に『ギリシア史』第 1 巻を刊行した。

　ミトフォードは，オックスフォード大学でブラックストーンの英国法と国制に関する講義に出席，のちにフランスを旅行した際に，英国の国制や古代共和政における権力均衡論を称賛したフランスの政治思想に触れた。英国へ帰国後はサウス・ハンプシャーで軍職を務め，その折にギボンと出会い，彼に『ギリシア史』の執筆を勧められた。[18] 同書の執筆と刊行時期にも重なる 1785

年から1818年にかけては、トーリー党所属の庶民院議員に3度選出され、計21年間の公務に就いた。『ギリシア史』を通じて民主政の危険性を暴露し、イングランド国制の擁護を試みたミトフォードは、アテナイの民主政の成立とその内実を混合政体の解体過程として論じた。同書はギリシアの政治史を分析することで、ソロン以降の改革を否定し、僭主や征服王の利点を明らかにし、ソフィストへの攻撃を通じてデマゴーグのクレオンを痛烈に批判した[19]。これは、急進派に対する寓意的な批判ですらあった[20]。同書はのちにホイッグと急進派から非難されることになるが、ミトフォード自身は民主政を合法的支配であると認めていた。ギリシアの君主政から共和政への移行を論じた部分では、その政体を合法的支配と暴力による非合法的支配の区別に基づいた6分類を提示した。そして彼は、前者に君主政、寡頭政、貴族政、民主政を位置づけ、専制・簒奪の政府もしくは専制の寡頭政を後者に区分した。ギリシアの国制は合法的支配であったため、専制的な絶対王政が樹立されておらず、王権は被治者の利益のために一人の人間が有する尊厳と権威の法的優位性に基づいていた。この君主政は当時の英国人にとって馴染み深い統治であった[21]。

(2) ミトフォード『ギリシア史』への反駁

反民主政論を試みたミトフォードの『ギリシア史』は、ヴィクトリア朝において最も影響力を有する議論となった[22]。多様な党派の読者を獲得した同書は、19世紀中頃に史料批判に基づくサールウォールの研究が1835年に登場するまでの間、影響力を維持した。すなわち、英国において「アテナイの国制をめぐる論争は、ミトフォードが設定したパラメータから逃れることは困難であった[23]」。ミトフォードの『ギリシア史』の刊行後、トーリー、ホイッグ、急進派の各機関紙において同書をめぐる論争が展開された[24]。『エディンバラ・レヴュー』では、1808年に「ギリシアの共和国の物語が反共和国的な偏見を多く有する人物〔ミトフォード〕によって語られたこと」に対する落胆が表明された一方、これまでのギリシア史の著作よりも明瞭な歴史が叙述されており、ミトフォードと政治的に対立する人々に対しても同書を読む意義が記された[25]。ホイッグのトーマス・マコーレーは、1824年に『クォー

タリー・レヴュー』でミトフォードの『ギリシア史』は「歴史であるのか,それとも政党のパンフレットなのか」と問いかけた。マコーレーは,著者自らの政治的偏見を歴史研究に反映させたことではなく,民主政がアテナイで何を達成したのかを見抜くことができなかった部分にミトフォードの問題点があると論じた。対してミルは,保守系の機関紙『クォータリー・レヴュー』が「アメリカの共和国と共にアテナイの共和国を批判する」ことに長年徹してきたと述べ,「私たちが手にしているもっとも詳細なギリシア史〔ミトフォード『ギリシア史』〕には全文にわたって反ジャコバン的精神が浸透している」と理解した。

1826年にグロートは,『ウェストミンスター・レヴュー』にH. F. クリントン『ギリシア年表』(1824年)の評論を投稿し,その誌面の大半を使ってミトフォードの『ギリシア史』を批評した。およそその20年後にグロートの『ギリシア史』の刊行が始まるが,本評論は,彼の急進派としての民主政解釈と歴史研究に対する問題意識を反映している。前者については,本書の第1章で検討したように,その刊行に先立って,1821年にグロートはベンサムの『議会改革案』(1817年)の擁護を行ない,民主的な諸制度を設立するためには,義務の感覚と公共生活に対する愛着が不可欠であることを指摘した。つまり,1821年の時点で,グロートがのちのクリントン評論と『ギリシア史』で着目した制度と市民の性格の関連性をすでに認識していたことは注目に値する。クリントン評論では,少数者が権力を掌握する制限君主政擁護がミトフォードの歴史で表明されたことが問題視された。グロートによるとミトフォードは,ギリシア史を通じて「社会のメカニズム」を解明し,「人間本性の原理を見出す」ことに対する関心が希薄であるため,「イングランドにおいて支配的な利害に極めて好意的」な見解を描き出した。それに対してグロートは,古代の民主政が特定の統治機構による権力の独占を解体し,「少数の富者の邪悪な利益」に対抗する試みが「個人の才能」の発展を可能にしたと論じる。ギリシアの民主政に対して「我々は躊躇することなく,決定的に揺るぎない優位性を有していたと宣言することができる」。無論,「善き統治」としてのギリシアの諸制度には欠点や不十分さはあったが,「寡頭政と君主政は,いかなる保障も与えず,悪政に静かに服従する人民を保持す

ること」のみを目的としていた。⁽³¹⁾

　このように，ミトフォードの政治的立場がギリシア史の叙述に影響を与えたことは，結果的に歴史研究の方法論的課題を浮き彫りにしたとグロートは解釈する。当時のギリシア史に関する一次資料の乏しさは，歴史家に特定の事実から幅広い推論を行なうことを求めた。それゆえ，多様な事実の関連性は著者自らが補わなければならない側面が多く，特にギリシア史には書き手の偏見が顕著であるとグロートは理解する。ミトフォードは，ホメロス，ヘロドトス，トゥキュディデスなどの歴史書を根拠に『ギリシア史』を執筆したが，このような文学的特徴を有した著作のみに基づく叙述は，歴史的事実の解釈に曖昧さや書き手の偏見を生じさせる可能性がある。証拠となり得る資料の不足は，著述家に対して「疑わしいことやせいぜい可能性があること」を記述させたり，叙述の興味深さを増大させたりしようとする強い誘惑を生み出す。グロートによれば，資料的限界のなかで，ミトフォードは自らの推論と史実とを区別することができず，さらにこのことを読者に十分に警告することなく歴史を描き出したことが問題である。とりわけフランス革命後に公刊された部分において，ミトフォードの政治的偏向が顕著であるとグロートは論じた。このような偏りを排除するためには，人間本性と経験の法則に則した哲学と史実という二つの視点を歴史家が徹底して保持しなければならない。これらの視点に基づくことは，ギリシア史が「慎重かつ忠実に書き直される」ことに繋がるとグロートは主張し，その書き直しを自ら実行した。

(3)「哲学的歴史」に基づくギリシア史の刷新

　グロートは 1826 年のミトフォード批判から『ギリシア史』刊行までの間，第一次選挙法制定直後の 1832 年から 41 年にかけて国会議員を務める傍ら，歴史書の執筆に取り組んだ。その過程でグロートは，ジェイムズ・ミルの『英国領インド史』の読解を通じて，歴史学と哲学を同時に探究する歴史叙述に影響を受けた。一方，初期のミトフォード批判の時点で既にその重要性を認識していたドイツ歴史学の摂取をさらに進めることで，方法論の再検討を行なった。グロートはバルトホルト・ゲオルク・ニーブール（Barthold Georg Niebuhr, 1776-1831）の『ローマ史』（1811-1832 年）を読解し，ニーブールの叙述

には歴史的事実の探求のみならず，大衆の心情に対する共感が含まれていたと理解した。彼は，ドイツ歴史学の助けを得ることで，ミトフォードのギリシア史観に特徴的であった過度な党派性を書き換えながら，ギリシア社会の全体像を描き出すことを目標とした。他方，グロートの『ギリシア史』が完成する以前に，トーリー的解釈に基づくギリシア史の問題点を明らかにし，党派的ではない歴史叙述を試みた著作として，コノプ・サールウォールの研究が特筆される。サールウォールは，グロートと同時期にチャーター・ハウスで学んだ司祭・歴史家であり，ニーブールの『ローマ史』の英訳に携わった。グロートはミトフォードによるギリシア解釈を覆した先駆的な著作として，サールウォールの『ギリシア史』（1835‒1847年）を「自由な精神（liberal spirit）」に基づく批判的歴史として肯定的に評価した。同書の刊行後，ミトフォードの『ギリシア史』は影響力を失うことになる。

　グロートと同じくミルは，保守派の歴史叙述における政治的な偏りと方法論上の問題を認識した。父ミルはミトフォードの『ギリシア史』を読解する息子に対して，「本書の著者のトーリー党的な偏見と，彼〔ミトフォード〕が専制者を弁護し民主的な諸制度を非難した事実の歪曲に警戒するように」と助言し，子ミルは同書とは反対の意見を持つようになった。さらに1840年代半ばになると，歴史の科学に対するミルの洞察が看取される。例えば，『論理学体系』第6篇では，「思慮深い精査」を通じて，歴史から社会の経験法則を解明し，これらの法則と人間本性の法則とを演繹的に結びつける必要が説かれた。そこで彼が着目したのは，オーギュスト・コントの歴史学である。コントは，進歩の条件を解明する社会動学と社会における安定性の条件を解明する社会静学を区別し，統治形態と文明の状態との間にある「必然的な相互関係」を示す一般的原理を導き出した。ミルは，このコントの議論に触発されることで，「思弁的能力の状態」という人間の知性が社会の進歩と安定を左右することを論じた。ただし，「知識の進歩」や「人類の意見の変化」は極めて漸進的に見られる現象であるため，知的要因が社会状態を決定する要因たり得ることを明らかにするためには，「過去の全体」を考慮に入れなければならない。しかし英国では，歴史の科学は未発達であり，「普遍史の事実を理論によって結びつけることが真に科学的な思想家の目的となった」

第2章　アテナイの民主政論　　75

段階にある。⁽⁴³⁾

　ミルの歴史的洞察が彼の政治思想に与えた影響を指摘する川名やバレルの重要な先行研究がある一方⁽⁴⁴⁾，ここでは，本章の目的に即して以下の議論を再検討しておきたい。『論理学体系』第 1 版を出版した翌年の 1844 年（この年はグロート『ギリシア史』の最初の書評論文が刊行される 2 年前にあたる），ミルは「ミシュレのフランス史」で歴史研究の発展を三段階に分けて考察した。第一段階は，著者自身が生きている現在の基準に照らし合わせて過去を描き出す歴史である。ミトフォードがそうであったように，トーリーの著者がギリシアを題材とするのであれば，「アテナイ的なものはすべて批判されなければならない」ことになる。第二段階では，第一段階で見られた過度な現代的視点は抑制され，可能なかぎり過去を基準点として過去の「生き生きとした姿」を描き出す試みが見られる。この段階では，過去の全体的な理解をもたらす想像力が求められ，この能力はカーライルとニーブールが有している。そして，第三段階において歴史は，一定の因果関係の「網目」のなかで捉えられ，「原因と結果の漸進的な連鎖」として理解される。このような歴史をミルは「歴史の科学」「歴史的哲学」と呼び，第二段階から第三段階への進展例として近代フランスの歴史学を取り上げた。とりわけフランソワ・ギゾーは，フランスを歴史の模範としつつも，社会条件とその変化に関するヨーロッパ的な普遍史を描き出した著述家であるとミルの好評を得た。⁽⁴⁵⁾

　では，次節で扱うグロートはどの段階に位置づけられるのか。ミルの解釈によれば，ニーブールが確立した一次史料への着目はグロートに継承され，グロート『ギリシア史』は「歴史批評 (historical criticism)」を探究する特徴がある。この特徴は，歴史叙述においてグロート自身が関心をもっていた政治的見解に基づかない分析をも可能にしたとミルは理解する。加えてミルは，サールウォールに「哲学的歴史」の要素が不足していたことを問題視した。すなわち，客観的な歴史叙述においてサールウォールは優れていたが，人間の内面性を歴史的展開に位置づける部分は欠けていたとミルは捉えたのである。対して，忠実に歴史を記述し，読み手の知的・道徳的な判断の助けとなる過去を学ぶことを可能にする歴史研究がグロートの利点であった。⁽⁴⁶⁾よって，ニーブールの手法を用いて，民主政の盛衰史に内在化された国制の道徳基盤

の作用を明らかにしたグロートの歴史論は，第二段階と第三段階の中間にあると言える。この点は第4節にて再検討する。

3　アテナイの国制改革史

(1)　アテナイの民主政史のはじまり——その枠組みと萌芽

　グロートは，「哲学的歴史」に基づいてミトフォードの歴史叙述の書き換えとその方法論の転換を目指して『ギリシア史』を刊行した。両者は共にミケーネ時代から古典期に民主政の盛衰を読み取ったが，グロートはミトフォードの設定した歴史的争点への反論を試みた。本章では，ここにミルのギリシア史評価を加えることで保守派と急進派の比較を行なう。グロートとミルのアテナイ評価はおおよそ一致をみせるが，国制の道徳基盤と代議制論に両者の違いが示される。本節では，両者が批判したミトフォードのギリシア民主政史の枠組みをふまえたうえで，急進派の着眼点をアテナイの歴史的展開に沿って検討する。[47]

　まず，ミルによるとグロートの『ギリシア史』は，ギリシアの偉大さが傑出した時代の「萌芽，成熟，衰退，そして死」を描き出した著作である。具体的には，前古典期のソロンの改革（前594年）から古典期の始まりのマラトンの戦い（前490年）までを民主政の「準備期間」とし，これ以降からカイロネイアの戦いまでの約150年間がその「成熟期間」にあたる。特にミルは，古典期の歴史を通じてグロートがギリシアの「政治的・集団的な生活と社会的実存の形態に関する際立ったいくつかの特徴」を明確にしたことに着目する。さらに，この時期に「人類は静止しているのか，それとも進歩しているのかという問題」が提起される。一般的に人間本性は静止的な傾向にあるが，クレイステネス以降の進歩はギリシアが「自由と知的陶冶」の源流であることを示し，この歴史における進歩の過程をミルは読み解いた。[48] もっとも，ミトフォードとグロートは，ホメロスの叙事詩によって語り継がれたミケーネ時代から前古典期までのギリシア史も古典期以前の研究として扱っていた。ミルもこの点に言及しており，三者は共通してこの時期に民主政的な諸要素の萌芽をみた。[49]

一方でミトフォードは，ホメロスによって描かれたギリシア神話とトロイア戦争期に，単一政体としての「純粋な共和政〔多数支配の民主政〕」や「一人の人間による絶対的支配〔単数支配の君主政〕」とは明確に区別される，世襲に基づく制限君主政が採用されていたと解釈する。ホメロスの叙事詩の時代ですら完全な君主政は創設されておらず，ソロン以降の国制改革によって政府が混合政体に転換した様相を描き出すことがミトフォードの特徴である。つまり，ミケーネ時代からすでに無制限の王権が不在であったため，この時期に「民主政の活力ある諸原則」が存在していたとミトフォードは捉える。[50]
　他方でグロートは，近代的な用語に基づいて「人民主権とは対照的な神権」がホメロスの時代的特色であると理解する。この英雄時代の統治では，「支配的な権力は王にあり」，貴族や民衆の立法的・政治的機能は比較的狭い範囲に制限されていた。執政権は「ある種の宗教的感情」に支配され，この感情に不正や欠陥が伴っていたとしても，支配者は自らに対する「対抗意識を排除し」，「人民の服従を確かなものにする」傾向があった。[51] グロートは，君主政が中世から近代ヨーロッパで広く採用されている歴史を念頭におきながら，ギリシア神話の英雄的な王に対する民衆の感情は次第に「無関心」を伴いはじめ，さらに僭主政下では王への「決定的な反感」が生じ，民主政の台頭によって王権は死滅したと論じる。ギリシアの共同体を「管理者のいない狂人」として描写したミトフォードの叙述を批判的に捉えたグロートは，ギリシア人の本性の「最も高貴で賢明な部分」から導出される「卓越した徳」が王権への憎悪を生み出し，権力者を含むすべての人々にとって普遍的な法的拘束力の必要性を認識させたと分析する。さらに彼は，近代ヨーロッパの君主政を「風俗，習慣，歴史的教訓の一定の影響力のもとで作用する代表制の国制」に位置づけた。[52]
　ミルによると，ホメロスの物語において個人の義務に関する感情は，神々や王，身近な人々との間で形成された。他方，歴史上のミケーネ時代には，すでに王権と共に評議会やアゴラが設置されており，ミルは，グロートが共和政（民主政）の特色をホメロスの時代から発掘したことに着目する。グロートは君主政を消極的に評価したが，この時代にすでに「公的な発話」が採用されていたことは，ペリクレスの時代に至るまでの言論の力の漸進的発展を

可能にした。つまり，当該時代以降に登場する弁論家のみならず，プラトンの哲学的思索やアリストテレスの体系的諸学問もこのような対話術の芽生えに由来するとグロートは主張し，この指摘をミルは重視した。すなわち急進派は，宗教権力に基づく王権政治ではなく，神話の世界に点在した民主政の萌芽に着目したのであった。

(2) 民主政の「準備期間」——ソロンの改革をめぐる統治機構論

　しかし，三者それぞれが民主政の確立に決定打を与えたと考えた時期は，ミケーネ時代後である。グロートは，ミトフォードと同様にソロンの改革から民主政の成立期を検討した。両者の統治機構に関する理解は次のように整理される。ミトフォードがソロンに民主政の誕生と混合政体の衰退の始まりをみたのに対し，グロートはクレイステネスに民主政の根本的な起源を看取し，ペリクレスによって混合政体がほぼ消滅したことで民主政が完成したと捉える。前621年，ドラコンによって平民の市民は貴族と共に政治・司法の領域への関与が認められた。だが，下層市民は貴族や富裕層に不満を抱き，両者の対立が危機的状況に陥った前594年，貴族と平民双方からの期待を受けたソロンが，政治的実権を掌握するアルコンの地位を獲得し国制改革に着手した。以下，この改革で導入された民主政的諸要素についてミトフォードとグロートの見解を比較する。

　当時アテナイの周辺地アッティカの中小農民は困窮に瀕し，なかには富裕者に土地を借りて隷属的に耕作を行なう「6分の1」（ヘクテーモロイ）がいた。彼らは利息である収穫の6分の1を富裕者に支払わなければ，家族ともども奴隷身分に没落させられる。だが，戦時に重装歩兵としての従軍を定められていた自由農民が不安定な状況に置かれることは，国防力の低下に繋がりかねない。そこでソロンは，「重荷おろし」（セイサクテイア）によって平民を隷従から解放した。グロートは，ソロンが奴隷となった債務者の苦痛への補償を行なうために「重荷おろし」を制定したと理解する。無論，優れた法のもとでの契約の尊重は，社会的に極めて重要であるが，近代ヨーロッパでは，普遍的立法とその法を支える感情に基づいて，人間の身体や子供を奴隷化する契約をすべて禁じている。この身分制改革は平民の不安をある程度除去し

たが，ソロンは経済的・軍事的に台頭しつつある彼らの意向を政治に反映させ，諸階級間の対立を緩和するために財産級政治（テイモクラテイア）をも導入し，出自を重視する旧来の身分制ではない財力に基づく政治参加の規則を提示した。

さらにソロンは，貴族政期から運用されていたアレオパゴス評議会に加え，テイモクラテイアの四等級から各100人ずつ代表者が選出される四百人評議会を設置した。アルコン経験者たちが終身任期で評議員に就く当該評議会は，貴族政的な集団統治の特徴を有した。[57]ミトフォードによると，旧来のアレオパゴス評議会と新設の四百人評議会は，民会への出席権と平等な投票権を付与された無産者級を含む全市民の参加によって成り立つ民会との均衡を生み出す機関である。民主政には「荒れ狂う」特徴があり，その弊害や不便さを未然に防ぐために，ソロンは「権力均衡」の制度を確立したとミトフォードは捉える。ところが，委任統治に基づく代表制的要素をもったアレオパゴス評議会と四百人評議会が，民主的勢力の弊害を制御することはできなかった。なぜなら，ソロンは「自由なアテナイ人が等しく投票権と発言権」を認められた民会に「最高権力」を付与したからである。[58]ミトフォードは，第四等級である無産者級を「権力を適切に行使する能力が最も低い者たち」と批判し，彼らに民会での「無制限の権力」をソロンが与えた側面に，権力均衡の崩壊に繋がる危険を察知する。無産者級は「他の全階級よりも数が多い」ため，団結することで彼らは全能になることができる。その後の民主的改革でも明らかなように，無産者級は「自らの快楽と堕落」のために国制を破壊する。[59]絶対的な主権を無責任な「大衆」に付与したことが，ソロンの権力均衡原則の欠点であり，結果的にアテナイの政府は「人民の手中にある暴君」へと変容した。[60]すなわち，ミトフォードは，ソロンによる財産級政治を民主政の誕生とみなし，民衆に対する最高の政治的権力の付与を極めて批判的に解釈したのである。

グロートは，四百人評議会が民会に一定の制約を課していたものの，民会に統治者の執政責任を追及する権限が付与されていたため，ソロンは「のちに続く民主政の種」を蒔いたと評価する。だが，グロートがペリクレスの時代に特に傑出したと捉えた国制を支える「民主政の感情」，すなわち国制の

道徳基盤は，この時点では不十分であった。前時代と比較して国制上の貴族政的性格は弱体化の兆しをみせたが，ソロンは「国家の本質的な権力を寡頭政の手に委ねていた」ため，ペイシストラトスに代表される専制政治の誕生を防ぐことはできなかった。よって，グロートは，ミトフォードが混合政体の均衡を保つ要素とみなした新旧の評議会に残存した寡頭政的特徴を問題視した。

ただしミトフォードは，一般化された科学的な法理論をソロンが確立し，近代法学の源流がローマ法ではなくソロンの立法改革にあると評価した。イングランド国制の優れた原理は，「私的な善が公的な善を構成する」ための自由な統治を基礎づけたところにある。しかし，古代の共和国は，近代的な大きな政府を運営できるほどのメカニズムを獲得しなかった。政府は，国家を構成する多様な諸階級を調和させ，富者と貧者の双方に適用される平等な正義を確立しなければならない。個人の権利保護と公権力の維持を通じて，既存の秩序を支える一般的な私的利益に根ざした統治こそ「公共精神」の源となるとミトフォードは論じる。ところが，ソロン以降のアテナイやスパルタなどのギリシア諸国家では，「私的な善とは異なり，しばしば対立し合う理想的な公共善」が国制の原理として働き，その結果，派閥抗争が生じた。事実，アテナイの貴族と民衆の対立はソロンの改革後に激化した。このような抗争を治めるために僭主たちが台頭した。

身分制を背景とした党派的な争いは，アテナイに僭主政支配をもたらした。グロートは「同胞を強制下におく自国の専制君主」という表現で，アクロポリスを占拠したことでも知られる僭主ペイシストラトスを暗喩したが，興味深いことに，ミトフォードはギリシアの僭主たちを民主政によって生じた不均衡を克服した政治家として描き出している。現在の研究では，ペイシストラトスの治世は「穏和で合法的」だったと評される一方，僭主政に特有の「独裁的性格」があったとも言われる。しかしミトフォードによると，ギリシアで使われていた「僭主（Tyrant）」は，近代で使用される専制君主とはニュアンスが異なる。近代的な僭主・専制君主は「多かれ少なかれ，国の法律が禁じている権力の簒奪者」であり，権力を獲得し維持するために頻繁に過激な行為を行ない，時として残虐な罪を犯す統治者である。他方，古典古代の僭

主は,「何らかの手段で同胞に対する主権を獲得した共和国の市民, あるいは行政府の唯一の指揮官」を意味し, ギリシアの僭主の多くが「並外れた徳」を有し, 法の下で自らの権力を行使することで被治者に有利な統治を行なった。ギリシアの僭主たちは「簒奪者」であったが, 民衆のなかに僭主・簒奪者への支持がなければ彼らは統治者となり得ない。つまり, 不安定な秩序に対抗するために, 合法的に支配権を簒奪することで僭主は誕生したのである。[65]

(3) クレイステネスと国制の道徳基盤

前510年にアテナイの僭主政は終焉し, 民主政確立への「決定的な一歩」をもたらしたクレイステネスが登場した。[66] 前508年にクレイステネスは十部族制と陶片追放制度を導入した。従来の四部族制に代わる, 地域的区分と構成員の職種・階層の多様性を考慮した十部族制は, 激化した政治抗争を緩和するために設立された。さらに, 十部族制を支える行政単位デーモス(区)が従来の村落を基礎として139に区画されたことで, 市民資格が定められた。旧来の四部族や血縁的原理により組織されていたフラトリア(兄弟団)が政治的な役割を失い, デーモスは地縁的原理に基づいた国制への参加を規定した。四部族から十部族への転換は, グロートによると, アテナイ人を数的, 地域的, 政治的に平等に区分された「一つの均質な全体」に再構成した。擬似血縁集団的なフラトリアの残存は, 家族的・宗教的な集団を完全に解体しなかったが, 十部族制の導入は特殊で地域的な利害関心を抑制し, 共同体全体の統治を可能にしたとグロートは評価する。よってアテナイでは「不穏な地域の諸派閥」が制限され, クレイステネスは国制の「極めて重大な修正」を行なった。[67]

ミトフォードが党派対立に伴う混乱や権力腐敗の問題解決策を僭主政に見出したのに対し, グロートは「国制の道徳基盤」を市民の内面に創出することが政治的課題への処方箋になると主張した。統治者の道徳ではなく, 市民の道徳に力点を置いた議論がグロートの特色であり, ここに後述するミルとの相違がある(第4節)。グロートによると, 国制の道徳基盤とは, 国制に最大限の畏敬の念をもち, そのもとで行為する権威的な人々への服従を強化しながらも, 同時に, 「人々を開かれた言論」と「明確な法的統制」に従うこ

とを習慣づけ，権威者の公的な行動に対して「制限のない監視」を行なうことで生み出される道徳的性格を意味する。すなわち，党派的な抗争下においても，全市民が国制に対する信頼を示し，権力を際限なく監視する「自由と自制」を維持することで国制の道徳基盤を共同体に流布させることが，「自由と平和を同時に実現する政府の必須条件」である。クレイステネスは「平等で，民衆的で，包括的な」改革の精神によって市民全体が国制に愛着を抱くことを初めて目指した。グロートは，政治的抗争下で市民の積極的な判断を仰ぐことを可能にする諸制度を導入し，国制の道徳基盤に基づく公共生活を整えようとしたクレイステネスを支持した。[68]

ミルは，「制限なき民主政」，自由，民衆の精神を形成したソロンとクレイステネスの諸制度をグロートが明らかにしたと捉えた。[69] 加えてミルは，これらの制度に内在化された「政治教育の方向性」が国制の道徳基盤を形成したと捉える。この基盤は，アテナイの諸制度を通じて，市民が公的・私的問題を扱うための知的・道徳的能力を育てる習慣に支えられる。具体的には，ポリスでの「制限のない公開性と譴責と言論の自由」の保障，官職に就く者に対する責任，裁判官は籤により指名される近代の陪審制に類似した制度，富や出自によって政治参加の権利が定められていなかった点が挙げられる。[70] グロートは，ギリシアの民主政が「市民の胸中に心から皆が一致して国制に愛着を抱くようにするだけでなく，公的・私的活動の活力を生み出す特質」を兼ね備えていたと論じる。その一方で，寡頭政では市民に「受動的な黙従と服従をせいぜい望むことしかできない」と指摘し，ミルはグロートの議論に注目した。[71]

アテナイの制度的特徴についてグロートは，ペイシストラトスの執政期に形骸化した民会の開催とその手続きをクレイステネスが補強したことで，ソロンの改革では生じなかった「愛国的で高潔な衝動」が新たに出現したと論じる。自由な民会は，市民に「話し手と聞き手の両方の義務を果たす」訓練の機会を提供し，政治的影響力の実感を彼らに与え，「自らの安全と幸福を大多数の投票と同一視」することを可能にした。ソロンの改革を民主政の起源とみなす保守派に対して，グロートは，クレイステネスによる民会の再調整に「言論の自由」と「法の平等」の尊重とコモンウェルス全体の不可分性

の誕生を見る。[72]

　陶片追放については，クレイステネスが導入した優れた制度であるとグロートは捉える。その導入時期には諸説あるが，有力者間の対立激化を背景として，クレイステネスが僭主の台頭を抑制するために設置したと言われる。[73] グロートによると，陶片追放の主要な目的は「単なる党派的な反感とは区別される熟慮された公的感情の表現」であり，秘密投票によって投じられた陶片は，「偽りのない独立した感情の表明」として明確に数え上げられ，強制や買収の危険を回避可能であった。彼は，この制度の実施が評議会と民会での事前審議を通じた正当性を担保する手続きに基づいており，例外的な措置として用いられていたことにも注目する。さらに，この手続き上の法的正当性が有力者の行動を事前に抑制する効果をもたらしたとグロートは指摘する。陶片追放は，「力による打倒」なしにアテナイの民主政を成長させ，有力者たちの間にも十全な「国制の道徳基盤」を抱かせた。[74]

　対してミトフォードは，陶片追放が「民主政的な嫉妬」の道具として「民衆の情念を私的な目的に利用」する方法を生み出し，優れた能力や人格の優位性を抑圧したと論じる。本制度の対象となった「高名な市民」は，過度な影響力を防ぐために追放された。そのため，有力者は自らが排斥の対象とならぬよう民衆を取り込む施策に追われる。ミトフォードは，その代表例であるキモンを非難する。[75] キモンは他者の妬みから身を守り，自らの党派を守るために，自身の庭園と果樹園を近隣のアテナイ人に解放し彼らに農作物を提供した。追放を危惧し「選挙のための絶え間ない準備」に徹したキモンは，イングランドとは異なる選挙活動に従事したとミトフォードは評する。[76] 陶片追放は，自らの地位を確立するために民衆と向き合うことを求める。よって，ターナーの要約を用いると，ペイシストラトスの僭主政で見られた君主の知恵，穏当さ，既存の政治制度と法への尊重を欠いた「民主的専制」の出現をミトフォードは批判したと言える。[77]

　ただし，グロートは陶片追放を全面的に肯定していない。彼は喜劇作家プラトーンを参照しながら，アテナイで最後の陶片追放の対象となったヒュペルボロスのような「危険性の小さい人物に対して共和国の安全銃〔陶片追放〕」が使用された追放例は，「偉大な政治的儀式の堕落（prostitution）」として非

難されたと論じる。ヒュペルボロスの追放を目論んだニキアスとアルキビアデスは,「時代遅れとなりつつある」同制度を利用した。民主政の保護という当初の目的から逸脱し,政治的責任の追及から逃れるためにこの制度を乱用することは不適切である。グロートは,陶片追放を統治者となり得る可能性のある者たちに国制の道徳基盤を根付かせる手段として解釈した。もっとも,この基盤が政治家と市民の双方に対して十分な機能を果たすことになるのは次の時代である。

4　国制の道徳基盤のアテナイにおける盛衰とその近代的再建

(1) 自由な民主政の確立——ペリクレスと国制の道徳基盤

　ミルは「アテナイの民主政の実質的な創始者」にクレイステネスの名を挙げ,その国制上の完成をペリクレスの治世に位置づける。グロートによると,クレイステネスは市民による権力の部分的監視・抑制を確立したが,立法と司法の最終的な決定・判断の権限を貴族に残した。そのため,「堕落的,恣意的,抑圧的な取引」の可能性がある。加えて,終身のアレオパゴス評議員に対する問責の機会はほぼ皆無であるため,腐敗の危険がさらに高い。同評議会の解体を通じてこのような課題を改善したエフィアルテスとペリクレスは,わずかな裁判権を除くすべての政治的実権を評議会から剥奪し,その権限を民主的諸機関——民会,民衆裁判所,五百人評議会——に分け与えた。エフィアルテスの改革とも呼ばれるこの出来事は,アテナイに「完全民主政」(ラディカル・デモクラシー)を生み出した。グロートはこの権力の移譲が「革命」をもたらしたと表現し,その重要性を強調する。

　例えばグロートは,民衆裁判所に実権が移ったことで,「混じり気のない公正な正義」を確実にする直接的恩恵と,市民一般を改善し教育する間接的恩恵が生じたと論じる。「高貴な職務の遂行」を求める民衆裁判は,その裁判に関与する下層市民や貧者に対しても尊厳の感情を与え,「愛国的な共感」を呼び起こし,「諸個人の精神的能力」を行使する機会の提供は自発的な精神活動を促進した。ペリクレスは買収防止のために陪審へ日当の支払いを定めたが,「民衆的で多数の有給」の陪審員がアテナイの司法・立法過程に直

接関与が可能になったことで，結果的にアテナイの民主政は「完成（consummation）」に達した。
(85)

　グロートとミルは，この時期に国制の道徳基盤が十分に根付いたことによって自由が開花したと捉え，ペリクレスの民主政を称賛した。ミルによるとペリクレスは，富に恵まれた貴族でありながらも「原理と行動は徹底した民主主義者」で，大衆迎合的な政治術を用いることなく，自らの優れた資質によって地位を獲得した人物で，その「気高い精神と実践的な叡智」は市民を大いに教育した。グロートとミルは，ペリクレスの葬送演説を通じて国制の道徳基盤と自由との結びつきを強調する。ミルは同演説を引用しながら，アテナイでは「安寧な生活，社会的不寛容からの自由，教養ある趣味の快楽，公的問題への活発な関心と活動的な参加とが組み合わさった」と論じる。両者が着目した同演説では，アテナイ人が「公的な政治活動の面で自由に行動して」いたこと，「私的交際においては傷つけ合わないように生活」していたこと，法に基づく行動が徹底されていた様子が伝えられている。
(86)(87)(88)

　他方，ペリクレスは「諸君は毎日このポリスの勢力を事実に即して眺め，それを恋い慕う者」となるようにと，アテナイの戦士たちを鼓舞する愛国心に満ちた演説を残した。グロートはこの一節を引用し，「古典古代の社会と現代社会との比較において，しばしばあまりにも無差別になされる主張」，すなわち古代において個人は国家のもとで犠牲となり，現代においてのみ個人の自由は擁護されるという見解への反論を試みる。ペリクレスが力説した愛国心は本質的に重要である一方，それは決して「独占的な支配」や「あらゆる民主政の活動を奪い去ること」を意味しない。アテナイでは公と私を不正から保護する法と制裁が機能し，人間的な強い欲求は個々に豊かで多彩であり，娯楽や私的な趣味の多様性は個人間の互恵的関係を生み出した。同様にミルは，「古代の共和国では，国家の空想上の善のために個人の自由が徹底的に犠牲になる」という通説に対して，他者危害原理を根拠に反論した。アテナイの市民生活では公共の利益に関する義務が最も重視された一方，「個人の行動のうち自分自身に関わる部分について世論は干渉しなかった」。アテナイの個人の自由を重視するリベラルな特徴は，次のグロートの評価からも示される。
(89)(90)(91)

彼〔ペリクレス〕がアテナイの思想と行動の自由について強調するのは，単に法による過度の拘束からの自由のみならず，人と人との間の実質的な不寛容からの自由や，趣味や探求における個々の反対者に対する多数者の専制からの自由であり，当時の知的発展が主に依存していた国民性の一つの特徴を露わにする点で，大いに注目に値する。(……) アテナイでは，他のギリシアのどこよりも忠実に守られているといっても過言ではない法の範囲内で，個人の衝動や趣味，奇抜ささえも，他の国家のように隣人や公衆の不寛容さの目印にならず，寛容に受け容れられていた。⁽⁹²⁾

　現代のいかなる統治機構も「社会的異論」への寛容や個人の自発性を尊重する傾向は見られず，むしろ現代の国家は，世論の不寛容さによって個人の性格を特定の型にはめる傾向があることをグロートは危惧する。世論から逸脱すれば「憎悪もしくは嘲笑の対象」になるが，アテナイでは法の範囲内で個人の自由な生き方は抑圧されることなく，むしろ推奨されていた。⁽⁹³⁾ ここにミルは「社会道徳の重要な問題」を発見する。世論に従う傾向の強い現在の平凡な社会では，独創的な人々は嫉妬や不信の対象となり，共通の意見，感情，行動を押し付けられる。それゆえ，結局のところ社会を支える「天才」が育つ土壌は奪われ，天才は痕跡を残すことなく死滅する。⁽⁹⁴⁾ ミルは，個性が社会の礎となることを明らかにした『自由論』を想起させる分析を通じて，公共への参加という民主政の原理とバーリン的な〈消極的自由〉が共存していた側面に基づいて，ペリクレスのアテナイに最大の賛辞を送った。

(2) アテナイの民主政の衰退

　ミトフォードは，ソロンの改革からペリクレスまでの民主政を反混合政体の成立過程であると非難したが，ペリクレスの死後の前429年頃から台頭したデマゴーグたちの実権争いを最も攻撃した。⁽⁹⁵⁾ このような抗争下のアテナイは，最終的にフィリッポス2世のもとで国力を増強したマケドニアに征服され，ポリスの歴史は「一応の終焉」を迎えた。⁽⁹⁶⁾ ミトフォードは，この征服に

よってギリシアの諸国家が不安定な状態を離脱したとし，フィリッポス2世を「自由民の民衆王」であると好意的に表現した。言い換えると，古代史上はじめてギリシアは「統一された幸福な国家」となり，「互いの抑圧や妨害から個人と自身の財産を守り抜き，他国からの攻撃に対抗する力」を有したとも言える。ただし，ミトフォードは「民主政の代替」として権威主義的な統治を擁護したわけではない。彼は，諸権力の均衡と調和に基づくイングランドの混合政体擁護に徹した結果，国内の僭主による合法的支配と外国の王による征服を認めることで，純粋民主政を否定したのである。

　急進派はアテナイの衰退・敗北をいかに読み解いたのであろうか。グロートによると，ペロポネソス戦争の前夜，アテナイの市民はトゥキュディデスの『歴史』で表現された愛国心と活動的精神に満ち溢れていた——アテナイ人は「革新的であり，計画するのも，決定したことを実行するのも，敏速である」し，「ポリスのために自分の肉体を使う場合には，全く他人の肉体であるかの如くに使うが，ポリスのために何事かを達成しようとして精神を使う場合には全く自分自身のものとして使う」。またアテナイ人は「万事について労苦と危険を背負いながら，全生涯を通じて営々と苦労し，そして所有するもののうち彼らが享楽するのは最も少しだけである」。

　これらの引用句は，グロートがフィリッポス2世の侵略を阻止するために「最も必要でありながら，最も欠如していた」特徴に挙げた部分である。マケドニアの王が即位する直前の市民は，「静穏で家庭的で洗練されて」おり，民主政に愛着を持ち，日々の義務を遂行していた。しかし，知的・政治的・文化的・経済的な活力は衰えていた。自らの生活をすべて放棄して外国での軍務に就くことは，危険が目前に迫らないと耐えられないと市民は考えた。外国の王に勝利するためには，生命，財産，快適な生活を投げ捨てて国制を守り抜かなければならなかったが，この活力は失われていたとグロートは指摘する。市民は「ギリシアとアテナイの自由」を守るために自己犠牲を発揮できず，「自由，尊厳，安全」を喪失した。アテナイの後退を分析した部分でグロートは，国制の道徳基盤に含意される自国を防衛する市民の徳を強調した。しかし，この点に関してミルは明確に言及せず，マケドニアによる征服の要因は公共精神と道徳的活力の著しい低下にあると分析する。ミルによ

ると，ギリシアは「広幅な地域で自由な諸制度を実現すること」ができず，自らの「自由，徳，そして民としての存在そのもの」を失った。[101]

(3) 近代における国制の道徳基盤の再建

　以上のギリシア史の結末に対する三者の理解には異同がある。ミトフォードは国家的統一の礎を民衆のみに求めることには不安定性が伴うと捉えたが，グロートは国制の道徳基盤の衰退，特に自己犠牲を伴う市民的徳の欠如にアテナイの民主政衰退の要因をみる。他方，ミルは国制の道徳上の市民の公共精神と道徳的活力の減退を民主政終焉の原因と見なした。ただしミルは，一連の『ギリシア史』書評論文の刊行後に出版された『代議制統治論』（1861年）において，ギリシアを一つのモデルとしながら統治機構と国制の道徳基盤の関連に言及した。先行研究では，公共精神を育む近代的市民の性格と国制の道徳基盤を類推する傾向が強いが，本章では，統治者の側の道徳としてもミルがこの点を検討していたことを示す。[102]

　ミルによると，理想上の最善の統治形態とは，社会全体や各市民に主権が付与されており，「地方や国の公的な役割を自ら直接に果たすことで統治体制に実際に参加するよう少なくとも時折は求められる」統治である。構成員の知的，道徳的，活動的能力を統治体制がいかに促進し，これらの諸能力の改善もしくは劣化が統治体制にいかなる影響を与えるのかが，『代議制統治論』を貫く包括的な問いに設定されている。[103] 統治形態と性格の関係は，民主政的統治の優位性を検討する問題であり，この点について「活動的性格」と「受動的性格」に分類された「一般的性格類型」をミルは比較する。前者は，悪弊と戦い，「環境を自分に屈服させようと努力する」性格で，知的・実践的な卓越を生み出し，活動的性格に基づく個々の構成員の利益の増大化を促す習慣や行為は少なからず「社会全体の進歩」に寄与する。後者は悪弊に耐え，「環境に屈服する」性格であり，概ねミルは前者の市民の活動的性格に代議制を補完する要素を見ている。[104]

　このような国制を支える活動的能力や性格は，アテナイの民主政をモデルとした「実践的訓練」と代議制統治の範囲内での「公共精神の学校（school of public spirit）」によって陶冶されるとミルは考察する。前者は，市民が私的

な生活を送りながらも，公共の仕事に一時的に参加する訓練を通じて市民の公的な能力と性格の形成を行なうことを指す。この点についてミルは，「古代の社会体制や道徳観念」には欠陥があったと留保しながらも，「民衆裁判所と民会の慣行は，平均的なアテナイ市民の知的水準を，古代近代を問わず多数者集団の模範例として存在している水準をはるかに超えたところまで引き上げた」ことがグロートによって論証されたと述べる。アテナイの全市民は民主政的制度を介した「公的教育」を受けており，その頻度，継続性，扱う問題の種類において，近代の陪審員や教区の役職を通じた訓練よりも優れていた。実践的訓練は，各人に自らが公共の一部であることを知らせ，公共の利益と個人の利益の一致を実感させる。一連の訓練は「公共精神の学校」を形成し，その学校を介して各人は社会的義務を理解し，公的道徳と私的道徳の双方を育むことができる。(105)

　以上の議論は，ミルがグロートの『ギリシア史』から学んだ古代の市民的精神の陶冶を代議制に適用させた一例である。ところが，グロートとミルのより明確な相違は，両者の想定した国制の道徳基盤の担い手に示されている。『代議制統治論』では，国制の道徳基盤（しばしば政治道徳基盤（political morality）とも表現）とは，国制上の明文化された法・規則ではなく，不文律として代議制統治の働きを支える道徳として論じられている。例えば，国制の法において，たとえ国王が議会の決定に抗うことが可能であるとしても，英国の国制の道徳基盤がこのような権限を無効としているように，実質的な権力は国家の民衆的部分にあるため，英国は代議制を採用していると言える。そして，支配権力は自らの誤りを防止するために，国民に直接的責任を負わない被統治者に対して権力を委ねている。この予防策は，アテナイの国制やアメリカ合衆国に見られ，前述した支配者を抑制する陶片追放がギリシアにおけるこの例に該当すると言えるだろう。(106)さらにミルは，国制の道徳基盤を「代議制統治の倫理」とも称することで，代表者の責務の問題を取り上げている。純粋民主政など抑制均衡の機能を持たない政体やこの機能が不完全な統治形態の場合，この道徳基盤が唯一権力の濫用を抑止する砦となる。(107)よって，ミルは国制の道徳基盤を市民的徳に限定せず，政治運営における統治の道徳として強調した。対して，第3節の（3）で述べた通り，グロートは，陶片追放

によって有力政治家の権力濫用が間接的に抑止される部分に，統治者の国制の道徳基盤に対する働きかけを限定している。

(4) 帰結としての現代擁護

　本章の第一の目的である歴史研究の位置づけは，国制の道徳基盤に関する前述の比較に加えて，グロートとミルの政治思想上の相違を理解する手がかりとなり得るだろう。この点に関して，両者が古代人と近代人のいずれを擁護したのか（第三の問い），さらに古代史の基礎を成す急進派の哲学的歴史・科学的歴史という方法論上の問い（第2節の(3)で分析した第二の問い）に立ち返ることで考察する。

　第三の問いについて，両者はアテナイの民主政を現代に復活させようとする過度な政治的意図は有していなかったことが特筆される。グロートは，古代と近代の社会状態の相違を認識しており，国制の道徳基盤は「稀で難解な感情」であり，アテナイの民主政を支えていた感情の「確立と流布」には困難が生じることも理解していた[108]。ただし，本章の第2節の(2)で言及したように，グロートの議会改革論がベンサム主義を継承しつつも，性格と制度の関係に言及する特徴を有したことは，彼が『ギリシア史』完成以前に政治論を展開していた側面として留意すべきである。

　対してミルは，市民の側に国制の道徳基盤を育成するための実践的訓練は魅力的である一方，アテナイ型の訓練は近代社会にとって現実的ではないと判断し，「一つの小さな町よりも大きな社会では，公共の業務の何かごく小さな部分に全員が直接に参加することは不可能であるため，完全な統治体制の理想型は，代議制でなければならない」と捉える[109]。さらに，ミルは時代比較を行なう場合，「英雄たちや哲学者たちの道徳的観念ではなく，有徳な行動として一般的に受け入れられている尺度」に着目すべきだと述べる。この尺度に基づいて，アテナイと英国を比べることで，ギリシアの自由国家において強力であった公的義務の観念が現在では色褪せてきたと指摘する。他方，政治的・社会的組織については，現代（あるいは少なくともその一部）の方がギリシアよりも全面的に優れているとみなす。なぜなら，現代人は広範な領域下で自由な制度を創設し，奴隷制に依らず繁栄を獲得したからである[110]。

しばしばグロートの『ギリシア史』は奴隷制の問題を無視する傾向があるともいわれるが[111]，ミルとミトフォードがアテナイの公共生活を支えた奴隷制を厳しく批判した。このことは，両者が現代人の側に立つ選択をしたことを理解する助けとなる。ポリスが栄えた時期の共和国ギリシアを論じる場合，近代ヨーロッパの主要国とは明確に区別される二つの特徴に留意しなければならないとミトフォードは強調した。その特徴とは，第一に領土の狭さであり，第二に普遍的に奴隷制が採用され，自由民の人口が少なかったことである。ホメロスの時代以降，奴隷は時代を追うごとに増加の一途をたどったため，政治的弊害が生じた。その問題とは，人口の大部分が「国のあらゆる利益から排除」されており，自由民の間ですら，奴隷を多く所有する富者とそうではない貧者の間で互恵的な関係が築き上げられることはさほどなかったことである[112]。対してミルは，奴隷のみならず女性が公的領域から排除されたことを問題視し，古代から現在にかけて女性の境遇に改善が見られないことを批判した[113]。

　ケアステッドは，近代の代議制擁護に帰結したミルにある種の「後退」を読み取るが[114]，本章では，むしろ現代人の立場を選んだミルの洞察は，単なる民主政評価に限定されない側面があることを歴史研究の観点から考察しておきたい。つまり，ギリシア史を通じてグロートは古代の歴史的特殊性を明らかにしたが，この点から，ミルがグロートを歴史研究の第三段階に位置づけなかったことが示唆される。古代と比較して現代は，その後の無数の歴史的展開とその修正過程によって位置づけられることをグロートが認識していた点をバレルは指摘しており，まさに歴史の第三段階という普遍史をグロートがギリシア史で描くことができなかった制約を示している[115]。ミル自身，『論理学体系』第6篇の第5版（1862年）で新たに付け加えた「歴史の科学についての追加的解説」（第11章）において，グロートの明らかにした「ギリシア史の流れは全体として，その後の文明の運命全体を展開させた事象」であるが，それはあくまで「ある一個人の性格の良し悪しに依存する」事例であると捉える。つまり，ギリシアの歴史は人類を大きく転換させたものの，それは一度のみの特殊な現象にすぎない[116]。もっともミルは，第三段階の歴史研究において過去の現象から社会状態の一般法則を導き出すことを一目的とし

た。その一方でグロートは，ニーブールの歴史研究の第二段階（過去の基準から過去の全体像を描き出す歴史学）を踏襲した。ただし，ギリシア史という限定的事例のなかで，進歩と安定の原則を国制の道徳基盤を支える人間の性格から着目した点において，第三段階に接近した哲学的歴史であったため，ミルはグロートの『ギリシア史』を重視した。すなわち，ギリシア人は「政治的自由の創始者であり，近代ヨーロッパの偉大な模範とその源流であった」とミルは結論づけたのである。[117]

5 アテナイ史の現代的意義をめぐって

　本書の第4章と第5章で分析することに関連するが，グロートは『ギリシア史』の刊行後から1860年代にかけて，プラトンをはじめとするギリシア哲学史研究を進めた。他方，ミルは『代議制統治論』を中心に市民の公共精神と統治者による政治運営を支える国制の道徳基盤を現代的に再解釈した。本章の第3節・第4節において分析したギリシア史の盛衰論をめぐる議論からは，本章の第二の問いであるアテナイの民主政評価に関するトーリーと急進派の歴史叙述上の対立・相違が，自由と民主政の接続点をペリクレスの治世に見出す部分に明示的で表われていることが示された。ただし，グロートとミルは現代人の立場から「ギリシアに陶酔」したのであり，古代を近代社会に完全に適用させることは想定していない。だが，ミルの国制の道徳基盤に関する指摘は，グロートと比較するとアテナイの現代的転換をより試みる特徴があった。第一の目的である歴史研究の位置づけに関して，両者は過去の援用という保守派の態度には批判的であり，グロートはドイツの歴史主義を摂取し，ミルはさらにフランスの歴史論を精査することで，客観的歴史や歴史科学への洞察を深めた。その結果，グロートの『ギリシア史』はミルの提起した歴史研究の第三段階に至ることはなかったが，第二と第三の目的を通じて考察したように，バレルの解釈ほど両者のギリシア史評価は非政治的な特色を帯びたものではなかったと言える。

　最後に付け加えるべき争点として，グロートとミルの相違には，本章で十分に扱うことのできなかったフランス自由主義思想の知的文脈との関連性が

第2章　アテナイの民主政論

あることを指摘しておきたい。受動的性格に陥った私的な個人が公共への関心を抱き，公的な思考能力を育てる「公共精神の学校」の役割をミルが発見した背景には，トクヴィルの『アメリカのデモクラシー』の影響があることを小田川は論じている。本章の結論は，1830年代中頃から40年頃にかけてのミルによるトクヴィル受容を看過するものではない。むしろ，ミルがアテナイの民主政論の現代的適用において「公共精神の学校」を考案した点に着目することは，ミルとトクヴィルの思想的関係に新たな補助線を引くことになるだろう。小田川は，ミルとトクヴィルの違いがミルの商業文明論にあったと分析しており，本章で取り上げたミルのギリシア史解釈は，彼の文明論あるいはギゾーの文明史解釈との関連で再考の余地がある。[118]

ミルは古代の民主政を現在に直接的に復活させることを拒絶したが，自由な討論と社会的寛容というアテナイの気風に，代議制で生じる課題，すなわち多数者の専制を回避させる鍵を読み取った可能性が残される（多数者の専制に関連する争点は本書の第5章のソクラテス論で再び検討する）。本章で描き出した急進派たちの歴史的対話は，「ギリシアへの陶酔」に限定されず，功利主義者たちの直面した時代の課題——民主政論，歴史学，文明論——を解き明かす手がかりをも提供するだろう。

(1) Collini et al. 1983: pp. 187-188 [159-160頁].
(2) Bain 1882b: p. 94 [118頁].
(3) Mill, Autobiography: pp. 22-23 [48頁].
(4) ミルのグロート『ギリシア史』の書評は，1846年と1853年に『エディンバラ・レヴュー』で2編，『スペクテーター』で5編の計7編刊行された。基本的にミルは『ギリシア史』刊行に併せて第1巻から第11巻まで順当に扱っているが，1853年の論文は，書評対象の第9巻から第11巻以外のテーマ（アテナイの民主政論）への言及が散見される特色がある。なお，本章の範囲外ではあるが，一連の書評にはアテナイとスパルタの比較，ソフィストやデマゴーグの解釈（本書の第3章・第4章を参照），海洋帝国論などの論点が含まれている。
(5) Mill, GH [II]: pp. 315-316.
(6) Urbinati 2002: pp. 1-2, p. 5.
(7) Turner 1981: p. 213, p. 233.
(8) Demetriou 2013: pp. 192-195. なお，同研究はグロートとの比較からミルの理論

的多様性にも言及している。
(9) Loizides 2013：p. 65.
(10) Demetriou ed. (2014) はその代表例だが，本章では同書に所収されたケアステッド論文を取り上げる (Kierstead 2014)。
(11) Kierstead 2014：p. 205.
(12) Barrell 2021：pp. 7-8.
(13) 川名 2012：42頁。
(14) 以下の概観は，ヴィクトリア期の古代史受容とその評価を包括的に検討したターナーとロバーツの研究に基づく (Turner 1981：pp. 189-192；Roberts 1994：pp. 200-203)。深貝 (2013) では，本章の知的文脈がより包括的に論証されており有益である。
(15) Collini et al. 1983：pp. 188-192 [161-164頁]．
(16) Montagu 1760：p. 89, p. 375.
(17) Turner 1981：p. 189；Gillies 1787, 1：p. iii.
(18) Turner 1981：p. 193；Roberts 1994：pp. 203-204.
(19) ミルは，グロートが「ソフィストたちがよく言われているような愚者や浪費家ではなかったこと」を示し，彼らの正体を初めて明確にしたと評価した(Mill, GH[II]：pp. 328-329)。この点については本書の第4章を参照。
(20) Sparshott 1978：p. xxviii.
(21) Mitford, History 1：p. 184.
(22) Turner 1981：p. 192.
(23) Ibid.：p. 204, p. 211.
(24) 機関紙上における論争の詳細はロバーツを参照 (Roberts 1994：pp. 231-238)。
(25) Anon. 1808：p. 517.
(26) Macaulay 1824b：p. 299.
(27) Mill, Sedgwick：p. 45 [24頁]．
(28) Grote 1821：p. 52, pp. 89-91, pp. 111-112, pp. 116-119, p. 135. Cf. Loizides 2014；Murata 2019. 詳細は本書の第1章を参照のこと。
(29) Grote 1826：p. 282.
(30) Ibid.：p. 331.
(31) Ibid.：p. 293.
(32) Irwin 1998：p. 427.
(33) Grote 1826：p. 307.
(34) Ibid.：p. 286. ロバーツは，革命後に出版された巻でミトフォードが自らの歴史叙述は革命の影響下にないことを示そうとしたと分析する (Roberts 1994：p. 205)。
(35) Grote 1826：pp. 280-281, p. 330.
(36) Ibid.：p. 281. Cf. Barrell 2021：p. 94.

(37) Grote 1873：p. 75.
(38) Grote, History, 1：p. iv.
(39) Mill, Autobiography：pp. 14-15［42-43 頁］.
(40) Mill, SOL：p. 916［290 頁］.
(41) Ibid.：pp. 918-919［292-295 頁］.
(42) Ibid.：pp. 926-928［305-306 頁］.
(43) Ibid.：p. 917, p. 930［291 頁，310 頁］.
(44) バレルはミルの歴史科学が彼の政治思想を解き明かす「鍵」となり得る可能性を指摘し（Barrell 2021：p. 118），川名は 1820 年代後半から 1840 年代以降のミルの歴史論・歴史知識論の変化が，「かなりの程度，彼の政治思想の発展を反映したものであった」と論じる（川名 2012：187 頁）．
(45) Mill, Michelet：pp. 223-238.
(46) Mill, GH［Ⅱ］：pp. 328-330.
(47) 以下，古代ギリシア史とアテナイの民主政に関する歴史研究として，伊藤（2004）ならびに橋場（2016）を参照した．本章は保守派と急進派の史実上の正確さや現代の研究上から指摘され得る誤りについては立ち入らない．
(48) Mill, GH［Ⅱ］：p. 313.
(49) Mill, GH［Ⅰ］：pp. 297-298.
(50) Mitford, History, 1：pp. 181-182.
(51) Grote, History, 3：pp. 7-8.
(52) Ibid.：pp. 15-17.
(53) Mill, GH［Ⅰ］：p. 297；Grote, History, 2：pp. 104-106.
(54) Grote, History, 3：pp. 168-169；Mill, GH［Ⅱ］：p. 327.
(55) 伊藤 2004：165-168 頁。
(56) Grote, History, 3：pp. 138-140.
(57) 伊藤 2004：162-164 頁。
(58) Mitford, History, 1：p. 271, p. 278. Cf. 伊藤 2004：174 頁．
(59) Ibid.：p. 278.
(60) Mitford, History, 3：pp. 7-8.
(61) Grote, History, 3：pp. 166-169；Grote, History, 4, pp. 137-139.
(62) Mitford, History, 3：pp. 5-6, pp. 28-29.
(63) Grote, History, 3：p. 16.
(64) 伊藤 2004：180-185 頁。
(65) Mitford, History, 1：pp. 292-293.
(66) クレイステネスによる改革については伊藤（2004：186-191 頁）に依る．
(67) Grote, History, 4：pp. 175-179.
(68) Ibid.：pp. 204-209.

(69) Mill, GG［2］: p. 1088.
(70) Mill, GG［5］: p. 1161.
(71) Mill, GH［II］: pp. 324-325; Grote, History, 4: p. 237.
(72) Grote, History, 4: p. 186.
(73) 伊藤 2004: 191-192 頁。
(74) Grote, History, 4: p. 207, pp. 209-212.
(75) Mitford, History, 1: pp. 423-424.
(76) Ibid.: pp. 550-551.
(77) Ibid.: pp. 562-563; Turner 1981: pp. 200-201.
(78) Grote, History, 4: pp. 200-201.
(79) Ibid.: p. 212. グロートの陶片追放論は，合理的かつ慎重に論じられた一方，追放の正当性や有用性を立証していないとの指摘もある（Turner 1981: p. 228）。
(80) Mill, GG［2］: p. 1086.
(81) Grote, History, 5: pp. 473-475.
(82) 橋場 2016: 69-72 頁。
(83) Grote, History, 5: pp. 476-480.
(84) Ibid.: pp. 521-522.
(85) Ibid.: p. 511.
(86) Mill, GG［3］: p. 1123; Mill, GH［II］: p. 334.
(87) Mill, GH［II］: p. 317, p. 319.
(88) トゥキュディデス 2000: 第 2 巻・37［183 頁］。Cf. Mill, GH［II］: p. 318; Mill, GG［4］: p. 1129; Grote, History, 6: pp. 198-200.
(89) トゥキュディデス 2000: 第 2 巻・43［188 頁］。
(90) Grote, History, 6: pp. 198-199.
(91) Mill, GH［II］: p. 319.
(92) Grote, History, 6: pp. 200-201. Cf. Mill, GH［II］: pp. 319-320; Mill, GG［4］: pp. 1129-1131; Collini et al. 1983: p. 160［135 頁］.
(93) Grote, History, 6: pp. 201-202.
(94) Mill, GH［II］: pp. 320-321.
(95) Mitford, History, 3: pp. 23-24. グロートとミルは，ミトフォードが非難したクレオンを肯定的に捉え，保守派によって支持された世襲貴族ニキアスを批判した（Mill, GH［II］: pp. 331-332）。このことは本書の第 3 章で検討する。
(96) 橋場 2016: 246-247 頁。
(97) Mitford, History, 4: p. 621.
(98) Turner 1981: p. 204.
(99) トゥキュディデス 2000: 第 1 巻・70［67-68 頁］。
(100) Grote, History, 11: pp. 389-391, p. 390, fn. 1.

(101) Mill, GH［II］: p. 312, p. 314.
(102) Barrell 2021 : pp. 111-113 ; Demetriou 2013 : pp. 189-190 ; Kierstead 2014 : pp. 203-205.
(103) Mill, CRG : pp. 403-404［50 頁］.
(104) Ibid. : pp. 406-407［55-56 頁］.
(105) Ibid. : pp. 411-412［62-64 頁］.
(106) Ibid. : pp. 422-423［81-82 頁］.
(107) Ibid. : pp. 504-506［211-213 頁］.
(108) Grote, History, 4 : p. 205.
(109) Mill, CRG : p. 412［64 頁］. いわゆる「共通善」の形成・維持・発展に各人が参加することをミルは重視したが, ここで『自由論』における自由主義者ミルとの整合性が問われる。関口はこの点について,「ミルの考えでは, 個人的な行為領域でその人間の善それ自体のために陶冶を強制することは不当であった。だが, その人間に社会の一員としてなすべき仕事を課し, それを介して社会の存立にとって不可欠な精神的資質の陶冶を促進するよう要求することは, 自由原理に反することではなかった」と議論している（関口 1989 : 443-445 頁）。ミルの自由原理をネオ・ローマ的な自由に類似した「服従からの自由」を提唱した研究として Urbinati（2002）があり, ミルの自由原理の再検討はさらなる課題として残されている。
(110) Mill, GH［II］: p. 314.
(111) Carr 2018 : p. 32［53 頁］.
(112) Mitford, History, 1 : p. 182.
(113) Mill, GH［II］: pp. 314-315 ; Mill, GG［2］: p. 1088, fn. *.
(114) Kierstead 2014 : p. 205.
(115) Barrell 2021 : p. 109, p. 144.
(116) Mill, SOL : p. 942［330 頁］.
(117) Mill, GH［I］: p. 273.
(118) 小田川 2006 : 144-150 頁。

第3章　デマゴーグの再解釈
　　　──クレオンとニキアスを手がかりに──

1　問題の所在
　　　──民主政の「悪役」をめぐって──

　グロートの『ギリシア史』に関する7篇にわたる最後の書評を『エディンバラ・レヴュー』に1853年に寄稿したミルは，翌年の1854年末から1855年の夏にかけて地中海を旅した。そしてその道中の1855年3月，シチリア島のシラクサ港から，病気のためミルと旅路を共にすることが叶わなかった妻ハリエット・テイラー・ミルに一通の手紙を送った。

　　ニキアスとデモステネスの武力によって，このあたりの海岸に投げかけられた多くの絶望的な光景（それは，まるで私が生涯知っていたかのように，私にとって見慣れたものだった）を思い起こさずには，（……）窓から直接見えるあの大きな港を眺めることはできない。あの出来事〔前413年シチリア遠征におけるアテナイ軍の惨敗〕は世界の運命を最も悲惨に決定づけたのである。（……）仮にアテナイ人が失敗し，安全に撤退したとしても，ペロポネソスに征服されることは決してなかっただろう。それどころか，アテナイはマケドニアが無名から台頭するのを防ぐのに十分な力を維持し，少なくともフィリッポス〔二世〕とアレクサンドロス〔大王〕を十分に牽制することができただろう。かつて自由が力を持っていた，

あるいは当時自由が力を持ちえた唯一の場所〔アテナイ〕が存続し続けていたのであれば，おそらく世界は現在さらに1000年進んでいただろう。私は町〔シラクサの港町〕に近づくにつれて，悔しさと同情で涙が出そうなほどそう思った。(2)

　このミルの書簡は，二つの問いを投げかけている。第一に，ニキアスの指揮下で「安全に」撤退できなかった結果，大敗に終わったシチリア遠征（前415-前413年）に対するミルの深い落胆をいかに説明すべきかである。その手がかりは，ニキアス（前470-前413）の解釈にあると本章は仮定する。第二に，ミルが遠征の失敗を「世界の運命」を決定づけた出来事として，つまり「自由」を保持していたアテナイの終焉という重大な契機に繋がったと考察していることは，一体何を意味しているのであろうか。この問いは，アテナイ史の盛衰に関わる争点であり，ミルはこの衰退を止めるためには，クレオン（？-前422）に象徴される〈反対論者〉が言論空間に必要であったと考察した。

　古典古代以来，シチリア遠征を指揮したニキアスは，〈デマゴーグ〉のクレオンとの対比を用いてたびたび描かれてきた。両者の比較は，グロートの『ギリシア史』の第6巻（1849年）と第7巻（1850年）で詳細に検討されている。グロートは，通説に反してニキアス批判を展開し，デマゴーグの役割を問うた。このことをターナーは，「現代の読者にとって，グロートによるアテナイの民主政復権の最も驚くべき特徴は，デマゴーグのクレオンに対する彼の精力的な擁護である」と評価している。(3) そしてミルは1853年の『ギリシア史』書評にて，グロートによるクレオンとニキアスの解釈，ならびにシチリア遠征の分析を好意的に受け止めた。ミルが幼い頃から古典古代論を積極的に摂取したことを本書の第1章で概観したが，1855年の書簡で表明された心情——シラクサの港で感じた「悔しさ」や「同情」——は，少なくとも，グロートの歴史書を熟読し，アテナイの運命を改めて見定めてから数年後に表明されたことは留意すべきであろう。

　本章の目的は，クレオンとニキアスをめぐる19世紀半ばの英国の知的文脈に基づいて，グロートとミルのデマゴーグ論の特殊性を明らかにすること

である。この分析を通じて，両者がデマゴーグの政治的役割をニキアスとその政敵クレオンとの比較から導出したことに着目する。本書の第2章では，両思想家が国制と市民の政治的道徳の関係に注視するなかで民主政史論を展開したことを分析した。グロートとミルは，市民の間で育まれた「国制の道徳基盤」を重視し，この道徳の後退がアテナイの民主政に終焉をもたらしたと考察した。その一方で，市民を率いた政治指導者の存在を両者はいかに理解していたのであろうか。つまり，アテナイの盛衰において重要な役割を果たした人物とは誰であったのか。前章ではペリクレスに対する高い評価を確認したが，『ギリシア史』においてグロートは，デモステネスやアルキビアデスをはじめとする多数の政治家を分析対象に加えている。本章では，そのなかでもペリクレスの没後に台頭したクレオンとニキアスに焦点を定め，アテナイの民主政崩壊の契機がニキアスの失政に帰せられた理由についても明らかにする。

　ミルのデマゴーグに関する議論は，本書で扱う民主政史（第2章）やソフィスト論（第4章），プラトン論・ソクラテス論（第5章）と比較して，テクスト上の情報量が少ない。このことは，先行研究において功利主義者のデマゴーグ解釈が，基本的にグロートの言説を中心に検討されてきたことからも看取される。ただし，グロート研究においても，ウェッビーの研究を除いて，グロートのデマゴーグ解釈が中心的主題として扱われていないことに留意しなければならない。[4] ウェッビーは，グロートの『ギリシア史』以前の英国におけるクレオン批判の言説を思想史的に分析し，グロートによるクレオンとアテナイのデマゴーグの擁護が独創的な議論であったことを検証した。さらに同研究では，民主政における弁論術の意義をグロートが深く認識していたことが明らかにされた。[5] 本章は，ウェッビーの分析枠組みから多くの示唆を受けている一方，グロートに加えてミルの言説を分析するところに違いがある。なお，弁論術に関する議論は，グロートが検討したソクラテスの弁証法（問答法）との比較において明らかにする必要があるため，弁論術は本書の第5章にて扱う。

　本章の一つの特徴は，受容史の観点からデマゴーグを扱うところにある。グロートの独創性を明らかにするために，まずはこの言葉の定義・ニュアン

第3章　デマゴーグの再解釈

スの変化に注目することは有用であろう。21世紀の政治学用語を使うのであれば，古代のデマゴーグたちは〈ポピュリズム〉の源流であるとポピュリスト批判者は考えるかもしれない。古代ギリシア史研究者の澤田典子によると，デマゴーグの今日的なイメージは，「無定見の煽動政治家」「民衆を堕落させた悪しき指導者」といった否定的かつ軽蔑的な意味合いを持つ側面がある。しかしながら澤田が指摘するように（さらにグロートも着目したように），もともとデマゴーグはギリシア語の「デマゴゴス (demagogos)」の英語形であり，その本来の意味は「民衆 (demos)」と「導く (ago)」という「民衆指導者」にある。さらに重要なことは，前5世紀末頃の史料においてデマゴゴスや「デマゴギア (民衆を指導すること)」は，「中立的な言葉」であったという指摘である。前4世紀前半の弁論史料でも「すぐれたデマゴゴス」や「善きデマゴゴス」という表現が確認され，古典古代一般において「この言葉自体に「悪しき指導者」といった否定的な意味はなかった」。澤田は，デマゴーグに否定的なイメージを組み込んだのは，トゥキュディデスとアリストパネスによるクレオン描写であったと分析する。

そこで，第2節では澤田の研究を手がかりにしながら，トゥキュディデスの『歴史』におけるクレオンとニキアスの描写，さらにアリストパネスの『騎士』に見られる喜劇作品に特有の嘲笑的な表現を確認する。第2節は古代史に関する物語的・歴史的な叙述に紙面を割くことになるが，その理由は，第3節と第4節で扱う18世紀から19世紀半ばの英国の著述家たちが，トゥキュディデスとアリストパネスの文献を参照することで，クレオンとニキアスや両者をめぐるアテナイ史を分析していたからである。以上の古典上の記述を念頭に置くことで，続く第3節では，ミトフォードを筆頭に混合政体や制限君主政の擁護者たちが，古代人の叙述を踏襲することで，ニキアスとの対比においてデマゴーグのクレオンを非難したことを示す。第4節は，第3節のデマゴーグ批判の言説が，グロートによって大胆に書き換えられたことを明らかにする。この書き換えを支持したミルは，グロートのデマゴーグ再解釈を通じて，言論空間における「反対論者」の必要性を強調した。第5節では，両者の解釈上の違いが，ニキアスの失政の要因分析において示されていることを検討する。

2 古代人によるデマゴーグ評価
　　——アリストパネスとトゥキュディデス——

(1) アリストパネスによる寓話的イメージ

　そもそもクレオンとニキアスはどのような人物であったのか。本節では，両者を比較するための〈史実〉を概観し，デマゴーグの代表格クレオンのイメージが，その語源である「民衆指導者」から「悪しき指導者」へと変化した過程を検討する。その史料として，近代の著述家たちが解釈上の根拠としたアリストパネス（前446頃-前385頃）による『騎士』（前424年上演）とトゥキュディデス（前460頃-前400頃）の『歴史』を取り上げる。

　クレオンをモデルとした人物が登場するアリストパネスの喜劇は，『アカルナイの人々』（前425年），『騎士』，『蜂』（前422年）である。そのなかでも『騎士』は，クレオン批判を目的とした劇であったと言われる。[9] 本作に付されたヒュポテシス（古伝梗概）の伝えるところによると，「この劇はアテナイの扇動政治家であるクレオンについて制作」された。[10] この作品でクレオンはパプラゴンという名の奴隷として登場する。他の奴隷たちよりも贅沢に暮らしているクレオンにデモステネスとニキアスと名付けられた二人の召使が対抗し，さらには腸詰屋のアゴラクリトスや騎士の一団コロスが集結してクレオンを糾弾する。クレオンは登場人物たちと喧騒のもとで激論を交わす。このような登場人物の設定からは，18世紀から19世紀半ばの英国においてクレオンとニキアスが対照的に描かれた一つの契機を読み解くことができる。

　クレオンをモデルとしたパプラゴンは，「ごろつき」，「鞣し皮職人」と称され，さらには「盗人の喚き屋で，キュクロボロスみてえな声をした野郎が」と召使のデモステネスに言われる始末である。加えて，コロスの長にパプラゴンは「大法螺吹きの革紐野郎」と呼ばれている。[11]『騎士』の訳者である戸部順一によると，この表現は，革紐が「柔らかく鞣されていることから，すぐ迎合する卑劣漢」という意味で用いられている。[12] パプラゴンが乱暴に話を続ける様子を腸詰屋は「お前ひとりに喋りまくられ，町は黙ったまんまだが」と述べ，それに対してパプラゴンは，自らを「焼きたてのマグロに食らいつ

き，水で割ってねえワインをピッチャーごと飲んで，ピュロスにいる将軍どもを，女郎みたいに罵ろうって男だぞ」と挑発する。喜劇作品であるため脚色が含まれていることは否定できないが，次節で取り上げるトゥキュディデスの『歴史』においても，クレオンは穏健派で誠実な政治家としては描かれてはいない。次に，アテナイの主戦論者として横暴な性格を持ちながらも，アテナイの政界で台頭するクレオンの様相を確認する。

(2) トゥキュディデスの歴史叙述──デマゴーグとしてのクレオン

　澤田が指摘するように，ペリクレスの死後のアテナイでは，「極端な好戦主義を唱える煽動政治家たちが政治の主導権を握るために競って民衆に迎合し，民主政は彼らに操られて衆愚政に堕した挙げ句，ペロポネソス戦争の敗戦に至った」と一般的に理解されている。このような歴史的理解の起源には，トゥキュディデスによる描写が関係していると澤田は分析する。トゥキュディデスの『歴史』によれば，ペリクレスを失ったアテナイでは，シチリア遠征の論争に際して「民衆指導権をめぐって個人的な中傷」が発生し，「国政をめぐって混乱」が起こった。加えて「相互に優劣の差」がないペリクレスの後継者たちは，「各々が第一人者たらんと熱望したので，国事をも民衆の恣意に委ねることになった」。史実上，ペリクレスの後に登場した政治家の多くは，名門貴族出身者ではなかった。クレオンもその一人に数えられる。つまり，「伝統的な威信を持たない彼らは，ペリクレス時代に重要な説得手段として確立した弁論術を武器に政界へ浮上してきた，新しいタイプの政治家たち」であった。

　クレオンの政治家としての人生や政策上の特徴については，澤田による研究に基づきながら，適宜トゥキュディデスの著作を参照することで確認する。クレオンは，父親の代で財を成した皮鞣工業を営む一家に生まれ，一人息子であったため父の製作場を相続したが，弁論術を身につけることで政界に進出した新参者として知られる。ペリクレスが存命していた時期のクレオンの活動は定かではない。ただし，弁論術の定着は前5世紀半ばであり，この術を使って初めて台頭した人物がクレオンであった。つまり，出自や財産ではなく，雄弁を武器にした政治家としてクレオンが認識されたことは，次節以

降で検討するように，ミトフォードらの保守的な歴史家と，グロートとミルといった急進的な思想家の解釈上の相違に明確な影響を与えている。

クレオンは，ペリクレスの死後に起こったミュティレネ論争（前427年）において自身の弁論の力を用いて極端な主張を行ない，その主張は市民から一定の支持を得た。具体的に述べると，前428年，レスボス島の諸都市がアテナイから離反したことを受けて，民会では反乱を起こしたミュティレネの処分が激しく議論された。この戦後処理の論争に際してクレオンは，「ミュティレネの成年男子全員を死刑に処し，子どもと妻女はすべて奴隷にする」という極刑を主張した。このとき民会に現われたクレオンの様子をトゥキュディデスは，「市民の中で最も乱暴で，その当時〔ペリクレスの没後〕では最も説得力のある人物」だったと描写している。

クレオンの提案に対して，ディオドトスという人物が反乱の首謀者のみの処刑を求めたが，アテナイ市民の多くはクレオンに賛成した。その結果，ミュティレネへ向けて極刑の即時執行の命令を伝える軍船が出発した。しかしこの決定から一夜明けると，市民たちは「ポリス全体を滅ぼせという決議」が「野蛮な暴挙ではないか」と反省し後悔の念を抱いた。そのため，再度民会が開かれた。[19] クレオンとディオドトスは再び討論を繰り広げ，挙手採決の結果はクレオンとディオドトスの賛成票がほぼ同数となったが，ディオドトスの案が通過し，処罰の取り消しが決定された。そして，この二度目の決定を伝えるため，前日に出港した船とは別のもう一隻の軍船がミュティレネへ向けて全速力で急行した。トゥキュディデスによると，船乗りたちは「葡萄酒と油で捏ねた大麦粉を食べるときにも漕ぎ続け」，昼夜を通して懸命に航海した。この努力と天候の幸運のおかげで，2隻目の軍船は処刑が執行される直前に到着した。そして間一髪で処刑の中止をミュティレネ側に伝えることができたのである。以上の出来事はトゥキュディデスの『歴史』における「最も劇的なエピソードのひとつ」であると澤田は評価している。[20] 本章で扱う近代の著述家たちは，クレオンが当初主張した厳しい処罰案を根拠に，クレオンは非道な人物であったと評した。

ミュティレネ論争からおよそ2年後の前425年，クレオンは絶頂期を迎えた。このことはトゥキュディデスの『歴史』で描かれた「ピュロス戦記」と

して有名なピュロス攻防戦から知ることができる。ペロポネソス戦争の前半において，アテナイ軍はピュロスに要塞を築いたが，この奪還を狙うスパルタ軍と戦闘を繰り広げていた。そして劣勢に追い込まれたスパルタはアテナイに和平交渉を提案した。しかしクレオンは，民会でこの終戦の好機を摑むことを拒否し，自らの指揮下で出航すれば「20日以内にラケダイモン兵士を生け取りにして連行するか，または現地で殺害するかだ」と述べた。トゥキュディデスはこの発言を「空虚な豪語」と表現し，クレオンの発言に対してアテナイ人の間では「いくらかの嘲笑の声も起こった」と記録している。ただし「人間として思慮ある者たち」は，クレオンが戦死すれば彼の存在から「放免されること」になるし，「その期待が外れた場合」でもスパルタを破ることに繋がるため喜んだそうである。よって，「自分がストラテゴスであれば20日のうちにピュロスを攻略してみせる」と意気込んだクレオンは，ストラテゴスのニキアスから指導権を譲り受けたのであった[21]。そして名将デモステネスと共にクレオンはピュロスへ向かい，その攻略に成功した。トゥキュディデスは，この「クレオンの約束は狂気じみてはいたが，実現したのである」と記す[22]。ピュロス攻防戦によってクレオンは「一躍「時の人」」となったのである[23]。この出来事においてニキアスは，横暴なクレオンから指揮権を〈奪い取られている〉ようにも思われるだろう。この描写は，18世紀以降の歴史家たちが，ニキアスがクレオンと比較して穏当な性格であったことの根拠の一つとして参照したと推定される部分である。

　ペロポネソス戦争におけるピュロス戦の勝利は，アテナイの戦況を有利な方向へと導いたが，その翌年から徐々にアテナイは劣勢に転じる。前424年に，スパルタ軍はアテナイの重要な拠点であるアンフィポリスを攻略した。一年の休戦条約を経て戦争が再び始まり，クレオン率いる遠征軍はアンフィポリス奪還を試みるが，惨敗に終わった。そしてクレオンはこの戦いで戦死した。トゥキュディデスによると，アテナイ軍の兵士たちが「クレオンの指揮ぶりを論評し，いかに無能かつ臆病の身で，相手の熟練かつ豪勇に対抗しようとしているのか，また，いかに不本意ながら自分たちは彼に従ってきたのか」を話し合った[24]。そして，クレオンは戦場での戦局が不利になると「直ちに逃亡」し，「軽盾兵に追いつかれて殺された」。これがトゥキュディデス

の描く〈デマゴーグ〉の最期であった。[25]

(3) トゥキュディデスの歴史叙述——穏健派ニキアスとシチリア遠征

　クレオンと同世代のニキアスは，和平派・穏健派の政治家として知られ，ペリクレスの死後に「クレオンの対抗馬」としておだてられ，クレオンが亡くなるとソクラテスの弟子で主戦派のアルキビアデスに翻弄された。ニキアスは，名家貴族の出身ではないが，鉱山経営で巨富を築いた新興の富裕層の家系に生まれた。この豊かさを背景に，ニキアスは豪勢な奉納や市民への金銭的施しを行なった。さらに，ストラテゴスにほぼ連続して12回就任するなど，「市民から安定した人気と信頼を得ていた」。このようなニキアスの「パトロネジ的な振る舞い」や政治的役職の度重なる経験には，キモンとの類似性が見られると澤田は指摘している。[26] 前述したピュロス攻防戦でクレオンに指揮権を譲ったニキアスの姿は，弁の立つデマゴーグであるクレオンとの違いであると，19世紀の著述家たちから注目を集めた。ニキアスは，ミルが嘆いた歴史的出来事であるシチリア遠征に最後まで反対していたが，その遠征の指揮官に任命され，壊滅的な敗北を経験し，遠征先で敵に捕まり処刑された。[27]

　アンフィポリス戦では，主戦論者であったクレオンとスパルタの指揮官ブラシダスがそれぞれ戦死した。このことが，クレオンの勢力が優勢であった時期には叶わなかった和平への流れを再び生み出した。ニキアスはアテナイ側の和平交渉の立役者となり，いわゆる「ニキアスの和約」（前421年）として知られる講和がアテナイとスパルタの間で結ばれ，50年間の平和が約束された。ところが，アルキビアデスの登場によってこの平和は数年間の短命に終わる。[28]

　前420年におよそ30歳でストラテゴスに選ばれたアルキビアデスは，「ニキアスの和約」の破棄を試みるようになる。主戦論者のアルキビアデスは，前415年から前413年にかけて行なわれた無謀なシチリア遠征を計画した。澤田の研究によると，市民たちはアルキビアデスによって野心を煽られた結果この大遠征の決議に賛同した。ニキアスは総動員数2万5000人の出兵に最後まで反対したが，遠征時に彼はアルキビアデスと共に指揮をとった。[29]

ところが，この遠征軍が出発する直前にアテナイ市内の至るところに建てられていたヘルメス柱像が破壊されるという奇妙な事件が起こった。アルキビアデスはこの事件に関わった疑惑をかけられ，秘儀冒涜の罪に問われた。裁判は遠征終了後に行なわれることになったため，アルキビアデスは遠征へと向かうが，その後に召喚命令が下った。しかし彼はこの命令に背き，敵国のスパルタに亡命した。その結果，大遠征にもともと反対していたにもかかわらず，アルキビアデスと共に指揮を任されていたニキアスはこの「無謀な計画の尻拭い」をさせられた。アルキビアデスの「献策」でスパルタはシラクサに援軍を送り，アテナイはシラクサで苦戦を強いられることになり，前413年にアテナイはスパルタに大敗した。終盤で大規模な援軍を連れてきた名将デモステネスの努力も虚しく終わった。敗戦に際して，デモステネスと共にニキアスは処刑された。さらに，約7000人のアテナイ兵が捕虜となり命を落とした。[31]

このような凄惨な結果となったシチリア遠征であるが，この敗北はニキアスの行動によって左右されたと言われる。とりわけグロートとミルの解釈上の比較において重要な出来事であるため，詳しく確認しておきたい。シチリアから遠征軍の撤退が予定されていた日の前夜に月蝕が起きた。「迷信深いニキアスはこれを不吉な予兆と考えて撤退を延期した」が，このことが勝敗を決定付けた。[32]トゥキュディデスの『歴史』によると，厳しさを増す戦局を背景に，シチリア遠征の早期撤退が検討され，将軍たちは陣営撤退の手筈を整えていた。その準備が完了し，

> 船出の合図を待っていたそのとき，月蝕が起こった。その夜は満月にあたっていたのである。アテナイ兵の大半はこの出来事に不安を覚え，将軍たちに出航中止を要求した。またニキアスも予兆のたぐいを少しばかり気にしすぎる傾向があったので，予言者たちの説明に従って，九の三倍の日数が経過するまで，今後は移動について協議することさえ禁止した。こうしてアテナイ軍は決断を先延ばしにし，なおも駐留を続けた。[33]

ニキアスが「予言者」を信じた結果，翌日にアテナイ軍はシチリア軍によっ

て惨敗に追い込まれることになった。トゥキュディデスはニキアスに対して次のような言葉を送った——「徳への研鑽を常に怠ることがなかった彼の日頃の言動からすれば，私と同時代のギリシア人の誰よりも，このような悲運の最期にふさわしくない人物であった」。トゥキュディデスによるクレオンとニキアスの最期の描き方の違いは，近代英国において両者が非対称的に描かれたことの一因を生み出したと考えられる。

3　18世紀英国におけるデマゴーグ批判の言説

(1) 混合政体論者の描いたクレオンとニキアス

　本節では，18世紀の英国において，名誉革命以来の混合政体の国制を擁護する歴史家たちによって描かれたギリシア史が，クレオンとニキアスをいかに評価していたかを概観する。その主な特徴は，本節で取り上げるいずれの論者も，トゥキュディデスとアリストパネスの描写を反映したことである。つまり，ターナーが示唆するように，グロートの『ギリシア史』刊行以前までは，ニキアスが概ね好意的な評価を受けていたことが確認される。その一方で，クレオンの人柄や性格に対する悪評が，著述家たちの民主政批判の意識を反映する形で表現されていたことを示す。

　アテナイ由来の単一民主政の批判者であるテンプル・スタニアン（Temple Stanyan, 1675-1752）は，『ギリシア史』（1739年）においてクレオンの人物像を「軽率，傲慢，強情，争い好き，妬み深い，悪意がある，貪欲，堕落している」といった言葉で表現した。一方でニキアスは「思いやりに溢れ，恩義に厚く，有徳で宗教的」な「善人」であると評価された。スタニアンと同じく混合政体を支持したオリバー・ゴールドスミス（Oliver Goldsmith, 1728-1744）は，『ギリシア史』（1774年）で両政治家を比較した。ゴールドスミスによると，クレオンは「アテナイ人に強い支配力を有していた」ため，ピュロス攻防戦でアテナイ軍は「かつての戦争に対する活気を回復した」。ゴールドスミスは，スタニアンと全く同様にクレオンの性格を「軽率，傲慢，強情，争い好き，妬み深い，悪意がある，貪欲，堕落している」と記したが，このような「悪い資質」にもかかわらず人気を獲得したと捉える。一方でゴールド

第3章　デマゴーグの再解釈　　109

スミスは，クレオンよりも優れた指導者としてニキアスの名を挙げる。ゴールドスミスは，ニキアスの最期について次のように表現した。つまり，「全ての賢人や哀れみ深い人々」は，ニキアスの「悲劇的な運命」に「涙を流さずにはいられなかった[39]」。英国の伝統的な制限君主政を擁護したジョン・ギリーズの『古代ギリシア史』(1787年)において，クレオンは「乱暴で気迫のこもった雄弁」によって「最下層民からアテナイの民会の高い権威」にまで昇り詰めたと記された。アテナイの大衆は「彼の策略に惑わされ」，彼の「厚かましく生意気さ」に満足した。大衆にとってクレオンは「大胆さ」と「男らしい率直さ」を兼ね備えた人物であるように思われた[40]。他方でニキアスは，「彼が生きた時代のなかで最も敬虔で，最も有徳で，そして最も不運な人物」であるという評価をギリーズは下している[41]。

　以上3冊の歴史書の描写は，民主政や民主政を採用したアテナイの国制に批判的な著述家たちが，一貫してクレオンよりもニキアスを支持していたことを示している。第2節で確認したように，トゥキュディデスの『歴史』とアリストパネスによる喜劇作品は，人徳のある政治家ニキアスと，ニキアスのような資質を持たない〈デマゴーグ〉のクレオンという二極化した解釈を導出した。この古典的イメージは，18世紀にも継承されていた。ケアステッドが的確に指摘するように，古代の時点ですでに悪役に仕立て上げられたクレオンは，のちの時代の著述家によって「民主政のスケープゴート」として取り上げられた[42]。無論，反民主政論者がクレオンを非難することは必然であったとも言える。このことは，トーリー党の機関誌『クォータリー・レヴュー』に1831年に掲載された論考から看取される。

> 　我々の時代は，長きにわたる農業と製造業の天才たちによる支配を脱却しつつあり，ソフィストとデマゴーグという極めて有害な悪魔たちが，急速に我々の統治者たちに取り入りつつある。(……) クレオンがアテナイの暴徒を率いてから (……) 20世紀の時が過ぎたが，イングランドとアイルランドの舞台では，人物は違えど，同じ役柄を演じる〔クレオンと〕同様の精神を我々はいまだに認識できるだろう。古代の歴史で示されたように，この物語の行き着く悲劇的結末は，男子生徒であれば誰

でも知っている。では，我々の目の前で起こっている出来事にこの知識を適用することを妨げる熱中とは何であろうか。このような事実を目前にして，なぜ我々は，より優れた精神が即座に奮起しないかぎり，底辺の支配が確立され，最も望ましくない最低の天才――すなわち単独の暴君――による支配が継承されるという必然的な帰結を認めることに躊躇しなければならないのだろうか。[43]

(2) ミトフォードによるデマゴーグ批判

　前章で考察したように，ミトフォードは複数の権力間の調和に基づく統治形態を支持していた。しかしこの調和は，ソロンの改革以降崩壊の一途をたどり，主権が「財産を持たない者たち」あるいは「あらゆるデマゴーグたち」の「手中」に委ねられたとミトフォードは理解した。ソロンの改革後，「高尚な生まれ」の者が高位の公職に就くことは依然として重視されていた。[44] つまり，出自と才能の繋がりが政治的地位の優劣の指標であった。しかし次第に，これら二つの要素は「富の所有」に置き換えられていく。ミトフォードによると，この移行は，自身の果樹園を市民に開き，「私財を使って民衆に賄賂を贈る」ことを行なったキモンと，陪審員手当の支給などを行なうことで「国庫を用いて人民を買収する」政策を実行したペリクレスの実例から示される。[45]

　ミトフォードによれば，多数者から支持を得るために富を用いて奮闘する政治家たちの行動は，本質的な権力均衡を生み出すことはない。それゆえ，彼は君主，貴族，庶民の適切な繋がりを維持することのできる混合政体を擁護し，純粋な民主政を否定した。ミトフォードによると，アテナイの「高貴で豊かな人々」(少数者)と彼らよりも貧しい多数者は，互いに繋がりを多く持たないため，この少数者たちは寡頭政国家のもとで多数者を支配した。しかし，民主政国家においてこの少数者は，多数者を「恐れ」，彼らに「諂い，計らいを求める」必要があるため，多数を騙すか支配されるかという選択を迫られる。民主政では，多数者と少数者を結びつける「共通の利益」は存在しない。市民生活の秩序と国家の一体感を維持するための「お世辞と賄賂」

だけで大衆を支配することは困難であるため，その唯一の代替手段は暴力となる。それゆえ，ギリシアの諸共和国において「永続的な調和を達成することは不可能」であり，「極端な不和」を回避できなかったのである。⁽⁴⁶⁾

　ところがミトフォードは，ペリクレスの治世における民主政の完成よりも，さらに大きな弊害を生み出したのは，ペロポネソス戦争の最中，彼の死後に台頭したデマゴーグたちによる実権争いであったと分析する。この争いで頭角を現わした政治家がクレオンであり，アテナイを失落させた悪名高きデマゴーグとして描かれた。ミトフォードは，クレオンを「民衆の最下層」に生まれた「皮鞣し職人の息子」で，「商業」に携わった人物であると紹介する。クレオンは，ニキアスとは「性格も政治的関心」も正反対であった。ミトフォードはクレオンの性格を「並外れた生意気で意気地なし」「民会では前向きで，騒がしく，原理原則において堕落していた」と表現する。クレオンは，民会に動揺を生じさせ，「上層階級を厳しく罵り，下層階級には媚を売る」ことで，「党首（head of party）」の地位にまでのぼりつめた。[47]

　さらにミトフォードは，トゥキュディデスの『歴史』を参照することで，ミュティレネ論争における「穏健なニキアス」と「不作法なクレオン」の対比を描き出している。アテナイ人たちがミュティレネに対する「非人道的な命令」（全成年男子の処刑と女性・子供を奴隷化する決議）を可決させたきっかけは，怒りの感情を露わにした「クレオンの喧騒な弁論」にあったとミトフォードは指摘する。一方のニキアスは，「主要な家柄の出身」で，「堅実な人々」から共和国の評議会を率いるに最も相応しい人物であると注目を集めた政治家である。その人柄の特徴は，「誠実さ，信仰心，寛大さ，従順さ」や「品位ある趣味」の持ち主である。「臆病者」「恥ずかしがり屋」「遠慮気味」な様子を見せることもあったが，クレオンに付された強い非難は向けられていない。このようにニキアスとの比較を通じてクレオンの乱暴さを強調することで，ミトフォードはアテナイの民衆を煽り立てる政治を痛烈に批判したと言える。[49]

　そもそも，クレオンに代表される弁の立つデマゴーグの出現がなぜ可能になったのであろうか。ミトフォードはこの理由を探る過程で弁論術に着目した。「民衆統治において公衆の面前で話す技術」は重要であり，アテナイの

裁判や民会では幅広くこの技術が普及していた。ミトフォードによれば，この技術はソフィストの術であったとも言及されているが，デマゴーグの誕生に一役買ったと解されるソフィストに対するミトフォードの批判は重要である。詳しくは，本書の第4章のソフィスト論で議論する。ミトフォードの混合政体擁護に基づくアテナイ史観には，横暴なクレオンの弁論や性格，そして政策決定を批判し，堅実な性格を持ったニキアスを好意的に評価する特徴が見られた。ミトフォードの叙述には，ニキアスを強く称賛するというよりも，彼を穏当な政治家に位置づけることで，クレオンの欠点を強調する意味合いが込められていた。すなわち，クレオンとニキアスの対比をより明らかに表現するための記述が，ミトフォードの特徴であったと捉えられる。しかし次節で検討するように，グロートはニキアスの失政を非難し，クレオンの短所を強調せず，むしろその長所を析出した。この部分に，グロートによる保守的な歴史観の〈書き換え〉を見出すことができるだろう。

4 「反対論者」としてのデマゴーグ

(1) デマゴーグの再定義

グロートは『ギリシア史』においてデマゴーグ像の刷新を試みたが，それに先立ってデマゴーグに対する一般的なイメージを次のように説明した。

> ギリシア史の一般的な叙述によると，民主政的な諸国家の不運や腐敗，堕落は，クレオン，ヒュペルボロス，アンドロクレスなどがその典型である，デマゴーグに分類される人々によってもたらされたと信じるように我々は教え込まれている。これらの人物たちは，正当な理由なしに批判を行い，無実の者を反逆者に仕立て上げる悪事を働く者たち（mischief-makers）や口の悪い人々（revilers）として描かれている。

このような通俗的理解に反して，第一にグロートは，前411年に樹立された400人の寡頭派政権の下で，民主政廃止のために精力的に活動していたアンティポンを例に挙げることで，デマゴーグの働きが重要であったと論じる。

グロートの分析によると，ペロポネソス戦争末期にあたる当該時期のアテナイでは，反民主政勢力の力が強まっていた。そのため，この勢力の指導者たちは「民衆の安全を転覆させ，政権を掌握するためには，デマゴーグを絶滅させるか沈黙させる」ことが決定的に重要であると考えた。これは，「アテナイの制度におけるデマゴーグの真の役割と本質的な必要性」の証左であるとグロートは捉えた。[53] なお，この400人の寡頭政に抵抗したデマゴーグや政治家をグロートはこの部分で特定していないが，アテナイが寡頭政権樹立後から数か月で民主政に復帰したことを考慮すると，グロートは民主政を取り戻すためのデマゴーグの働きに着目したと考えられる。

　グロートは，寡頭政治が短命に終わった理由をデマゴーグの存在に見出した。なぜならデマゴーグが，「民主政においてそれを護り，公共心あるものにするためのあらゆる極めて重要な活動を形成していた」からである。具体的には，デマゴーグは公務において法を逸脱する者を攻撃し，「公衆と国制」を守った。つまり，アンティポンによる反民主的策略の失敗要因は，彼がデマゴーグの役割を的確に見据えた攻撃を行なわなかったことにあるとグロートは推論する。要するにグロートは，「声を大にして叫ぶデマゴーグたちとその声を聞き，その声を認める民会」が，民主政を維持するうえで不可欠な機能の一つを果たしていたと考察したのであった。[54]

　以上の事例をもとにグロートは，デマゴーグの根源的意味とは何かを提起する。グロートがあえて自身の歴史叙述において「デマゴーグ」という言葉を用いる理由は，彼らを「非難する側が頻繁に使う言葉」だからである。そして，この「妬み嫌われる」印象を連想させてきた用語を「適切で中立的な表現」に基づいて再定義する。グロートは，デマゴーグを「民衆の発言者（popular speakers）」あるいは「反対派の発言者（opposition speakers）」と呼称すべきであると提案した。ただし，デマゴーグをいかなる表現のもとで理解するにせよ，「アテナイにおける彼らの立場」を正しく分析するためには，反民主政との対比を念頭に置くことが重要であるとも考察した。[55]

　グロートはアテナイの政治を表現する際に，近代の議会政治を想起させる言葉遣いを用いた。事実，澤田によるアテナイ史研究では，19世紀の歴史家たちが，アテナイの政治家たちによって形成された集団に対して，「近代

以降の政党のような「党派 (party)」の定義を与えていたと指摘されている。このように「同時代の社会における政党のイメージ」を「投影して解釈した」ことは，グロートの描写でも特徴的に表われている。例えばグロートは，ペリクレスを当時の「首相 (Prime Minister)」であったと呼ぶことができるだろうと述べる。さらに「現代的な用語」を用いると，ペリクレスは「民主党 (democratical party)」に貢献し，民主党は，「その抵抗者に対する運動勢力」であるか，「保守派 (conservatives) に対抗する改革派 (reformers)」であったと表現する。

グロートによると，ペリクレスの治世の最後の40年間において，人々は盛んに商取引や製造業に勤しみ，人口増加などの社会的変化が見られた。そしてこの時期に新たな政治家層が次第に形成された。ただし，彼らはアテナイの少数派であったようで，それ以前の時代に力を獲得していた名門貴族出身の世襲政治家と彼らの間には距離があった。しかし，このような変化が水面下で進み，ペリクレスの没後の政治的実権争いにおいて，デマゴーグと称された新しいタイプの政治家が登場し，穏健派との対立を繰り広げた。このグロートの歴史的理解はミトフォードに類似しているが，クレオンの役割を重視したことに両者の違いがある。

グロートの理解に基づくと，ニキアスは「大臣・閣僚 (Minister or Ministerial man)」に相当する政治家で，公職の責務を果たす人物であった。一方でクレオンは「野党 (the opposition)」の一員で，「公職者の公的な行動を監督し問責すること」を責務とした。ただし，ニキアスとクレオンの対比が，19世紀の議会政治と完全に同一の現象を必ずしも示していなかったことにグロートは留意する。つまり，ニキアスを与党派，クレオンを野党派と理解することは，「〔現在の〕英国の政治生活で理解されているような意味，すなわち，ある政党に有利な議会の多数派という意味から切り離しておかねばならない」。なぜなら「野党」のクレオンには，民会で決議案を提出する機会があり，ニキアスや他のストラテゴスなど重要な公職者の反対を押し切って彼の案が可決される事例もあったからである。その一方でクレオンは，政局によっては「反対派という劣った職務」にとどまった場合もある。

グロートの『ギリシア史』におけるデマゴーグの再定義・再評価を読解し

第3章　デマゴーグの再解釈　　115

たミルは，その叙述の新しさや着眼点の鋭さに感心したようである。ミル自身，クレオンがその人物像と政治活動において，ニキアスと対照的な存在であると認識していた。通説においてクレオンは，「成功を収めたデマゴーグの性格に向けられたあらゆる憎悪の代表人物とされ，政治的な愚行や厚かましさという点で軽蔑に値するものすべてと結びつけられていた」。しかしグロートは，クレオンが偏見や非難の対象になっていることを問題化し，その性格と政治的役割を適切に理解する必要があると考えた。ミルの表現を用いると，グロートのクレオン解釈では，「これまで描かれてきたほど，この悪魔〔クレオン〕はさほど悪意に満ちているわけではない」。ミルによると，クレオンの否定的なイメージは，「天才的な道化師アリストパネス」による風刺をトゥキュディデスがそのまま採用したことに一因があり，結果的にクレオンに対する評価は歪められた。その歪みを修正したグロートは，従来の歴史観とは一線を画す「識別力があり，偏見のない」視点を用いてクレオンの性格を再評価したとミルは捉えたのであった。

(2) グロートによるクレオンとニキアスの比較

　古くから流布したクレオンの悪評についてグロートは，アリストパネスの風刺とトゥキュディデスの歴史叙述に基づいて構築された特徴を次のように集約させた。「歴史を書くと公言していない」アリストパネスによってクレオンは，「皮革職人で，鞣し革工場の匂いを漂わせ，卑しい身分に生まれた喧嘩好きで，暴力的な告訴や大きな声，太々しい身振りによって相手を恐怖に陥れる」人物で，「政治的買収を謀り，人々を誹謗中傷で脅して金銭を受け取る国庫の盗人」と捉えられてきた。歴史家のトゥキュディデスは，クレオンを「アテナイで最も暴力的な性格の持ち主」であると描写した。このような悪評は，「中産階級」のクレオンが身をたてる手段として雄弁を駆使せざるを得なかったことに対する反感が関係している。グロートによると，

　　クレオンやヒュペルボロスのような中産階級 (the middling class) は，自分たちよりも優れた家柄出身の人物に対抗して，民会で演説を続け，そこで主導的な役割を果たそうとした。彼らは，普通の人々よりも大胆さ

を兼ね備えた人間であったに違いない。この〔大胆さの〕資質がなければ，彼らは自分たちに対する反対を決して乗り越えられなかったであろう⁽⁶⁶⁾。

　クレオンの批判者とは対照的に，グロートは悪意を抑えた論調でデマゴーグの再解釈を試みた。クレオンは，「その当時の人民の視点をふまえた最も説得力のある演説者であった」とトゥキュディデスが記したように，ミュティレネ論争が勃発する頃には影響力を及ぼす人物へと変化していた。このことをグロートは，「クレオンの力強い演説力と，民衆に親しまれる方法で公務を処理する能力」を表わしていると解釈し，「民会と民衆裁判所はクレオンの劇場であり，持ち場であった」と評する。すなわち，クレオンの資質は，多様な市民が出入りし，諸個人が集合体として一堂に会する政治的空間において発揮されたのである⁽⁶⁷⁾。ただしグロートは，ミュティレネ論争時にクレオンがミュティレネ人の処刑や奴隷化を擁護したことは「野蛮」であり，現代人の観点から見て「世間一般の感情」に反する行動であったと批判している⁽⁶⁸⁾。よって，グロートによってクレオンは，ペリクレスのように最も優れた指導者として描かれてはいない。

　グロートは，ミトフォードをはじめとする18世紀以降の著述家と同様に，クレオンとニキアスを比較する視点を用いたが，両者を分析するための別の基準にペリクレスを取り入れた。ペリクレスに等しく備わっていた二つの才能——「演説（speech）と行動（action）における優れた能力」——は，クレオンとニキアスにそれぞれ継承されたが，彼らの諸能力はペリクレスよりも「はるかに劣っていた」。演説力はクレオンに与えられ，行動力はニキアスに引き継がれた。グロートによれば，これら二つの異なる才能が各々に付与されたことは，当時のアテナイの政治状況を理解する手がかりになる。「激しく暴力的な気性の野党政治家」のクレオンは，すべての公職者にとって非常に手ごわい存在であった。民会での影響力は，彼が紛れもなく「多くの重要で建設的な政策の立案者」であったことの証拠であり，その影響力の高さにおいて「野党」の役割以上の働きを見せたこともある。しかし，「傑出した演説家」のクレオンは，「民主政のなかで最も影響力のある人物」ではなかっ

第3章　デマゴーグの再解釈　　117

た。なぜなら，当時のアテナイで政治的指導者になるための「地位」や「資質」は，生まれや財産といった「演説力」以外の要素によって左右される場合もあったからである。政治的影響力や指導力は，ニキアスの方が優れていた。(69)そのため，クレオンが携わった政治上の論点は「どれも騒々しく，明瞭で，時には間違いなく重大なものであった」が，最終的にアテナイの政局はニキアスの指揮下で進展することになる。(70)

次にグロートは，ニキアスが得た市民からの尊敬を検討する。例えばプルタルコスの『英雄伝』によると，アリストテレスはニキアスをペリクレスよりも上位に位置づけていたが，この解釈に敬意を払いつつもグロートはその見解が誤りであると述べる。その理由は，ニキアスがキモンらに続く「寡頭政の政党」の主要人物であったからである。(71)クレオンの「民衆を煽動する能力の高さ（demagogic excellences）」は，ニキアスが民衆から信頼を得て指導的な立場に立つほどの強力な作用を生み出さなかった。さらに，ニキアスにはクレオンに欠けていた政治家の資質があった。その資質とは，「偉大な家柄と地位，巧妙に使うことのできた富」，「賄賂に屈しないこと」，「個人的な野心をほとんど持たなかったこと」，「慎重な姿勢に結びついた個人的な勇気，礼儀正しい私生活と極めて敬虔な習慣（ultrareligious habits）」である。そのため，クレオンが有した「民会や民衆裁判所で非難を浴びせるような言論の力」よりも「はるかに強固な社会的評価の基盤」をニキアスは獲得していた。その結果，ニキアスはクレオンよりも市民から尊敬の念を抱かれたと言える。(72)

加えてニキアスの政治家としての資質は，その人柄からも示される。彼は，「知性，教養，弁論のいずれにおいても月並み」であったが，軍事的任務に熱心に取り組み，戦場では「勇敢」であり，将軍としての能力を持ち，国内政治においてはさまざまな政治的任務を着実に行なった。グロートは，ペリクレスとニキアスに共通する二つの資質として，第一に金銭的利益に関する潔白さ，第二に対外政策における継続性を重視した安定的な態度を挙げる。前者は腐敗した政治家ではなかったことを示し，後者は領土拡張や新たな敵を作ることを回避する傾向を意味している。これら二つの資質は，ニキアスの性格を総合的に表現しているとグロートは分析した。(73)

しかし，ペリクレスとの決定的な違いがある。グロートによると，ペリク

レスは活発で努力を惜しまない性格の持ち主であったが，ニキアスはそうではない。それゆえ，前述したペリクレスに備わっていた〈行動力〉は，ニキアスに十分に継承されなかった。ニキアスの場合，「政策的には気弱で，いかなる目的であれ精力的に努力すること」を避ける傾向があり，平和維持に固執した。とはいえニキアスは，「アテナイで常に勢力を誇っていた当時の保守党 (conservative party) の指導的な擁護者であり，常に公的事業の細部やその実践過程に精通していた」。よって彼は，「慎重で思慮のある視点を十分に発揮し」，「誠実な目的」に対して同胞から「無条件の信頼を得ることができた」。ところがグロートは，ニキアスの過ちがアテナイの衰退という重大な帰結をもたらした側面に焦点を定め，ニキアスへの批判を強化したのである。

(3) 新たな「悪役」の誕生？——グロートとミルによるニキアス批判

前421年の「ニキアスの和約」は，アルキビアデスの登場とその策略によって打ち砕かれ，アテナイは再び戦争状態に戻った。第2節で確認したシチリア遠征におけるニキアスの失策は，グロートとミルの擁護するアテナイの民主政の運命に一撃を加えた出来事であった。同遠征の描写において，両者の議論上の特色が表われている。

グロートは，遠征終盤の数日間のニキアスの「英雄的行為」は勇敢であったと認めるが，彼がこの遠征事業を通じて人的・軍事的な損失をもたらしたことは，最終的にアテナイの衰退への道を準備することに繋がったと分析する。この出来事では，アテナイの大艦隊やその「海洋帝国」としての地位，さらにアテナイそのものの破壊の契機を作ったニキアスの「目に余るほどの無能さ」が露呈された。よって，たとえ彼が人格において有徳であったとしても，歴史上「最も厳しい非難」を免れることはできないのである。では，何がこの失敗の原因になったのであろうか。それは，ニキアスの敬虔さとアテナイ市民の前近代的性格の復活にあった。

グロートはニキアスの宗教的態度を明確に問題視した。「ペリクレスは哲学者に囲まれていたが，ニキアスは予言者 (prophets) に囲まれていた」という一節は，ペリクレスを支持し，ニキアスを非難するグロートに独有の意

第3章　デマゴーグの再解釈　　119

図が込められている。ニキアスにとって予言者は,「彼の気性を慰め,困難な状況下で彼の知性を導く者」として不可欠な存在であった。このことをグロートは,「聴罪司祭が交代するごとに立場を変えたルイ14世やその他のカトリックの諸侯たちの政府」のようであると表現し,ニキアスの政策が予言者の考えに合わせて移り変わったことを批判する。一方でニキアスの貫いた「厳格な礼儀作法と徹底的な宗教的生活に基づく人生」は,「アテナイ人にとって極めて受け入れやすいもの」であった。そのためニキアスは,市民から支持を獲得するために多額の財産を巧みに投じた。富者が交代で開催していた典礼などの公務を担当したニキアスは,これらの祭事において「華麗さ,気前の良さ,品位」を披露した。財力を背景としたさまざまな行事への貢献を通じて,ニキアスは市民に対して神々への熱意を示し,さらに政治家としての人気を獲得した。以上のグロートの議論は,ミルの書評（1853年）において数ページを割いて引用されている箇所でもある。

　信仰に篤いニキアスは,シチリア遠征の終盤においてアテナイ軍を率いていた。グロートは,この大遠征の帰結において生じた「事件」は,「あらゆる歴史において最も教訓的なものの一つ」であると強調する。ニキアスの宗教的態度を特徴づけたこの事件は,「アテナイの民主政に蔓延していた一般的感情とその誤りの最大の原因」を示した。加えて,この出来事は,デマゴーグに対する「誇張された悪評」を否定する論拠を提供する。シチリア遠征からの早期撤退を検討すべき段階に入ったとき,アテナイ軍が月蝕に戸惑う様子を見たニキアスは,予言者の助言に従い撤退を踏みとどまった。このエピソードをもとにトゥキュディデスは,ニキアスには「予兆のたぐいを少しばかり気にしすぎる傾向」があったと評していたことはすでに確認した。グロートは,「シチリア島への新軍派遣とニキアスの指揮権継続という憂慮すべき決議を下した民会に,クレオンや〔彼と〕同等の力を有する他のデマゴーグが出席していたのであれば,アテナイは幸福であっただろう！」と主張する。つまり,ニキアスの行動力不足という政治家としての欠点に相まって,信仰の深さに起因する「不適切さ」の暴露をデマゴーグが行なうべきであった。すなわちシチリア遠征の終盤は,「デマゴーグの告発的な雄弁が特に呼び求められた」段階であった。

ただし，シチリア遠征の大敗には，ニキアスを継続的に支持した市民の性格上の弱点にもう一つの要因があったとグロートは考察している。言い換えると，市民の思考における前近代的な特徴や非合理性にも問題があった。そもそもシチリア遠征時にニキアスは，市民に自らの指揮権放棄を認めるよう求めていたが，民衆はそれを拒否した。グロートは，アテナイ人の習慣的欠点は，「歴史家が一般的に非難する」「気まぐれさ」ではなく，ひとたび与えられた信頼や着手した計画に「極端に」固執する性格にあると指摘する。「あらゆる点においてデマゴーグの正反対にあった」ニキアスは，趣味や感情，地位において寡頭政治家であった。だが，指揮権続行を希望した民衆の意向に背くことはなく，むしろ民主政に「誠実に従うこと」にした(82)。よってグロートは，ニキアスを完全な〈悪役〉に仕立て上げるのではなく，既存の政策やニキアスを信頼し続けた市民の側にも過ちがあったと分析した(83)。

　1853年の書評においてミルは，グロートの著述がギリシアの様々な政治家を描き出したことに注目している。とりわけ，その歴史書の中盤（古典期を扱った部分）を「最も明るく照らし出している」人物がペリクレスである。その一方で，ペリクレスよりも「はるかに劣ったアテナイの政治家」はニキアスである(84)。ペリクレスは，自らの「優れた知性と自制心に基づく思慮」によってアテナイの評議会を統制していた。しかし彼の没後に「来るべき大惨事」が起こった。これこそがシチリア遠征である。ミルによると，ペリクレスを亡くしたアテナイは，「デマゴーグではなく」，「共和国において最も裕福で高貴な生まれ」のニキアスとアルキビアデスという「貴族政の頂点に君臨する」「邪悪な助言者」の手に委ねられた。対して，クレオンや彼のような「デマゴーグ」というレッテルを歴史上付与されてきた人物たちは，「アテナイの人々にとって最悪の失政を行なう指導者たちでは決してなかった」。ミルはグロートによるデマゴーグの定義と同様に，「デマゴーグとは本質的には反対論者（opposition speakers）であった」と位置づけた。すなわち，政治的指導力が「富者や有力者の手中」にある場合，デマゴーグは権力を抑制させる働きを担っていたとミルは分析する(85)。

　ミルによると，このようなデマゴーグ（「生まれの卑しいクレオンやヒュペルボロス」）が退陣したのちに，ニキアスとアルキビアデスによってギリシアの

第3章　デマゴーグの再解釈　　121

事態は悪化の一途を辿る。ニキアスの引き起こした「悪夢のようなシチリア遠征」の史実は，デマゴーグの積極的な役割を「十分に裏付ける」要素であるとミルはグロートと同様の見解を提示した[86]。つまり，この対外遠征において，ミルはニキアスのような政治家に対抗可能な反対論者が必要であったと考察している。

このようなグロートによるニキアスの分析には，「ギリシア以外の時代や状況にも適用可能な教訓が含まれている」とミルは強調する。ニキアスは，現代と古代いずれにおいても，「世論からの支持」を多く獲得できる政治家のタイプに分類される。さらにグロートが，ニキアスの失政のみならず，アテナイの一般市民の「性格や気質」について検討したことも重要であるとミルは指摘している。ミルは，グロートによるニキアス解釈を振り返ることで，『ギリシア史』には「ミトフォードのような著述家を介することによってのみアテナイやギリシアを知っている読者」が学ぶべき多くの要素があると受け取めた[87]。

5　野党的反対論者としてのデマゴーグの可能性

最後に，前章で検討した保守派と急進派のギリシア民主政史に対する解釈上の相違をふまえながら，クレオンとニキアスをめぐる政治家評価を整理する。本章では，スタニアン，ゴールドスミス，ギリーズ，ミトフォードといった制限君主政・混合政体の擁護者によるギリシア史が，クレオンを非難したことを確認した。その代表例であるミトフォードの歴史叙述に基づくと，ソロンの改革（前594年）以降，混合政体の均衡を脅かす民主政的制度が続々と導入されはじめた結果，アテナイは衰退の一途をたどるが，クレオンに象徴されるデマゴーグの出現によって事態はさらに悪化した。最終的にマケドニアによるギリシアの征服が君主政的要素の復活に繋がったことをミトフォードは好評価した。

対して，古典期5世紀のアテナイの民主政を支持したグロートとミルは，ソロンの改革からマラトンの戦い（前490年）までを民主政の準備期間とみなし，マケドニアがアテナイ・テーベ連合を破ったカイロネイアの戦い（前

338年)までを民主政の成熟期と理解した。ただし，前章で議論したように，民主政の頂点はペリクレスの治世にあり，それ以後は「国制の道徳基盤」の漸進的な弱体化に伴い民主政の文化は廃れていく。この弱体化は，ニキアスの政治活動とそれを支えた市民の行動に左右されたとグロートは考察した。以上のデマゴーグや政治家をめぐる民主政史理解は，グロートがトゥキュディデスとアリストパネスによって形成された古典的解釈を強化した保守派の歴史叙述を批判し，その刷新によって新たな視点を付け加えることで析出された。そしてミルはこの再構成を支持した。

では，グロートとミルによるデマゴーグ解釈はいかに比較できるであろうか。クレオン解釈から導出される両者の共通点は，反対論者として台頭した野党的政治家クレオンの言論空間における役割と弁論を駆使する政治手法を擁護したことにある。双方は，自由な発話としての弁論術が民主政を支える鍵であると理解した。しかし，本書の第5章で明らかにするように，グロートの『プラトン』に対するミルの書評論文では，弁論術の問題点が指摘され，弁論術と対置されるソクラテス的な弁証術が重視されていることには注意が必要である。あくまでミルは，言論の自由を保障し，反対勢力の役割を認める文脈でデマゴーグを擁護していたと考えられる。

本章の冒頭で引用したミルの書簡で示されたアテナイの民主政喪失に対する深い悲しみは，グロートにも等しく見受けられた。二人は，ニキアスがシチリア遠征に成功しなかったことが，ペロポネソス戦争においてアテナイの弱体化に寄与し，その内政における衰退を加速させたと読み解いた。両者のクレオンの解釈には共通性があったが，ニキアス評価においては相違点が見られることを最後に検討しておきたい。グロートは，ニキアスの敬虔さに基づく前近代的な政治的決定を明確に強調していた。ミトフォードをはじめとする保守的な論者は，むしろこのニキアスの信仰の深さを評価していた。この点において，グロートがベンサム由来の宗教権力と政治権力の密接な関連に対する問題意識を共有していたことが示されている。ところがミルは，『ギリシア史』の書評論文においてニキアスの非合理的性格に対する明確な言及は行なっていない。[88]むしろミルは，ニキアスの豊かな資源や出自といった貴族政的影響力が，世論からの支持獲得を可能にしたと論じた。クレオンを筆

第3章 デマゴーグの再解釈　123

頭にデマゴーグたちは歴史家たちが非難するほどの〈悪者〉ではなく，貴族政的権力の抑制という機能を果たしていた。よって，「邪悪な利益」に基づく特権階級の政治的権力の掌握を批判したベンサムの主張が，ここに共有されているとも考えられる。このように，グロートとミルのギリシア受容において，両者がベンサム主義的な思考を維持していたことがデマゴーグ解釈からも確認された。

　先行研究において，ニキアスの過度な宗教的性格を批判したグロートの独自性は，ターナーとケアステッドの研究で検討されてきた(89)。一方で，グロートのクレオン論を大々的に扱ったウェッビーの研究では，この信仰心の問題はさほど強調されておらず，ミトフォードをはじめとする保守的な歴史家の偏見の刷新においてグロートが重要な役割を果たしたとみなされている(90)。また，ターナーの古典的研究によると，グロートは，デマゴーグに付随する反対勢力の機能を強調していなかったと捉えられる――「アテナイにおける特定の反対勢力の有無は，彼〔グロート〕の論点ではなかった(91)」。しかし，政治的・法的・社会的権力や慣習に対して抵抗する必要性は，グロートの「ノモス王」において十分に論じられていると筆者は考察する。本書の第5章で検討するこの概念は，グロートのプラトン解釈を『ギリシア史』の議論と重ねて検討する意義を示唆している。デマゴーグ解釈におけるグロートの貢献は，古典古代以来，否定的評価を下される傾向がさほど見られなかった与党的な政治家ニキアスの性格と行動力を批判し，〈悪者〉とみなされてきたクレオンを救い出したことにある。

　ミルはデマゴーグを本質的に「反対論者」であると分析したが，これと類似した議論は『ギリシア史』の書評論文の公表前後に確認される(92)。例えば，1845年の「ギゾーの歴史論」においてミルは，異なる方向を志向する「対抗的な諸勢力」や「不断の対立 (the perpetual antagonism)」が，近代ヨーロッパの人間精神に活気を与えてきたと考察した。同時にミルは，対立の不在によって生じる「静止的な」専制が，ヨーロッパにとって過去の現象ではなく，将来に差し迫った問題であると指摘する(93)。ギゾーの枠組みを踏襲したこの文明比較は，現代文明の特徴を「複雑かつ多様であること」に位置づけ，オリエント，ギリシア，ローマの古代文明の共通点に「統一性と単一性」を見出

した．よってミルは，「古代の社会形態のどれを見ても，われわれが安定性と進歩性とが永続的に相互に調和されることができる唯一の条件であると考えられる組織的な反対勢力（systematic antagonism）を自らのなかに含んではいなかった」と分析するが，その例外がアテナイであったと捉えられるのではないだろうか．すなわち，「ギゾーの歴史論」後に刊行されたグロートの『ギリシア史』と『プラトン』に関する書評論文は，「統一性」や「単一性」を回避するアテナイの諸要素（必ずしも「組織的」とまでは言えないが）をミルが読み取ったことを示している．この諸要素とは，デマゴーグの野党的役割によって刺激される反対勢力の働きとソクラテスの自由な探究心に集約されると言える．後者については，次章でソフィスト論を検討したのちに扱うソクラテス論において明らかになる．

(1) このデモステネスは，ニキアスと共にシチリア遠征に出兵した将軍のデモステネス（？－前413年）を指している．
(2) Mill, LL: p. 384（J. S. Mill to Harriet Mill from Syracuse, 21/03/1855）．強調は筆者による．
(3) Turner 1981: p. 228.
(4) グロートによるクレオンとニキアスの比較およびデマゴーグ論に言及した研究として Turner (1981), Roberts (1994), Kierstead (2014) が挙げられる．ターナーとロバーツはヴィクトリア朝の文脈でこれらの争点を分析しており，当時の時代背景に根差してグロートの立場を検討するための貴重な研究である（Turner 1981: pp. 228-231; Roberts 1994: pp. 241-243）．一方でケアステッドは，グロートの民主政論を紐解く一つの争点としてデマゴーグ論を扱っている（Kierstead 2014: pp. 193-198）．
(5) Whedbee 2004: pp. 71-72, pp. 84-86.
(6) ポピュリズムとデマゴーグを並置させて捉える見方は，例えば，ポピュリズム，デマゴーグ，弁論術（レトリック）という三つの争点を歴史的な視点から分析した Ballacci and Goodman eds. (2024) の問題設定で示されている．
(7) 澤田 2010：139-140 頁．
(8) 同書：140-143 頁．
(9) アリストパネス 2024：488-489 頁．
(10) 同書：110 頁．
(11) 同書：125-140 ［126-127 頁］．キュクロボロスとは，水量の多いアッティカ急流を指し，クレオンの怒鳴り声の大きさを伝える喩えに用いられている（同書：126

頁・注3)。
(12) 同書：270［136頁］，136頁・注1。
(13) 同書：350-355［141-142頁］。
(14) 澤田 2010：138頁。
(15) 同書：140-141頁。
(16) トゥキュディデス 2000：第2巻・65［209-210頁］。
(17) 澤田 2010：138-139頁。
(18) 同書：144頁。
(19) トゥキュディデス 2000：第3巻・36［282-284頁］；澤田 2010：146頁。
(20) トゥキュディデス 2000：第3巻・49［298頁］；澤田 2010：146頁。
(21) トゥキュディデス 2000：第4巻・28［393頁］；澤田 2010：148頁。
(22) トゥキュディデス 2000：第4巻・39［402頁］。
(23) 澤田 2010：148-150頁。
(24) トゥキュディデス 2000：第5巻・7［502頁］，10［507頁］。
(25) ただし澤田によると，クレオンが最期まで勇敢に戦ったことを伝える史料もあり，トゥキュディデスの記述の信憑性に関する議論は複数ある（澤田 2010：152頁）。
(26) もっとも，ニキアスはキモンのような名門家系の出身ではなかった（同書：147-148頁）。しかし，後述するように近代の著述家たちはニキアスを〈貴族政派的な政治家〉として解釈する傾向が強かった。
(27) ニキアスの略歴については澤田の研究に基づく（同書：147-148頁）。
(28) 同書：152頁。
(29) 同書：160-161頁。
(30) ヘルメス柱像はキモンの戦勝を讃えてアテナイの市内の至るところに建てられた。この柱像は，アテナイの「戦勝の記念碑」であったが「道標」の役割もあり，「道祖神のように崇められていた」（同書：85頁）。
(31) 同書：161-162頁。
(32) 同書：162頁。
(33) トゥキュディデス 2003：第7巻・50［272-274頁］。
(34) 同書：第7巻・86［315頁］。
(35) Turner 1981：p. 229.
(36) Stanyan 1774, 1：p. 379.
(37) Ibid.：p. 419.
(38) Goldsmith 1774, 1：p. 239, pp. 244-245. ゴールドスミスのクレオン評価には，スタニアンと同一の文章・表現が見受けられる。
(39) Ibid.：p. 304.
(40) Gillies 1787, 2：p. 244.
(41) Ibid.：p. 411.

(42) Kierstead 2014 : p. 196 ; Cf. Whedbee 2004 : p. 82.
(43) [Williams] 1831 : p. 451.
(44) Mitford, History, 3 : pp. 23-24.
(45) Mitford, History, 2 : p. 122.
(46) Mitford, History, 3 : p. 24.
(47) Mitford, History, 2 : p. 123.
(48) Ibid. : pp. 123-125.
(49) Ibid. : pp. 121-124.
(50) Mitford, History, 3 : p. 59.
(51) Grote, History, 8 : pp. 57-58.
(52) アンティポンに関する記述はトゥキュディデス（2003：第8巻・68［396頁］）を参照。
(53) Grote, History, 8 : p. 58.
(54) Ibid. : pp. 58-59.
(55) Ibid. : pp. 59-60 ; Cf. Ibid. : p. 43.
(56) 澤田 2008：20頁。
(57) Grote, History, 5 : p. 496.
(58) Ibid. : p. 487. Cf. Turner 1981 : p. 229.
(59) Grote, History, 6 : pp. 329-330.
(60) Ibid. : p. 392.
(61) Ibid. : p. 393.
(62) Ibid. : p. 394
(63) Mill, GG［3］: p. 1126. なお，アリストパネスの『騎士』は前424年に上演されているが，トゥキュディデスの『歴史』の成立の時期は諸説ある。トゥキュディデスは前404年のペロポネソス戦争の終結を見届けているが，『歴史』は前411年の途中までしか書かれていない。また，同書は前395年に亡くなるまでの30年以上をかけて書き続けられていたとの指摘もある（トゥキュディデス 2003：451-453頁）。よって，『歴史』の執筆過程が確定的でない以上，本文で参照した〈トゥキュディデスはアリストパネスの喜劇で描かれたクレオンのイメージをそのまま採用した〉というミルの指摘の真偽は不確かであると言える。
(64) Mill, GG［3］: p. 1126.
(65) Grote, History, 6 : p. 332. アリストパネスの『騎士』に関するグロートの詳細な分析は以下を参照（Ibid. : pp. 657-660）。
(66) Ibid. : p. 333. グロートは，クレオンがペリクレスの治世下で登場した新参者として知られ，彼の政治的立場は反ペリクレス派であったことにも言及している。「ペリクレスを支持する人々や公平で良識ある市民」にとって，クレオンの荒々しさは不誠実な政治家を象徴していた。しかし，ペリクレスを敵視する人々からクレオン

は支持され，「愛国心に基づく憤慨の爆発」として彼は喝采された（Ibid.: pp. 333-334）。
(67) Ibid.: p. 334.
(68) Ibid.; pp. 340-341.
(69) Ibid.: p. 395. クレオンの演説には，「その時々に強固に流布している感情に語りかけるという利点」があり，彼は，一般的な市民感情に訴えることの重要性を理解していた。古代と同様に現代においても「公衆の間に強くかなりの範囲で広がっている感情」に着目した手法が見られるとグロートは指摘する（Ibid.: p. 340）。
(70) Ibid.: p. 395.
(71) Ibid.: p. 386. アリストテレスの見解についてはプルタルコス（2015）に所収された「ニキアス論」をグロートは参照している。
(72) Grote, History, 7: p. 389.
(73) Grote, History, 6: pp. 387-388.
(74) Ibid.: p. 388.
(75) Grote, History, 7: p. 482.
(76) Grote, History, 6: p. 389.
(77) Ibid.: pp. 389-390. グロートによると，ニキアスの気前の良さは市民から好評を得た。このような性格は，ニキアスが「貧しい市民に対して偏りなく友好的であった」ことからも看取される。しかしニキアスは，「友人を得るためにも，自身を攻撃する者を黙らせるためにも，数多くの贈り物をした」とグロートは指摘しており，ニキアスによる富の活用にグロートは疑念を抱いたと考えられる（Ibid.）。
(78) Mill, GH［II］: pp. 334-336.
(79) Grote, History, 7: p. 389
(80) トゥキュディデス 2003：第7巻・50［273頁］。
(81) Grote, History, 7: pp. 389-390.
(82) Ibid.: pp. 386-388.
(83) ターナーとロバーツは，グロートによってクレオンとニキアスの評価が『ギリシア史』以前から転換したことを強調しているが，ケアステッドは本章と同様にニキアスを支持したアテナイ人の欠点に注目している（Kierstead 2014: p. 195）。
(84) Mill, GH［II］: pp. 333-334.
(85) Ibid.: pp. 331-332.
(86) Ibid. ミルによると，ニキアスの失敗はシチリア遠征の「主要な助言者」になったことであり，アルキビアデスの問題点は「知的・道徳的能力の欠如」であった（Ibid.）。
(87) Ibid.: p. 336; Mill, GG［3］: p. 1125.
(88) ただしミルは，グロートがギリシア人一般の宗教的感情の優れた分析を行なったと評価している（Mill, GH［II］: p. 322）。

(89) Turner 1981 : pp. 222-226 ; Kierstead 2014 : pp. 199-200.
(90) Whedbee 2004 : pp. 83-84.
(91) Turner 1981 : p. 231.
(92) ヴァロカキスによるミルの政治思想史研究では，ミルの反対勢力に関する議論が彼の政治思想の根幹に関わる要素であると考察されており，以下の研究は本書の主張と重なる部分が多い。ただしヴァロカキスの研究では，ミルに反対勢力の重要性を示した思想家としてトクヴィルとギゾーが位置づけられていることは重要である（Varouxakis 1999 ; 2017）。
(93) Mill, Guizot : p. 267 ［88 頁］, p. 270 ［91 頁］。加えてミルは，多数支配の原則が広まることを次のように危惧している。「もしもアメリカ合衆国における趨勢と考えられていることが，数世代にわたって無制限に進行したならば，すなわち，数の力——大衆の意見と本能の力——が社会の絶対的な支配を獲得し，維持し，その決定に異を唱えたりその権威に異議を申し立てるすべての声を沈黙させてしまうならば，そのような国々では，人間性の状態は，中国の場合と同様に停滞」してしまうだろう（Ibid.）。
(94) Ibid. : p. 269 ［90 頁］。
(95) ミルが多数勢力を抑制する「野党／反対勢力」の役割を重視していたことは，例えば『代議制統治論』の二院制擁護論においても看取される。「多数者の優越」への対抗策として二院制案が提案された。ミルは，第二院・上院（Second Chamber, Senate）は，多数者の階級的利害や偏見を免れた人々によって構成されるべきだと主張した。ただし，現実的に貴族院を撤廃することは難しいと考えたミルは，貴族の中からヘア式比例代表制の応用によって上院議員を選出，あるいは下院によって上院議員を選出することを考察した（Mill, CRG : pp. 516-519 ［232-234 頁］）。

第4章　ソフィストの再定義
　　——プラトンの対話篇受容の観点から——

1　問題の所在
　　——ソフィストは〈悪者〉だったのか？——

　本書の第2章と第3章では，グロートとミルによる民主政史論とデマゴーグ解釈に基づき，両者がアテナイの政治的実践を好意的に受け止め，19世紀という現代的視点を含みながら古代史の再検討を試みたことを考察した。それに対して本書の第4章と第5章では，グロートの『ギリシア史』（1846-56年）に加えて『プラトンとソクラテスの同時代人たち』（『プラトン』，1865年）を主たる分析対象とし，グロートとミルによるギリシアの哲学受容に関する言説を扱う。すでに確認してきたように，「国制の道徳基盤」に裏付けされたアテナイの政治文化を高く評価したグロートは，ニキアスとの比較において煽動政治家と批判されてきたクレオンを肯定的に描き出した。また，ミルが特に注目した反対勢力の働きは，民主政に活気ある対立を生み出し，多様な言論の競争空間を確保するための必要条件であった。
　しかしミトフォードをはじめとする保守的な歴史家たちは，このようなアテナイの自由な言論的・知的土壌を政治的混乱や堕落の象徴であると認識した。このことは，デマゴーグに弁論の力を授けたと解釈されたソフィストに対する嘲笑や嫌悪においても明示的に表われている。例えば，前章で紹介した1831年の『クォータリー・レヴュー』の論考では，「ソフィストとデマゴー

グという極めて有害な悪魔たちが，急速に我々の統治者たちに取り入りつつある」と描写された。つまり，民主政の〈悪者〉は，デマゴーグに限定されなかった。本章では，19世紀前半の英国の保守派を中心に流布していた〈民主政下で台頭したデマゴーグの生みの親は弁論術を教えるソフィストである〉というソフィスト批判の言説を概観する。そして，彼らに対抗してソフィスト像の刷新を大胆に試みたグロートによる歴史的・哲学的研究を分析し，グロートのソフィスト論を支持したミルの見解を取り上げる。その結果，両者がソフィストをギリシアの〈悪者〉ではなく，「時代の教師」であると理解したことが明らかになる。

グロートは，1850年に公刊された『ギリシア史』第8巻の第67章「演劇, 弁論術と弁証術，ソフィスト」を通じて，ソフィストをアテナイの民主政下で活躍した〈知的集団〉に位置づけた。さらにその15年後の『プラトン』では，トラシュロスの文献学に基づいてプラトンの対話篇を網羅的に扱うことで，ソフィストの個別評価に踏み込んだ研究を公表した。これら二つの著作においてグロートは，ギリシア史という歴史学のアプローチを用いてソフィストの実態に迫り，その肯定的な役割を認めるための哲学的分析を展開した。

プラトンやアリストテレスといった代表的哲学者の背後に置かれてきたソフィストたちは，正当な歴史的・哲学的評価を受けてこなかったとグロートは考察する――すなわち「歴史上，ソフィストと称される人々ほど，ほとんど取り扱われてこなかった人物を私は知らない。彼らは，現代的な意味において，その名前から不利益を被っている(2)」。そしてミルは，『ギリシア史』におけるソフィスト描写の新規性に一定の意義を見出し，ソフィストに対する不当なイメージの刷新が求められていることを認識した(3)。さらにミルは，同書では，「ソフィストたちがよく頻繁に表わされているような悪党や浪費家ではなかった」ことが明らかにされたと強調した(4)。以上は1850年代前半に『ギリシア史』に関してミルが提示した見解であるが，『プラトン』に対する1866年の書評論文「グロートのプラトン」においても同様の視点が維持された。しかし同論考では，ミル自身によるソフィストの再解釈やプラトンとソクラテスの政治哲学に関わる議論が展開されており，注目に値する。プラ

トンとソクラテスの解釈は次章で扱うため，本章では，グロートとミルによるソフィスト理解を19世紀英国の知的文脈に位置づけながら分析することを目的とする。

かかる目的を検討するために，あらかじめ，グロートの『ギリシア史』刊行以前にあたる18世紀末から19世紀中葉の英国におけるソフィストとプラトンを取り巻く知的状況について，先行研究を手がかりに検討する（第2節）。続いて，保守派の混合政体支持者たちとサミュエル・テイラー・コールリッジによるソフィスト批判，そして『クォータリー・レヴュー』の言説を概観することで，哲学的急進派とは異なる思想的・政治的立場の著述家たちが描いたソフィスト像に迫る（第3節）。そのうえで，グロートとミルによるソフィストの再解釈について，その定義（第4節）とプロタゴラス解釈（第5節）を分析する。

本章に関わる先行研究上の課題は，グロートとミルのソフィスト論が，両者のアテナイ史論やプラトン論と比較して蓄積が少ない点を克服することである[5]。またその多くが，ソフィストをプラトン論の一部として紹介するか，ソフィストの個別的解釈に関する哲学的議論に留まるなど，グロートとミルの双方の言説を思想史的に並置させて両者の共鳴関係を明らかにする視点は，従来の研究ではさほど強調されていない。このような研究状況は，グロート研究が21世紀以降に進展を見せはじめたこと，ミルの古典古代哲学に関する分析の多くが2002年のウルビナティの研究以後に登場した新たな論点であることに関連しているように思われる。本章では，近年の研究成果をふまえながら両者の比較を試みたい。

本書の第1章で言及した通り，グロートの一連の草稿は，彼が20歳前後からプラトン研究に強い関心を抱いていた証拠を示している。また，ジェイムズ・ミルの教育過程でプラトンに触れた子ミルは，1834年から1835年にかけてプラトンの対話篇の英訳の一部を公表した。このことは，双方がプラトンの著作に若い頃から精通していたことを意味する。もっとも，ギリシアに出現したソフィストたちの生き様や特徴は，グロートやミルが実際に参照し，熟読していたプラトンに加えて，アリストパネス，クセノポン，イソクラテス，アリストテレスといった古代人によって形作られ，それらの叙述を

第4章 ソフィストの再定義

通じてソフィスト論はのちの時代に継承された。そのなかでも最も幅広く読まれ，強い影響力を持ったのがプラトンの対話篇である。しかし，そもそもプラトンがソフィストをどのように理解していたのか自体が，西洋古典学の永続的な課題でもある。そこで，本章の議論を進めるにあたり，まずは西洋古典学者で国内外のソフィスト研究を長年牽引している納富信留による分析を紹介し，プラトンの著作に内在化したソフィストの定義を確認する。

　プラトンの対話篇全般に基づいて納富は，ソフィストの活動の特徴を活動形態，活動内容，思想基盤の三つの観点から整理し，ソフィストとの区別がたびたび問題になる哲学者との対比を次のように説明する。まず活動形態には，ソフィストが「ギリシア中を旅して回る」のに対し，哲学者は「祖国に貢献する」といった特色がある。さらにソフィストは「金銭を取って教育を授ける」が，哲学者は「自由な交わりにおいて対話する」。次に活動内容は，ソフィストが「徳の教育を標榜する」のに対して，哲学者は「徳の教育可能性を問う」。また，ソフィストは「言論の力による説得を目指す」が，哲学者は「言論を正しく用いる術を追求する」ことも互いの違いとなっている。最後に思想基盤であるが，ソフィストは「すべてについての知識を標榜する」が，哲学者は「不知を自覚し，他人に覚らせる」。ソフィストが「懐疑主義や相対主義の立場を用いる」のに対して，哲学者は「絶対的な真理を探究する」。本章で扱う保守派と急進派のいずれも，以上のプラトンの議論をそれぞれの政治的・哲学的立場に基づいて咀嚼し，ソフィストを定義した。さらにプラトンの理解に加えて，18世紀後半から19世紀前半にかけての反ソフィスト論では，喜劇作家のアリストパネス由来の風刺的なイメージを反映する傾向が見られた。

　アリストパネスの『雲』（前423年初演）では，ソフィストの代表格として「思索所」（いわゆる塾）を構えたソクラテスが登場する。作者のソクラテスに対する冷ややかな態度は，例えば，その登場場面から感じ取ることができる。舞台装置を使ってクレーンに吊るされた籠に乗ったソクラテスは，あたかも空中から降りてきたかのように登場する。アテナイ郊外に住む農民ストレプシアデスは，「空中を散歩しながら太陽について考えている」ソクラテスに話しかける。そしてソクラテスに「利子と阿漕な借金取りどもに追い立

てられ，持ち去られ，財産を差し押さえられちまった」ので，「弁論の術を学びたい」と教えを乞う。ソクラテスはストレプシアデスに「銭」を要求し，「雲の女神たち」との対話のために儀式的な施しを行ない，「小麦粉並みの繊細な話ができる」ようにとストレプシアデスに小麦粉を振りかける。このように『雲』には，喜劇という作品の性質上アリストパネスの脚色や想像がさまざまに含まれているため，プラトンは，自らの師を面白おかしく，ましてや哲学者ではなくソフィストとして描かれたことに反発を覚え，『ソクラテスの弁明』で喜劇作家に対する反論を込めた叙述を行なった。グロートは，「誤った機知と天才性」を持ったアリストパネスが，ソクラテスやソフィストに対する偏ったイメージを定着させたと解釈した。しかし，18世紀後半から19世紀半ばにかけての知識人は，アリストパネスの風刺を受容するなかで，ソフィストは怪しげな人物であると認識していた傾向が強い。一方で，グロートとミルは，フィクションや寓話的要素の強い作品と歴史的・客観的事実を重視する著作とを区別して解釈する必要性に自覚的であった。

2　19世紀英国におけるソフィストとプラトンをめぐる知的状況

(1) 1850年以前のソフィスト評価

　古典古代以来，プラトンやアリストパネスらを通じてソフィスト像は形作られてきた。このことは，18世紀後半からグロートの『ギリシア史』のソフィスト論公刊以前（1850年）に構築されたソフィスト批判の言説を分析したウェッビーの研究によって明らかにされた。同研究は，ソフィスト批判の着眼点と主張を次の五つの特徴に区分した。

(1) ソフィストは，アテナイの腐敗した商業文化と民衆政治の産物である。
(2) ソフィストは，アテナイの商業文化に参加し，それを利用した。
(3) ソフィストは，俗悪と不道徳を助長した。
(4) ソフィストは，弟子たちに「現実」を抜きにして知恵と徳の「見てくれ」を示す方法を教えた。

(5)　ソフィストは，懐疑主義の風潮と権威軽視の風潮を助長した。

　以上の19世紀半ばまでのソフィスト解釈に関するウェッビーの研究と，第1節で紹介した納富によるプラトンの定義・説明を比較すると，古代から近代にかけて，ソフィストのイメージに一定の〈改変〉や〈拡大解釈〉が加わったと推測可能な要素が主に二つある。第一に，(1)・(3)・(5)の特徴は，当該時期の英国のソフィスト批判者に共有されていた，前5世紀のアテナイの民主政に対する歴史認識によって支えられていた要素である。つまり，反ソフィスト論者の多くが，（プラトンと同じように）民主政批判者であったことが，ソフィスト認識の歪みに繋がった可能性がある。第二に，(2)・(4)には，18世紀以降の経済的進展に伴って先鋭化した奢侈と利己心の蔓延を問題化する意識が反映された特徴が見受けられる。これは，金銭の授受を行なうソフィストは，自らの活動によって富を蓄え，地位の向上を狙う野心的な市民に対して，徳ではなく見せかけの技術を教えたという古典古代由来の理解が，商業社会批判によって強化されたことを示唆している。

　第3節で検討するように，これら二つの要素は，ミトフォードをはじめとする保守的な著述家たちに顕著であった。国教会を擁護し，制限君主政・混合政体の継続を求める人々にとって，民主政と商業的繁栄を背景に台頭したソフィストは，金さえ支払えば新しい知恵や技術を教えると公言し，若者を中心に市民にさまざまな教育を行なう〈党派的集団〉であった。言い換えると，「ソフィストたちに対する攻撃は，いたるところにいる哲学的急進主義に対する寓意的な攻撃であり，クレオンに対するアリストパネスによる罵倒を反復することは，当時のあらゆる民主政支持者に対する一撃であった」[14]。

　1866年の「グロートのプラトン」においてミルは，グロート以前に一般的に流布していたプラトンとソフィストに対する認識を次のように要約した。

　　アテナイ人とその他のギリシア人は，ソフィスト——普遍的な知識を詐称する者で，言葉の網の目に巻き込むことで素直な精神を動揺させることに長けた名人たち——と呼ばれる一連の詐欺師たちのせいで徹底的に堕落していた。彼らは，道徳的卓越性を否定し，民会を欺く技術を教え

ることで，財力がある若者を腐敗させた。ソクラテスとプラトンの人生と知的活動における最大の目的は，このような人物〔ソフィストたち〕の教義と影響力に対抗することであった。彼ら〔ソクラテスとプラトン〕は，不道徳な機微に対して，徳の大義の擁護に専念したが，もはやそれは遅すぎた。悪は治療が行き届かないほどにあまりにも進行していた。結局のところ，ギリシアの荒廃とは，ソフィストたちが生み出した堕落の結果であった。哲学の世界では，プラトンの思索はある類似した目的によって導かれたと考えられている。彼は，ソフィストたちによる後援下で一般的に普及していたと言われる唯物論的・感覚論的な学説ではなく，観念論的・唯心論的な学派の創始者で主導者であった。〔さらにプラトンは，〕プラトンの批評家の多くが功利性（utility）という低俗で卑劣な教義とみなしているものに対抗して，道徳的真理の直観的あるいはアプリオリな性格を擁護した。[15]

ミルの説明を整理するのであれば，プラトンは，「功利性」の教えに反する哲学を展開し，ソフィストの教えに共通すると考えられた物質主義的で感覚を重視する思想とは異なる，真理の追求に従事した哲学者であると理解されてきた。しかしミルによると，「このような一般的理論」は，グロートの修正的解釈によって以下のように「訂正」された。[16]

(1) ソフィストの登場によってギリシアが道徳的に堕落したことは事実ではない。
(2) ソフィストは道徳的堕落の原因となるような不道徳な教義を教えていない。
(3) ソフィストは派閥ではなく，「職業上の一般的な教師集団」だった。
(4) ソフィストの教育内容は共同体で受け容れられている正統派の考えを採用していた。

ミルの要約に基づくと，グロートは『ギリシア史』と『プラトン』を通じて，ソフィストを民主的社会の教師（場合によっては哲学者）に位置づけるこ

とで悪評を払拭したと言える。グロートによると,「プラトンの視点でソフィストやアテナイの政治家を評価することは,イングランドやフランスの現在の教師や政治家について,〔社会主義者の〕オーウェン氏やフーリエ氏の視点で評価することに劣らず不正である」[17]。したがってグロートは,『ギリシア史』ではプラトンの対話篇を基礎的資料の一つに用いると同時に,プラトンとは異なる視点から著述したトゥキュディデスやクセノポンなどの史資料をも活用することで,歴史的文脈でソフィストの再定義を行ない,民主政の真の堕落の原因を追究した。一方で,プラトンの対話篇を丹念に検証した『プラトン』では,『ギリシア史』の研究をふまえたうえで,ソフィストと哲学者の境界線に関わる問題が併せて検討された。次に,グロートの分析視点の特色を明確化するために,19世紀半ばの英独のプラトン研究の状況を概観する。

(2) プラトン研究における三つの主要課題

ソフィスト解釈の主要な素材であったプラトンの対話篇に関するグロートとミルの問題意識は,19世紀前半のプラトン研究に内在化した主に三つの課題——解釈上の課題・文献学的課題・翻訳の課題——を反映していたと捉えられる。ただし,これらのいずれの課題にも直接的・間接的に関連していた包括的な知的背景として,英国におけるプラトニストの存在がまず挙げられる。17世紀のケンブリッジ・プラトニストは,「神学と哲学に新しい性格を与えた思想家たち」で,彼らは「ケンブリッジ大学出身の聖職者が多く,プラトニズム(中期プラトン主義,新プラトン主義を含む)の影響を顕著に受けていた」。その思想的傾向は,英国教会の護教的立場にあった[18]。このケンブリッジ・プラトニストの流れを汲み取りつつ,18世紀のイングランドでは新プラトン主義的な知的活動が一部の学者や知識人の間で継続していた。ただし,新プラトン主義という言葉自体は18世紀後半にドイツで造語され,19世紀のヨーロッパで定着したと言われる。その意味には,「単に年代的に新しいプラトニズム」や「従前とは違った地域に広まったプラトニズム」ではなく,「元来のプラトニズムには含まれていない異質な要素」や「本来のプラトニズムから逸脱している」というニュアンスが基本的に含まれる[19]。「異質な要素」とは,例えばイタリア・ルネサンス期の人文学者であるマルシリ

オ・フィチーノ（1433-1499）によるプラトン解釈が古典的な代表例である。プラトンに神学的要素を見出したフィチーノは，その著作をギリシア語からラテン語に翻訳したことでも知られる。宗教的懐疑主義を重視する哲学的急進派が，プラトン哲学にキリスト教的な解釈が組み込まれることに対して難色を示したことは容易に想像できる。すなわち，程度の差はあるものの，以下で示す三つの課題には共通して神学的要素が関連しており，したがって新プラトン主義自体が，グロートやミルにとって乗り越えるべき学派として認識されたと捉えられる。

　新プラトン主義に反してグロートは，プラトンの対話篇の多様性を重視した。プラトンは，作品ごとに異なる理論や結論を導き出しており，また登場する人物やその性格はさまざまである。よってグロートは，プラトンを特定の思考様式を体現した象徴的哲学者として描き出す方策を拒絶する。つまり，プラトンの思想には何かしらの一貫性・統一性のある理論が先験的に存在していることを想定しない。ミルも注目したように，グロートによると，プラトンのなかには，「懐疑論者，独断論者，宗教的な神秘主義者，審問官，数学者，哲学者，（エロティックであり風刺的な）詩人，雄弁家，芸術家」といった多面的な姿が混在している。[20] それゆえ，グロートはプラトンのテクスト間の矛盾を思想・倫理上の多様性として受け容れ，個別具体的に読解することの重要性を主張した。

　ミルは，このようなグロートの見解に基づいて，読者が自分自身でプラトンの思想を判断することの意義を認めた。[21] 後述するように，グロートはソフィストたちの側にも視野を広げた考察を展開し，さらに〈数多の顔〉を有するプラトンの姿に迫った。しかし，グロート以前のプラトン研究やその受容において，急進派とは明確に区別される解釈が流布していた。そこで次項では，ディメトリオの分析を参考にしながら，三つの課題の第一の要素である解釈上の三つの争点を確認する。

解釈上の争点――ディメトリオの研究を手がかりに

　グロートの哲学研究以前の英独では，グロートとミルの議論に幅広く関わる争点として次の三つの解釈が流布していた。第一のプラトン解釈は，秘教

第4章　ソフィストの再定義　　139

的 (esotericist) 解釈である。この立場は幅広く新プラトン主義の影響を受けることで形成されたが,その中心的目的は,プラトンの著作間に隠された「書かれざる教義」を明らかにしようと試みることにある。グロートが直接参照した研究例としては,ドイツのヴィルヘルム・テンネマン (Wilhelm Gottlieb Tennemann, 1761-1819) によるプラトン哲学とカント哲学の融合的解釈が挙げられる。他方で英国においては,トーマス・テイラーの神秘主義的な反キリスト教の〈新プラトン主義〉が該当する。ただし,その特異性からグロートはテイラーと真剣に向き合うことはなかったようである。ただしテイラーに対する厳しい批判は,第三の〈翻訳上の課題〉との関連でとりわけ父ミルが展開していた。

第二の解釈は,プラトンの哲学全体には何かしらの一貫性が存在しているとみなし,その哲学を体系的に描き出す芸術的・卓越主義的(artistic, or perfectionist) 解釈である。簡潔に表現するのであれば,あらかじめプラトンの哲学全体には優れた統一的体系が存在していると想定し,その想定を基盤にプラトンの全体像を解明する立場である。代表的論者として,プロテスタント神学者でドイツ観念論者・ロマン主義者のフリードリヒ・シュライアマハー (Friedrich Schleiermacher, 1768-1834) が特筆される。グロート自身,シュライアマハーの古代哲学研究の是非を詳細に検討しており,プラトンの体系的理解を神学的に試みた側面に批判的であるが,優れたプラトン研究であるとも評価していたとディメトリオは分析する。シュライアマハーは,哲学的構想と一致しないプラトンの対話篇を「偽作」として扱うことがあり,「真正の著作」をめぐる論争を巻き起こす一契機を提供した。他にも,シュライアマハーと対立したドイツの古典学者カール・フリードリヒ・ヘルマン (Karl Friedrich Hermann, 1804-55) や,エドゥアード・ムンク (Eduard Munk, 1803-71) がこの系統に位置すると言われる。

第三の立場は英国の保守的 (conservative) 解釈で,経験主義,宗教的懐疑論,政治的急進主義に対する警戒感と非難を反映したプラトン論が該当する。第一と第二の解釈と比較してその範囲は幅広く,新プラトン主義やケンブリッジ・プラトニストの影響を受けた論者が包括的に含まれる。さらに,国教会の多様な宗派や非国教会の論者が該当し,本章で扱うギリーズやミト

フォードらに加えて，ウィリアム・バトラー（William Archer Butler, 1814？-1848）やウィリアム・シーウェル（William Sewell, 1804-1874）をこの解釈上に位置づけることができる。概してグロートとミルによるプラトンとソフィスト解釈は，以上三つの解釈への反論を明示的あるいは暗喩的に展開することで形成されたと考えられる。

文献学と翻訳

さて，次に残る二つの課題を取り上げる。文献学上の課題は，前述のシュライアマハーなどのドイツ古典学の分野で19世紀に活発に取り組まれた。この時期のドイツ語圏において批判的文献学が発展したことにより，プラトンの対話篇の執筆順序や年代，著作の真偽性が問い直された。もともと対話篇は，古典古代期にプラトンの学園アカデメイアで写本伝承されたと言われており，古典古代の後期に入るとプラトン主義者による注釈が行なわれるようになった。その後，1世紀にトラシュロスは「プラトン全集（Corpus Platonicum）」を編纂し，同全集は中世を通じて写本の書き写しの作業が行なわれた。(26) グロートは，プラトンの文献学的枠組みとして，アカデメイアの伝承を経て編纂されたトラシュロス版の著作集に含まれるすべての作品を真正なプラトンの作品として受け容れた。(27)

グロートは『プラトン』の第4章「トラシュロスによって認められたプラトンの正典」で文献学的な調査と分析を入念に行なった。具体的には，グロートはアカデメイアから，エジプトのアレクサンドリアの図書館でのビザンティオンのアリストパネスによる編集とその問題点といった古典古代期の文献整理について検討を重ねた。続く第5章「現代の批評家による正当な評価と修正を受けたプラトンの正典」では，芸術的・卓越主義解釈を行なったドイツの神学者や古典学者たちの研究を批判的に分析した。結論としてグロートは，プラトンの哲学における多様性を反映することが可能なトラシュロス版こそ信頼に値すると主張した。他方，同時期の19世紀のドイツでは，シュライアマハーの研究が登場して以来，プラトンの対話篇の一部に対して「偽作」の疑念が投げかけられた。(28) ディメトリオによると，トラシュロスによる全集をプラトンの「正典」とみなすグロートの見解は，ドイツの古典学者に

対する初の異議の申し立てであった。⁽²⁹⁾さらに注目すべきことは，グロートが多様なプラトン哲学を分析可能にする資料的枠組みを採用した結果，複数のソフィストをできるかぎり等しく検証する下地を整えることに繋がったことである。

　第三の翻訳の課題は，本書の第1章で検討したミルによるプラトンの対話篇の抄訳公表が関連している。その議論を要約すると，幼い頃からプラトンの対話篇に原語で直接触れていたミルは，プラトンの英訳に関心を持っていた。ラテン語版を底本としたシデナムとテイラーによる『プラトン著作集』(1804年) の英訳の解像度の低さはミル親子にとって課題であった。だが当時のプラトンの一般的な読者は，ラテン語版あるいはギリシア語で直にプラトンを読解する知識人や大学人，聖職者たちであった。すなわち，プラトンの英訳版公表は，古典語を解さない人々にまで読書層を拡大し，哲学の民主化を意図するとも言える。しかしテイラーは，プラトンの真髄に触れることの可能な人間はごくわずかである，というある種の知的な選民思想の持ち主で，急進派にとっては認め難い信条のもとでプラトンを英訳していたのである（テイラーの解釈は本書の第5章を参照）。

　1834年から35年にかけて『マンスリー・レポジトリ』で公表されたミルによる対話篇の抄訳とコメント（『プロタゴラス』『パイドロス』『ゴルギアス』『ソクラテスの弁明』）は，ミルが独自の方法と視点で翻訳の問題に取り組んだ成果であると考えられる。その一方グロートは，『プラトン』で各対話篇を扱う際に各々の議論の要所となる箇所や要約を示す部分では，自身で古典ギリシア語から英訳を行なっていた。したがって，古典語の素養がない読者層にもプラトンの言葉が直に伝わるよう意識していたことが示唆されている。⁽³⁰⁾

3　『ギリシア史』以前のソフィストに対する否定的解釈

(1) ミトフォード，ギリーズ，コールリッジ

　以上，ソフィスト解釈がプラトンを主要な根拠に伝播し，その著作をめぐる諸課題とその特徴を概観した。グロートがソフィスト解釈において特に問題化した一つの立場は，英国で広まっていた保守的・伝統的な言説である。

その主要な理由は，民主政を批判する論者の多くが，ソフィストを民主政の堕落の象徴と解したことにある。この解釈を乗り越えるためにグロートは，歴史研究（『ギリシア史』）と哲学研究（『プラトン』）を通じた刷新を試みた。ミルはいずれの刷新も説得力ある議論であると受け止めた。このことを次節で明らかにするために，本節では，各論者が誰をソフィストとして扱ったのかというソフィストの特定，ソフィストの定義，アテナイの道徳的堕落の要因という三つの観点に基づいて保守派の言説を分析する。かかる三つの観点は，保守派と急進派の言説を俯瞰し，両者の違いをより明確化するだろう。

　ミトフォード
　グロートとミルの古典古代論における直接的な論敵であるトーリー党のウィリアム・ミトフォードによる『ギリシア史』では，ゴルギアス，プロディコス，ヒッピアスが代表的なソフィストとして言及された。ミトフォードの(31)ソフィストに関する記述には，弁論術の流布，富の獲得，見せかけの能力の誇示，不道徳の流布といった特徴をソフィストに帰す傾向が見られる。ミトフォードはアテナイを「名声と利益を獲得するための大いなる競技場」であると強調し，それゆえにゴルギアスなどのソフィストが勢力を拡大したと指摘する。つまり，民主的制度のもとでは，「饒舌でなければ，指導者を引き受けることは誰もできなかった」。ソフィストは，「アゴラ，道端，ギムナジウム，ポルチコといった公共空間」に登場し，自らの能力を誇示し，教師業を営むことで「相当の富」を得たと言われる。彼らの成功は多くの人々に模範を提供し，その結果アテナイは「ソフィストや知恵の教授，あらゆる学問を教えようとする者たち」で溢れかえった。そして，この都市国家では「堅実な能力」よりも「見掛け倒しの体裁」が幅広く評価された。要するに，ソフィストが世間に広めた道徳は，「厳格さ」を伴わない「放埒」であった。一般的に彼らは「弱論を強弁すること」が栄光であると考えたのである。
(32)　　　　　　　　　　　　　　　　　　　　　　　　　　　　(33)
　ミトフォードがアテナイの道徳的堕落をデマゴーグによって生じたと主張したことは前章で確認したが，ソフィストの特色である雄弁さはデマゴーグの武器でもあった。したがって，ソフィストは堕落の引き金に位置づけられると考えられる。本書の第2章で分析したように，混合政体を支持するミト
(34)

第4章　ソフィストの再定義　　143

フォードは、ソロンの改革からペリクレスの時代に至るまでの民主政的要素の強化を反混合政体の成立過程として非難したが、ペリクレスの死後の前429年頃から台頭したデマゴーグたちの実権争いによって、政治的・道徳的堕落が加速したと捉えている。よって、実際に前5世紀半ばにはプロタゴラスやゴルギアスが活躍していたことを念頭に置くと、ソフィストが堕落の一因であるとミトフォードは解釈したと結論づけることができる。

ギリーズ

ジョン・ギリーズは、『古代ギリシア史』を通じて民主政批判を展開し、名誉革命以後の制限君主政を護教的に称賛した歴史家である。[35]ギリーズによると、「探究心という名声」は、「真理の発見を導くが誤謬の伝播を助長すること」もあり、ソフィストは、真理よりも誤謬を広めることに一役買った。ソフィストの名は、「ヨーロッパの諸言語ではいまでも馴染み深く、彼らの性格をかなり忠実に表現している」と彼は評価し、その代表格としてヒッピアス、プロタゴラス、プロディコス、ゴルギアスの名を挙げた。[36]

ギリーズは、ソフィストの贅沢さや煌びやかさを強調することで、奢侈に対する批判を反映した定義づけを行なっている。ソフィストの登場した前5世紀半ばのアテナイは経済的繁栄の最中にあった。この豊かさの普及によって人々には、「自らの悪徳を正当化し」、「財産という贈り物を濫用することを〔諸個人と共同体に〕教える指導者たち」、すなわちソフィストに耳を傾ける用意があった。ソフィストは「輝きに満ちて、調和の取れた」言葉遣いに長けており、彼らの立ち振る舞いは「優雅」で、生活様式は「華やか」であった。このようなソフィストたちはギリシアの諸都市をめぐり、「特にアテナイに頻繁に出入りし、富者と友好関係を築き、大衆の喝采を浴びた」。説得の術を心得ていたソフィストは「あらゆる科学や技術に精通していると公言し、一定の報酬と引き換えに」教育を提供した。この説得術が相まって、彼らのもとには「富者、官能的な者、怠け者、見栄っ張りたち」が集まった。[37]

ギリーズは、ソフィストがいわゆる快楽主義の系譜に属するエピクロス主義と懐疑論の源流であるピュロン主義へと繋がる道徳の基盤を整えたことを批判的に論じている。さらに彼は、18世紀後半という同時代的観点に基づ

いて，ソフィストの教義が直接的に生み出した「破壊的な影響」を指摘しなければならないと強調する。ソフィストに影響を受けた「ギリシア民主政の横柄」は，「諸個人や諸共同体の無節制，不正，暴力を抑制するために本質的に不可欠であると思われた」要素——「人間の行動に関する有益な格言」や「理性の有益な発見」——を度外視した。このようにソフィストの登場によって刺激されたアテナイの「繁栄」は，結果的に堕落の一途をたどることになる[38]。

コールリッジ

最後に，コールリッジの1818年のエッセイ「ギリシアにおけるソフィスト学派の起源と発展について（"On the Origin and Progress of the Sect of Sophists in Greece"）」を取り上げる。同エッセイでは，ソフィストとしてプロタゴラス，ゴルギアス，プロディコス，ヒッピアス，カリクレス，トラシュマコスが紹介されている。コールリッジによると，もともとソフィストは「他者を賢くする力を教える者」「知恵の卸売・小売業者」を意味しており，彼らは「知恵と雄弁を売る」という「見せかけ」の仕事に従事することで，アテナイやその他の都市を遊歴した。さらにソフィストを，「単に空虚な論争者」「言葉を巧妙に操る手品師」で，「人気取りの術（arts of popularity）」に長けた一派であったと表現する[39]。ソフィストの一部は，「デマゴーグや公共の雄弁家たちの役に扮するなかで，利益と儲けに繋がる影響力を得るために商売した」が，彼らの大部分は「説得術や一時的な印象を与える技術」を教え，その対価として「高額な報酬」を求めた[40]。

コールリッジは，ギリーズと同じく，ペルシア戦争後の前5世紀中葉以降にソフィストの出現を見ている。マラトンの戦い（前490年）とプラタイアの戦い（前479年）はギリシアの栄光的出来事・勝利として語られることが多いが，その栄光の「重い対価」として，ギリシア全土，とりわけアテナイにおいて，「最初に私生活での，次に公的生活における腐敗」が始まった。腐敗の要因は，「民衆の共和国」で生じる「軍事的栄光と政治的優越に対する情念」にある。さらに，「劇場でのお世辞や葬儀での賛辞演説」では，対外的偉業に対する言及が繰り返されたことで「市民の大部分における陶酔」

第4章　ソフィストの再定義

が増加し，「娯楽や公衆の面前で繰り広げられる演劇に対する激情」が散見されるようになる。つまり，戦争での勝利によってアテナイは他国に対する優越を自負するようになり，そのことを喚起させる言論文化の働きによって腐敗へと至る情念が刺激された。さらに，政治制度における民主政的要素の増加もアテナイの崩壊に繋がったとコールリッジは分析する。以上の諸要因が同時進行する初期の段階で「ソフィストは初めて登場した」。

　コールリッジの特色は，ミトフォードに類似した政治史解釈を示したところにもある。本書の第2章にて，ソロンの改革によって整備された政治制度をミトフォードが評価したことを分析したが，同様にコールリッジは，ソロンを「偉大な立法者」と称し，ソロンの制度では，「比較的裕福で名高い家柄」の人々から生まれる貴族政的な権威や性格が考慮されていたと考える。しかし，コールリッジによると，プラトンの『ソフィスト』におけるソフィストの簡潔な定義——「若者と富者の雇われの狩人」——が示すように，ソロンの制度で担保されていた権威は，ソフィストによって「若者の虚栄心と富への野望」に置き換えられてしまったのである。

　その結果ソフィストは，「道徳のなかでもより低次の一部分」に属する「便益の基準（rule of expediency）」が，道徳の全体を包摂するかのような教義を広めた。コールリッジの解釈によれば，ソフィストの好んだ「便益や自己愛に関する議論」は，カリクレスの教義（いわゆる「自然の正義」）に表われている。加えてコールリッジは，ポリュビオスを通じたギリシアとローマの比較に言及する。ポリュビオスは，ギリシアの崩壊は「偽証の頻発」によって生じたと述べているが，その要因にはソフィストたちが偽証を「大したことのない些細なことだと笑い飛ばしたこと」が関係していた。一方で「ローマ共和国の発展と強さ」は，「目に見えない力に対する一般的な畏敬の念」と「誓いを破ることへの当然の恐怖」に支えられていた。

　コールリッジのソフィスト批判からは，ミトフォードやギリーズにも見られたアテナイの民主政史を対象にした洞察に加えて，プラトンやポリュビオスといった古代人の叙述を参照した形跡を読み取ることができる。政治史と古典古代の書物の双方を用いたソフィスト解釈は，次節で取り上げるグロートの特徴でもあった。

(2) 『クォータリー・レヴュー』
　実のところミルは，ソフィスト像の刷新の必要性をグロートの『ギリシア史』の出版以前から独自に認識していた。このことは，1834 年のミルの『プロタゴラス』の抄訳に付された解説から読み解くことができる。その解説によると，

　　　ある国教会の著述家たちは，『クォータリー・レヴュー』や他の出版物のなかで，基本的には，自由な諸制度と研究の自由に不信感を抱かせる目的で，一方では，ソフィストたちが教えた事柄の有害な傾向を大いに誇張し，他方では，彼らをギリシアの自由な都市国家，とりわけアテナイにおいて，多大な恩恵と有力な地位を享受しているものとして描写している。(46)

この「ある国教会の著述家たち」が具体的に誰を指すかをミルは明示していないが，この著述家たちのなかには，父ミル経由で受容したトーリーのミトフォードによる『ギリシア史』が含まれていることは確かであろう。さらに以下では，ミルが前述のコメントを付した以前に『クォータリー・レヴュー』で公表されたソフィスト批判の言説例として，トーマス・ミッチェル (Thomas Mitchell, 1783-1845) による二つの論評を検討し，国教会の立場から見たソフィスト像を取り上げる。
　ケンブリッジ大学のペンブルック・カレッジ (BA&MA) とシドニー・サセックス・カレッジ (fellow) で学んだミッチェルは，家庭教師と著述活動によって生計を立てた古典学者である。1813 年に『クォータリー・レヴュー』にアリストパネスやアテナイの風俗に関する記事を投稿したことで好評を得て，ミッチェルはアリストパネスの『アカルナイの人々』『騎士』『雲』『蜂』の英訳に着手した。彼はこのアリストパネスの英訳や編集に関わる過程で生活困窮に陥ることがあった。その際には，トーリー党（のちにピール派）のロバート・ピール卿から王室の報酬金を与えられるなど，古典学者の仕事を続けるために政治家から援助を受けたことがあったそうである。(47)

第 4 章　ソフィストの再定義　　147

1822年の論評「ギリシアにおける称賛の雄弁（Panegyrical Oratory of Greece）」においてミッチェルは，ソフィストの雄弁は「悪名と軽蔑の典型」であると表現し，ゴルギアスがその「第一人者で主導者」であると解釈した[48]。その解釈の根拠は，ゴルギアスの『ヘレネ頌』の読解を通じて導出された。本作の主題であるヘレネは，トロイア戦争の伝説に登場する女性で，ゼウスの娘とされるスパルタの美女として知られる。美の女神アフロディテの判定によって，ヘレネとトロイア王子のパリスは駆け落ちすることになり，このことがきっかけでトロイア戦争が勃発したと伝えられている。ヘレネの夫スパルタ王メネラオスは，妻と妻が持ち去った財産を取り返すために戦争を行なうが，戦争終結後ヘレネはスパルタに戻り，夫であるスパルタ王と共に王妃として優雅に暮らしたそうである。貞操を守らずに若い男性と祖国から逃げ，大規模な戦禍の根本的原因を作ったヘレネの生き様は，後世の人々から「悪女」と評された。しかしゴルギアスは，『ヘレネ頌』を通じて「悪女」ヘレネの弁護を自身の弁論術を駆使して展開する[49]。

　ミッチェルは，ゴルギアスが試みたヘレネの弁護を単なる「不倫の擁護」にすぎないと非難する。さらに彼は，論評を書き進めるにあたってゴルギアスの言葉を直接引用したいとすら思わないと述べるなど，ソフィストへの嫌悪を表明した。「気取り屋で悪党」な「三文文士」のゴルギアスは，文体や論証，表現方法などを駆使した「手品師の奇術」に長けているが，それは「軽薄な詭弁」にすぎない[50]。その一方で，『ヘレネ頌』に代表されるゴルギアスの作品には，ある「揺るぎない真実」があるとミッチェルは述べる。その真実とは，ゴルギアスの手法に代表される弁論術が生み出す誘惑や官能的な騙しに翻弄されると，国家の道徳はいずれ堕落することである。ミッチェル自身は，「国家の習俗と国家の生活様式」の間には「密接な結びつき」があると述べたうえで，男女の違いに関わる比喩的表現を用いることで，以下のように弁論術やソフィストの魅力の危険を伝えた。

　　男性が知性を用いて対外的に仕事をすることは，女性が外の世界から自らの貞操を守ることと同じように，用心深く保護されねばならない。言葉によって裏切られる（cheated）ことを許す男性は，やがて物事によっ

ても騙される（cheated）ようになる。目には魅力的であったとしても，口にすると灰になってしまう果実（それは驚くべきような果実かもしれないが）がある。頭脳を鮮やかに駆け巡るような稲光には，心臓を突き抜けるような稲妻を秘めているが，その稲妻は心臓を傷つけ，枯れ果てさせるのである！⁽⁵¹⁾

　ソフィスト批判の題材として『ヘレネ頌』をミッチェルが取り上げたことは，ウェッビーが示唆するように，ソフィストの悪徳を女性性に関連する道徳的官能や堕落に帰す傾向があった象徴的な一例であると捉えられる⁽⁵²⁾。このようなミッチェルの言葉遣いには，ソフィストが雄弁によって人々を堕落させるという通説が暗喩的に，しかし明確に込められていたのである。
　続けて1826年にミッチェルは「ギリシアの法廷（Greek Courts of Justice）」を公表した。本論考では，ギリシアの民衆裁判において判決を左右するためにソフィストや雄弁家が言論の技術を駆使したことは，堕落的事態であると批判されている。「賢明な者は正直者でもある」と想定することは，ソフィストや弁論家には該当しない。裁判や政治的決定がソフィストの技術によって乱されていた様相に対してミッチェルは，「わずかな金貨」が「すべての違いを生み出し，雄弁家がいくらの報酬を受け取るかに応じて，黒は白になり，白は黒になった」と表現する。ミッチェルによると，「不道徳な雄弁家とデマゴーグほど民主政に対して邪悪な傾向を有する人種はいない」⁽⁵³⁾。このような人種が活躍した時期は，民主政の全盛期であった。しかし，「私たちにとって民主政は，最盛期がとうに過ぎ去った時代遅れの年老いた高貴な夫人（dowager）にすぎない」。だが「アリストパネスは，民主政が肥えるほどの栄養を蓄え，青春の盛りと欲望に満ち溢れていたときに，民主政に立ち向かわねばならなかった」と結論づけることで，民主政の欲深さを露呈した喜劇作家の解釈を支持した。
　なお，「ギリシアの法廷」が『クォータリー・レヴュー』に掲載された翌年の1827年に，哲学的急進派の機関誌『ウェストミンスター・レヴュー』においてミッチェルへの反駁論文が公刊された。その著者は，若きベンサム主義者のチャールズ・オースティン（Charles Austin, 1799-1874）である⁽⁵⁴⁾。オー

スティンは，ミッチェルをミトフォードと同類の著述家であると批判し，ミッチェルへの反論を通じた民主政擁護論を展開した。同論考を公表した時点のオースティンはベンサム主義に傾倒していたこともあり，アテナイの司法制度や権力分立を平等の原理や権力抑制の機能に位置づけることでミッチェルを非難した。オースティンの主張は，ミッチェルの結論「民主政は時代遅れである」に対する異論を力強く唱えた。オースティンに言わせれば，ミッチェルの主張は「コロンブスの時代やアメリカ大陸の発見以前の世界の状況」を表現したにすぎない。オースティンは，「世界地図を見るとき，両眼を左側に向け，地球の東半分を観察し，その地域の歴史を表面的にでも調べてみれば，民主政はいまだに「肥えるほどの栄養を蓄え，青春の盛りと欲望に満ち溢れている」ことを驚きと共に学ぶことになるだろう」と論じた。すなわち，オースティンはミッチェルのアリストパネス擁護に関するテクストを直接的になぞることで，アメリカを新たに引き合いに出して反論したのである。[55]

　以上，ソフィストの批判者たちと機関誌上の言説を概観し，グロートの『ギリシア史』第8巻刊行以前の知的状況を確認した。ただし，本節で取り上げた論者はあくまで代表例であり，当時の古典古代に関わる膨大なテクストの〈氷山の一角〉にすぎない。ターナーをはじめとする先行研究が言及するように，トーリーのような政党とはやや異なる視点からソフィスト批判を行なった「リベラルな国教会派」やその聖職者たちの議論も重要である。[56] その一方で，ウェッビーの研究が着目したように，オースティン以外にも，グロート以前にソフィストやギリシアの民主政に好意的な解釈を下した著述家として，トーマス・マコーレーやコノップ・サールウォール，G. H. ルイスらの名を挙げることもできる。[57] さらに19世紀の前半には，ヘーゲルをはじめとするドイツの哲学史家たちによってもソフィストの再解釈が進んでいたことは注目に値する。[58] もっとも本節で分析したテクストは，ミトフォードに代表されるように，次節で取り上げる哲学的急進派が着目した反ソフィストの象徴的事例であり，グロートとミルの特色を説明する手がかりになるが，時代と地域的枠組みを拡張したさらなる分析が求められると言える。

4　グロートとミルによるソフィストの再定義

(1)　グロートによるソフィスト不評の「書き換え」

　グロートは，『ギリシア史』の第8巻・第67章（1850年公刊）においてソフィストをその現代的不評から救い出すことに努めた。前節では，英国におけるソフィスト批判の言説を概観してきたが，本節の前半では，グロートによるソフィスト解釈を『ギリシア史』のテクストに基づいて検討する。そして，後半部分においてミルのグロート受容を考察する。グロートは，プラトンをはじめとする古典古代の哲学研究を遂行する過程でドイツの学者たちの知見をたびたび用いた。例えば，ドイツの哲学史家たちによるソフィストに対する見解を要約することで，19世紀半ばのソフィスト理解の特徴を以下のように説明している。

> ソフィストたちは新しい階級（class）として，時には新しい教義を持つ宗派や学派（doctrinal sect or school）を意味する言葉で語られることもある。〔彼らは〕あたかもそのとき初めてギリシアに出現したかのように，憎悪に満ちた詐欺師であり，私利私欲のために裕福な若者たちにお世辞を言ったり騙したりして，公私ともにアテナイの道徳を蝕み，弟子たちに野心と愚かさの不謹慎な告発を促した。彼らは一般的な道徳を堕落させることに成功したとさえ言われ，その結果，ペロポネソス戦争後期のアテナイは，ミルティアデスとアリステイデスの時代に比べて，悲惨なまでに退廃し，悪徳が進行していた。それとは対照的に，ソクラテスは通常，こうした偽預言者たちと闘い，彼らを暴き，その陰湿な策略に対抗する道徳の擁護者として立ち上がる聖なる人として描かれている。[59]

　このようにグロートは，ソフィスト解釈において解決すべき問題が主に三つあると想定していた。第一に，彼らが新しい「階級」「宗派」「学派」を形成していたか否かである。この新しい集団は，何か特定の教義を公言する「詐欺師」であったのだろうか。反ソフィストの言説において，ソフィストを党

派的集団とみなす解釈は，例えばコールリッジのソフィスト論の表題に「学派（sect）」が付されたことに表われていた。第二の争点は，アテナイの「一般的な道徳を堕落させること」にソフィストは成功したか否かである。ソフィストが道徳的堕落をもたらしたと見る事実認識は，ミトフォードをはじめ前節で取り上げた著述家全員に共通する特徴であった。第三に，ソクラテスを「聖なる人」とみなし，一方でソフィストを悪者と仕立て上げる解釈の是非である。この点は，ソフィストとソクラテスの解釈に深く関わる議論であり，本章の第6節で両者の区別の曖昧さを検討し，続く第5章でソクラテス論を分析する。まず本節では，第一と第二の問題に対するグロートとミルの見解を分析する。

『ギリシア史』でグロートは，ソフィストの再定義を進めるにあたり，ソフィストに対する不評が生じた主な要因を二つの観点——地位と報酬に対する一般的嫉妬および古代人の叙述——から考察し，それらの要因がソフィストに対する認識を歪めてきたと考察した。もともとソフィストは，「賢人」「利口な人」を意味し，「何かしらの知性や才能において際立った人物」として公衆の前に現われる人々を指す用語であった。本来この言葉は「幅広く包括的な意味」を伴っていたが，同時に，ソフィストの「地位」に対して「ある種の不愉快な感情」が付随することがあった。この感情は，中世における「魔術に対する嫌疑」に非常に似ており，「より優れた知性に対する無知」という「人々の自然な気質」に由来する。つまり，人々が他者に抱く「称賛」（肯定感情）と「反感や不安」「好ましくない感情」（否定感情）の結合がソフィストに向けられた感情の特徴である。

「アテナイの公衆の前に立つ」仕事に従事したソフィストは報酬を得ていたが，教育の対価として給与を受け取ることに対する古代人の否定的見解は，クセノポン，プラトン，アリストテレスの著作から読み解くことができる。グロートによれば，現代人にとって教育を通じた金銭の授受は特殊な行為ではないが，古代人にとって給与をもらう教師の姿は，ソフィストに対する軽蔑や嫌悪の助長に繋がった。さらに，現代の著述家たちは，ソフィストの代表格と認識されてきたプロタゴラスやゴルギアスの描写において，報酬の受給や「金持ちから金銭を巻き上げる」ことを理由に，ソフィストの目的の低

俗さを強調する傾向がある。彼らのような書き手は「プラトンの嘲笑的な言葉」を援用することで，ソフィストには「報酬を要求し受け取るという単なる事実を超えた何か」，つまり「とりわけ貪欲で法外な，そして横暴な何かがあると読者に思わせるような表現」を用い，ソフィスト非難の言説を強化してきたのである。[64]

しかしグロートは，ソフィストの使命とは，その対価として「公私それぞれにおける活動的な生活の義務，目的，成功を若者たちに教練すること」にあったと反論する。民主政の成熟期において市民の教育を支えたソフィストたちは，「都市から都市へと旅し」，「相当な報酬」を獲得した。結果的にソフィストの成功は，「劣った教師たち」や「無知を愛する人々」からの「嫉妬」を買うようになった。この嫉妬の存在が，ソフィストに対する否定的な評価に結びついた。[65]

第二の要因は，ソフィストへの批判が古代の著述家によって強化されたことにある。例えば，アリストパネスによる過去を称賛する態度が，ソフィストやソフィストに翻弄されるデモス（民衆）への非難に繋がったとグロートは指摘する。第1節で紹介したアリストパネスの『雲』は，ソクラテスをソフィストの象徴として寓話的に描き出しているが，喜劇という作風のみならず，著者の時代認識に起因する多くの脚色が含まれていることに，読者は留意しなければならない。グロートによると，この脚色は，アリストパネス自身が過去を振り返り，民主政の最盛期以前の時代の方がより優れていたと回想したことに起因する。つまりアリストパネスは，ミルティアデスやアリステイデスの時代と比較して，自身の執筆時期に民衆の徳が退化したと論じた。グロートの分析の特徴は，ソフィストを描写した古代人たちのなかには，自分の生きる時代よりも前の時代を思い返し，現在よりも過去を支持する傾向を持つ場合があったことに注意しなければならない，と指摘したところにある。要するに，アリストパネスの「錯覚」がソフィストの出現期から活躍期にかけての民衆批判を生み出したのである。

すなわち過去の現象は，作者に「記憶や空想の混合物」を作り出させる危険がある。このことをグロートは，古代人には「過去の諸徳を自らの同時代人に対する告訴の訴因に仕立てることに快楽を見出す」傾向があったと指摘

第4章 ソフィストの再定義

する。その結果，アリストパネスと彼の記述を支持した著述家は，前5世紀全体のアテナイの幅広い思想展開を「うわべだけのソフィスト的な毒」に結びつけるに至った。すなわち，ソフィスト非難の原因は古典期の時点ですでに形成されていたのである。

この第二の原因には，プラトンの哲学的態度も含まれる。グロートは，クセノポンと比較して，プラトンがソフィストに対して強い敵意を向けていたことに注目すべきであると分析する。グロートによると，プラトンは「偉大な改革者・理論家」であったが，ソフィストは実践家として活動した。この両者の立場の違いが，プラトンのソフィストへの敵愾心の表明に繋がっている。具体的に述べると，プラトンの思考体系の特色は，倫理学上のさまざまな難問に応えるために「社会をばらばらに分解し，彼の想像上の国家(imaginary republic)の形態において社会を再構築する」ことにある。「偉大な人物で，体系的理論家」であるプラトンは，「倫理学，政治学，認識論，宗教論など」について，確かに「独創的」であった。この特質は，民主政のみならず寡頭政や専制に対しても異議を唱えることを可能にする「最も急進的な性格」をプラトンに与えた。このようなプラトンの現実の政治生活や学問一般に対する広範な批判的態度が，ソフィスト非難にも影響を与えたと捉えられる。したがってグロートは，プラトンの卓越性のすべてを否定しないが，ソフィスト理解に関しては，プラトンの視点のみに依存することは不適切であると明確に結論づけた。

古代人の叙述によって形成されたソフィスト批判を払拭するために，グロートは歴史的アプローチを用いた。この視点に基づいて，アリストパネスやプラトンによって脚色されたイメージではなく，アテナイの公共空間におけるソフィストの諸活動の歴史的実態に着目し，ソフィストは「教授たちあるいは公共の教師たち」であると再定義した。その役割は，若者を「アテナイにおいて公私ともに活動的で名誉ある生活」に資するようにすることにあった。ソフィストは，「アテナイで，立派な人物が示し，公衆が認めた性格の型」を教育の基礎に置き，若者が「アテナイで考え，話し，行動する」ための教えを授けた。アテナイでソフィストに期待された役目は，若者に「有徳であるとみなされた実践的教訓」を導くことであった。グロートは「活動

的生活のために教育を行なった」ソフィストが,「自身の職業上の条件そのものに拘束されていたこと」を決して忘れてはならないと指摘する。⁽⁷²⁾すなわち,ソフィストは,不道徳で低俗な教義を教える〈党派〉ではなく,一般的な教師集団にすぎなかった。

　以上のグロートの着眼点の特色は,アテナイでソフィストが台頭し,活躍したという事実に目を向けた部分にある。賛否両論はあるものの,ソフィストのように「アテナイで突出して名を馳せた人物」が成功するためには,そもそも「民衆と民衆たちの感情の型」に同化しなければならなかった。その理解によると,ソフィストは既存の秩序を脅かす存在ではなく,はたまた「有益であったとしても受け入れ難い真実を彼ら〔民衆〕に伝える勇気を持っていなかった」。⁽⁷³⁾よって,ソフィストは民主的体制に従順であったとグロートは分析し,彼らが世間に不道徳を吹き込む存在ではなかったと強調する。あくまでソフィストの取り組みは,「若者を政治家や大臣に資するよう教育すること」であった。この見解は,グロートが,プロタゴラスによってアテナイの若者がペリクレスのような政治家に育てられていれば,アテナイにとって十分な利益がもたらされただろうと考察したことからも看取される。⁽⁷⁴⁾ソフィストは,「優れた知識と知的な力,そして彼らの講義や会話を通じて感じ取ることのできる人目を惹く人柄」を有しており,これらはアテナイで高く評価されていた。この評価の一般性は,ペリクレスが「公共の場での演説」や「十分に開かれた議論」を市民の実践的資質であると重視していたことからも確認できるとグロートは主張する。⁽⁷⁵⁾

　もとよりソフィストにとって弟子を堕落させることは,アテナイのなかで自らの社会的地位を低下させる危険に繋がる。つまり,「教養があり有徳な」人物であるように育てられた弟子や若者は,犯罪を回避し,善へ向かって行動するという見通しがなければ,若者の父親たちが息子をソフィストのもとへ送り,教育費を支払うことはなかったであろう。⁽⁷⁶⁾このようにグロートは,ソフィストの地位をアテナイの市民生活の実践から捉え直すことで,その教育者としての役割を強調し,当時の民主政の気風に合致するようにソフィストが若者を育成していたと解釈する。

　以上の教師としてのソフィストの姿は,グロートによるアテナイの盛衰史

第4章　ソフィストの再定義　　155

を通じた道徳的堕落に関する議論でも検討されている。ソフィストがアテナイの道徳的堕落に関与していたとみなす解釈は，ギリーズやコールリッジが議論していたように，主に前5世紀末（ペロポネソス戦争末期）のアテナイを根拠に導き出された見解であった。グロートによれば，ドイツの哲学史家たちや英国の保守的な著述家らがソフィストに堕落の要因を見出してきたが，堕落はそもそも事実ではない。ただし，堕落の存在は認められないとしても，史実上，アテナイはマケドニアの支配を許すことで衰退の一途をたどった。この衰退へと至る契機を用意したのは，ニキアスの失政であるとグロートは強調することで，アテナイ人の道徳的堕落が「単なる作り話」であると論証する。

　解釈上，道徳的堕落の出現やその加速が問題となった時期はマラトンの戦い（前490年）から三十人僭主政後（前403年）に民主政が復活するまでの「87年間」であった。この見解に対してグロートは，同時期の歴史的分析を通じて「道徳的・政治的腐敗が進行した，あるいは進行していた，とよく言われるような主張にはいかなる根拠もない」と主張する。むしろ当該時期に「人民は道徳的にも政治的にも向上し，民主政が彼らの改善に寄与した」と理解する。グロートによると，ペリクレスがアテナイを栄光へと導いた精神——「不運に決して屈しないこと」——は，マラトンの戦いやサラミスの海戦で兵士を活気づけていたが，この精神がペロポネソス戦争後期に消え去ったとは言い難い。つまり，本書の第2章では，グロートが前5世紀半ばから後半にかけてのペリクレスの治世に，民主政の完成とその傑出した政治運営や文化的繁栄を読み解いていたことを明らかにしたが，このようなグロートの民主政史に対する理解は，ソフィストの役割を歴史的に再評価する文脈においても基礎を提供したのである。

　よってグロートは，アテナイがソフィストによって堕落に導かれていなかったことを民主政擁護に基づいて主張した。

　　アテナイ人の感情や道徳がどれほど深く民主的であったのか，彼らが法や国制，政治的平等をどれほど愛していたのか，専制の芽生えや脅威に対する彼らの理解がいかに用心深かったかについて，〔『ギリシア史』の〕

読者にわざわざ思い起こさせる必要はないだろう

と訴えかけた。ミトフォードをはじめとする反民主政的性格を有した著述家たちは、アテナイ人の民主政への愛着を誇張することで、その批判材料を蓄えた。その帰結として、民主政の〈申し子〉であるソフィストは、デマゴーグと同様に非難の対象となったのであった。

(2) ミルによるソフィストの再評価

　1834年の時点でミルは、ソフィストが本来は「知恵の教師」を意味していたのにもかかわらず、「現代において、こじつけを言うことと詐欺とを表すもの」へと変化したと説明した。そして、グロートの『ギリシア史』に対する書評（1850年・1853年）において、グロートのソフィストの再定義が従来の通説とは異なる新しい解釈を提示した点を高く評価し、ソフィストによる道徳的腐敗の否定を概ね支持した。「ソフィストの正体を初めて明確に指摘した」グロートの議論に親和的なミルは、プラトンによるソフィスト評価のみを採用することは、彼らにとって「最も不当なこと」であるとグロートに同調した。

　ミルの「グロートのプラトン」（1866年）では、グロートに対する支持が再び表明されている。ソフィストが「共通の教義」や「不道徳な教義」を掲げていた証拠はないこと、彼らは「党派」ではなく「一般的な職業教師集団」であり、自国に「共通する正統的」な教えを説いていたことをミルは確認し、グロートの見解が「文字通り真実である」と議論した。しかし同論文では、『ギリシア史』の書評では前景化していなかったミル独自のソフィストに関する定義や説明が同時に展開されている。

　ミルによると、元来ソフィストという言葉自体にはある種の曖昧さが付随している。言い換えると、アテナイでソフィストが嫌厭されていた証拠は確かにあるが、不評だけを受けていたわけではない——「ソフィストという名称は、かねてから非難の言葉であったが、称賛の言葉でもあった」。プラトンの『ソフィスト』が、「ソフィストを探し求めながら、その前に哲学者を見つけ出してしまったのではあるまいか？」と問うように、本質的に「真の

ソフィスト的技術」とは何かを析出すること自体が困難であるとミルは指摘する。この困難性についてミルは，ソフィストという言葉が「我々の時代において，形而上学者，ポリティカル・エコノミスト，マルサス主義者といった〔言葉の〕ように，誰に対しても適用され，その言葉を用いる人によっては侮辱にも賛辞にもなる」からであると論じる。すなわち，ソフィストの定義は確固たるものではなく，その語彙を用いる人々の選択によって，本来の意味とは異なる特徴が付与される可能性があることをミルは指摘した。

さらにミルは，ソフィスト批判のイメージが生じた要因について，伝統への反発と古代人の叙述という二つの観点から検討を重ねた。第一の観点に関してミルは，ソフィストを好意的に評価していなかったのは，哲学や理論に敵対心を持つ「実践的な政治家」と，学問を修めることなく世間からの信頼を得て成功を遂げてきた「年老いた良家の父親たち」であると分析する。

> いかなる時代や社会状態においても，父親たちや年長の市民たちは，自分たちが信頼を置く市民的あるいは教会的権威によって息子や年少者たちが管理・規制されないかぎり，息子や年少者たちが享受するあらゆる思想の自由や（厳密に専門的ではないが）すべての知的陶冶に対して，疑念と嫉妬心を抱いてきた。だがアテナイの立法者たちは，ソフィスト派教会（Sophistical Church）や都市国家の大学群（State Universities）を設立することを考えもしなかった。ソフィストたちの教えは，すべて自発的原理（voluntary principle）に基づいていた。この教えに対する嫌悪感は，「神なきカレッジ（"godless colleges"）」に対する反発や，宗教的な教派に属さない学校に対して，我々の上流階級や中流階級の多くが抱く反感と同様の性質のものである。

このようにミルは，ソフィストが特定の教義を掲げた団体ではなかったことを，教会や大学といった表現を比喩的に用いて示した。さらに，国教会制度に対する批判的態度を示唆する形で，伝統的な権威や習慣に寄り添う立場の論者が，ソフィストを非難する傾向にあることも示されている。ここに，ミルの急進主義的思想を読み解くことができる。

第二の要因に対するミルの指摘には，グロートと共通する視点が含まれている。それは，古代人の表現・叙述に関わる要因で，とりわけプラトンの執拗なソフィスト嫌いが，ソフィストの適切な評価を妨げてきたとミルは考察する。その嫌悪の第一の理由は，ソフィストが教育によって報酬を受け取っていたことに関連する。しかし，

　　（立法者と地方官を除く）すべての人々が，何事につけても報酬を受け取
　　り，魂を救うためにさえ金銭の報酬を支払われることがごく自然で，信
　　用に資すると考えられている現代において，プラトンやソクラテスがこ
　　の問題をどのような視点から捉えていたかを理解することは困難である

と留保している。なお，この知恵や思想の売買は，ミルが弁論術との関係で問題化した争点であり，ソクラテスの弁証術との比較が必要であるため次章で再び検討する。[90]
　加えて，もう一つの嫌悪の理由としてミルは，ソフィストが見せかけの教義を扱い，知識や知恵とは異なる〈意見〉を伝えていたことが関係していると分析する。しかしながらミルは，そもそもソフィスト以外の人々は真の知恵や知識を獲得していたのであろうかと問う。むしろミルは，『ソクラテスの弁明』においてソクラテスが〈自分よりも知恵ある者は誰もいない〉[91]というデルフォイでの神託の是非を確認するために，政治家や詩人，職人に対して追求したその探究心に重要性を見出している。ミルは，「自分が不知であることを除いて，何かを知っているふりをしなかった」ソクラテスをプラトンが擁護したことは，不知を自覚せずに知識を授けると公言したソフィストに対するプラトンの攻撃の意図を説明する，と解釈する。[92]ただし，『弁明』においてソクラテスを訴追した人物のなかに，ソフィストが含まれていなかったことにも注目すべきであると指摘している。つまりミルは，ソクラテスを裁判へと追い込んだ人々がソフィストではなかった事実に目を向けることで，ソフィスト擁護を間接的に試みたと捉えることもできるだろう。
　以上の分析に基づいて，ミルはソフィストを「思索する人々全般」を指す言葉であると再定義する。より厳密には，口述形式で教育を行ない，その対

価として金銭を受け取る人物がソフィストに該当する。加えて，彼らは「宇宙論的問いとは区別される人間に関わる諸問題」を扱い，「市民的叡智」を教えると公言し，「社会生活あるいは政治生活に適した知識」の教育を試みた。[93] グロートの著作がプラトン哲学やギリシア史を直接的な主題としたのに対して，ミルは書評という形で議論を展開しているため，このようにミルのソフィストの定義に関する考察は，グロートのように体系的かつ詳細な見解を示しているわけではない。そのため，両者の比較には一定の困難性が認められるが，ミルがグロートの見解に基づきながらも，『弁明』に注目し，プラトンの見解に一定の理解を示したことは興味深い。

最後に，ソフィスト批判の一要因を形成したアテナイの道徳的堕落についてである。やはりこの点においても，ミルの論証はグロートとは着眼点がやや異なっているところに注意が必要である。ミルはアテナイの堕落とソフィストの関連について，グロートのように歴史的アプローチを用いた分析は行なっていない。ミルの視点は，「若者を堕落させる真の原因は，社会そのものにある」とミルが表現したソクラテスの見解に注目するところに表われている。これはプラトンの『国家』に基づいて導出された考えである。[94] ミルによると，社会の範囲には，公的生活から私的生活にいたるまでの「家族や仲間といった自分が会って会話を交わすすべての人々，民会における喝采や歓声，法廷の判決」が含まれる。ソフィストは「民衆の意見を繰り返すだけ」であるが，社会において生成される大衆の意見には，誤った意見が含まれることに留意しなければならない。[95]

したがってミルは，プラトンがソフィストを「社会を破壊する者」としてではなく，「社会そのものの際立った代表者」として攻撃したと解釈する。さらにミルによると，プラトンは「有給の指導者たち」というソフィストの地位や生活様式が，彼らに「社会における悪い傾向」を集約させる結果を生み出したと考えた結果，痛烈なソフィストへの批判を行なった。[96] つまりミルは，グロートの歴史的分析を十分に用いることなく，ソフィストを社会の一般的観念や慣習を体現する教師として再解釈したのであるが，ここで次の問いが導出される。すなわち，「プラトンが実際に戦った敵」は何だったのか。その敵とは，古代と現代の双方に共通する「平凡さ (commonplace)」である

とミルは考察しているが，このことはソクラテス解釈に密接に関わる争点であるため，本書の第5章で再び検討する。[97]

5 ソフィストの分類と個別評価
──プロタゴラスを中心に──

(1) 反ソフィスト論の象徴としてのカリクレス

　第3節では，英国においてソフィスト批判を展開した著述家たちが，どの人物をソフィストの代表例として認識していたかを確認したが，そこで挙がった名はプロタゴラス，プロディコス，ヒッピアス，ゴルギアス，カリクレス，トラシュマコスであった。一方でグロートとミルは，プロタゴラス，プロディコス，ヒッピアス，エウテュデモス，ディオニュソドス，そしてソクラテスをソフィストに分類した。さらに両者は，ゴルギアス，カリクレス，トラシュマコスを非ソフィストに区分し，ソフィストと非ソフィストの相違を明確化することで，ソフィストに着せられた汚名の払拭を試みた。グロートとミルによると，ゴルギアスは優れた弁論家であるが，その職業上の特性からソフィストの範疇で議論すべき対象ではない。他方で，カリクレスは権力欲の突出した政治家であり，トラシュマコスは弁論家的でカリクレスと似た強者の理論を主張する傾向が見られるため，時代を代表する知者や教師としてのソフィスト像には一致しない。[98]

　このように，グロートとミルの解釈上の特色は，第4節で考察した再定義を基礎としながら，ある特定の教義に基づく党派的集団であると一括りに認識されてきたソフィストを，個別的に評価したことにある。とりわけグロートとミルが各々に具体的な検証を行ったソフィストは，プロタゴラスである。両者のプロタゴラスに対する評価は，その人間尺度説をめぐって差異が見られる。加えて，ソフィストと非ソフィストの区別において最も論争的な対象はソクラテスであるが，グロートとミルによるソクラテス解釈は，ソフィストと対比される弁論家のゴルギアスとの比較が重要な争点になるため，次章で検討する。

　本節では，プロタゴラスの哲学者としての側面に着目したグロートとミル

第4章　ソフィストの再定義　　161

のテクストを通じて，〈悪きソフィスト〉の更生やそのイメージ上の刷新について考察する。この更生に際して，グロートは，ソフィストを均一的に解釈することの問題点を明らかにするために，カリクレスやトラシュマコスを非ソフィストに分類する戦略を『ギリシア史』で採用した。そして，『ギリシア史』の議論をふまえながらも，『プラトン』では，ソフィストと哲学者の区分に関わる哲学的分析を行なった。要するにグロートは，二つの主要著作を通じて，反ソフィストの言説がソフィストに帰してきた堕落や不道徳の要素を非ソフィストに特徴づけることで，ソフィストの地位の回復を試みたと捉えられる。

グロートとミルがカリクレスとトラシュマコスをソフィストから除外した主な理由は，両者が，アテナイで広く認められた世間一般の道徳観から逸脱した主張を繰り返した人物であったからである。グロートによれば，『ゴルギアス』に登場するカリクレスは，「反社会的な教義を率直かつ公然と」説く人物として描かれている。[99] カリクレスの教義は，自然状態において優れた能力を有する人間が自らの力を発揮することを正当化する。よって弱者が強者に従うことは，自然法に基づく正義となる。他方，人間が社会を形成すると，法による正義が実現される。カリクレスは，このように「自然による正義」と「法による正義」が相互に矛盾すると捉えた。[100] すなわち，カリクレスは「自然による正義」を肯定的に捉えるが，この正義は，能力者や優秀者による支配を正当化するだけでなく，強者による弱者の支配を擁護することに繋がりかねない。このカリクレスの主張は「反社会的な推論」であるとグロートは指摘するが，それは実際のところ，「アテナイでソフィストと称された人々によって一般的に公に教えられた道徳基盤を代表している」と長らく理解されてきた考えである。だがグロートは，カリクレスの思想にソフィストの特徴を見出すことを，二つの根拠に基づいて明確に拒否する。[101]

第一に，「カリクレス自身はソフィストではなく，プラトンもそのような人物として〔カリクレス〕を描写していない」。またカリクレス自らは「哲学を軽蔑し，ソフィストたちについて断固として軽蔑の念をもって語る」ため，ソフィストには該当しない。[102] 第二の根拠は，カリクレスが当時の一般的な人々の意見に反する主張を述べたことにある。ソクラテスは，「カリクレ

ス，君のその率直で，徹底した議論の運び方こそはね。ほかの人たちなら，心には思っていても，口に出しては言おうとしないようなことを，君はいま，はっきりと述べてくれているのだからね」とシニカルに述べた。前節で分析したように，グロートはソフィストの教えが世間に広まった教義を反映したものであったと強調したが，そのことを前提にすれば，カリクレスの立場は反ソフィストに容易に位置づけられる。

　グロートは，ソフィストたちにとって「公開性（publicity）は有益であるだけでなく，喜ばしいことでもあった」と理解する。この公開性が最も確保されていた空間——たとえカリクレスのような意見であったとしても公言できる可能性が残された都市——は，民主政下のアテナイである。そして『プラトン』では，一部の評論家たちがカリクレスの教義を「アテナイのソフィストたちによって教え込まれたものだ」と論争してきたが，この説が誤りであることをグロートは再確認した。すなわち，「カリクレスはソフィストではなく，活発な政治的影響力を切望する雄弁家としてプラトンによって描かれている」ことを根拠に，グロートはカリクレスをソフィストのリストから外したのであった。

　続けてグロートは，プラトンの『国家』に基づいてカリクレスの主張に類似した議論をトラシュマコスが主張したと分析する。もっとも，「トラシュマコスの理論には誤りや欠陥が見られる」が，その理論は現代の著述家が非難するほどの嫌悪の対象になるべきものではなく，もとよりトラシュマコスはソフィストよりも弁論家に近い存在である。むしろグロートが特に問題としたのは，現代の著述家たちがトラシュマコスの強者を正当化する理論を，ソフィスト一般に誤って帰したことである。この点においても，ソフィストはアテナイで広く認められていた民主政的な原理を公言していた，というグロート独自の定義上の特徴が論拠とされている。

　他方でミルは，グロートによる非ソフィストの説明と同様の見解を示した。『ゴルギアス』の登場人物のなかで「真に不道徳な教義を公言する」人物はカリクレスであったが，その特徴は「ソフィストでも，弁論家でもないが，活発で野心的な政治的人物」像にある。さらにトラシュマコスもカリクレスと「本質的に同様の不道徳な教義」を広めており，ソフィストではなく弁論

家であったとミルは判別した。[107]

(2)「コモン・センス」の擁護者としてのプロタゴラス

　ソフィストは社会一般の思想や教義に順応的であったとみなすグロートの主張は，プロタゴラス解釈において改めて論証された。グロートによると，『プロタゴラス』は「プラトンがプロタゴラスを堕落した教師や価値のない教師，あるいは，無能な教師とは考えていなかったことを十分に証明する」対話篇である。プラトンの描くプロタゴラスは，ソクラテスとの対話に悪戦苦闘していたが，その教えが「堕落的で道徳を低下させるもの」に相当したとプラトンは論じていないとグロートは強調する。この一例は，プロタゴラスがゼウスの言葉──「「つつしみ」と「いましめ」をもつ能力のない者があれば，国家の病根として死刑に処する法律を，私〔ゼウス〕の名によって制定してもらいたい」──を引用した箇所に表われている。グロートはこの一節をプロタゴラスが「優れた倫理の理論」を視野に入れていた可能性の証左であると解釈した。[108]

　一方で，プラトンの注釈者たちは，プロタゴラスが国家のための技術を教えていると公言したことを「惨めな道徳」と批判しているとグロートは指摘する。[109]ソフィストによる弟子の養成に関してソクラテスは，プロタゴラスに次のように問う──「このヒッポクラテスは，プロタゴラスにつくことによって，彼についたその日に，よりすぐれた人間になって帰るだろうし，それからの一日一日も同じように進歩することだろうというのは，プロタゴラスよ，何に向かってであり，何に関してなのですか」と。この問いに対してプロタゴラスは，他のソフィストは算術や天文学，幾何学，音楽などの「専門的な学術」を教えるが，自分は「身内の事柄については最もよく自分の一家を斉える道をはかり，さらに国家公共の事柄については，これを行なうにも論ずるにも，最も有能有力の者となるべき道をはかること」を教えると述べる。この応答をふまえてソクラテスは，プロタゴラスに「国家社会のための技術」を教え，「国家社会の一員としてすぐれた人間をつくること」を約束しているのかと確認し，プロタゴタスはそうであると答えた。[110]グロートはこのような教育は惨めなものではなく，「都市の福利のためになる最も効果的な話し

方や行動様式」を教えることであると批判者に反論する。さらに，同様の教育内容が，イソクラテスの教育論やクセノポンによって記されたソクラテスの教育論に表われているとグロートは分析することで，プラトンの叙述に限定されないプロタゴラス像を析出している。

　同様にミルは，プロタゴラスを徳の擁護者として描き出すことは十分に可能であると考える。『プロタゴラス』の主題である「徳を教えることは可能か」に対して，プロタゴラスは「特定の徳の教師たちがいない理由は，すべての人間が徳を教えているからだ」と述べ，「正義と自制から構成される社会的・市民的徳は，あらゆる人にとって不可欠である」と主張したとミルは要約した。さらに，グロートがプロタゴラスの徳論から「コモン・センス」の形成に関する洞察を引き出したことにミルは注目している。「コモン・センス」の示す共通性をグロートは，「ある共同体に確立された倫理的・社会的感情」であると定義する。コモン・センスは，科学的な知見や優れた技術を持つ「立法者」や特定の専門家集団によって，必ずしも何かしらの客観的な基準をもとにして形成され，伝播するわけではない。むしろ，法や慣習の権威である「ノモス王」の「代理人」や「奉仕者たち」による「世間一般の自然発生的な謀略」によってコモン・センスは出現し，その増殖や普及を繰り返すのである（ノモス王については本書の第5章・第4節を参照）。ミルは以上のコモン・センスに対するグロートの見解を「高度に哲学的で説得力のある説明」であると高く評価した。ノモス王は〈社会的専制〉と自由原理の問題を分析する際にグロートが用いた造語である。プロタゴラスの解釈においては，プロタゴラスが反民主的な堕落の言説を広めておらず，世間一般の道徳観に即した教育を行なっていたことを論証する意図で，ノモス王やコモン・センスが取り上げられた。

　ところがソクラテスは，コモン・センスを背景とした徳に関するプロタゴラスの議論に徹底的な反駁を加えた。ただしミルは，プロタゴラスの応答能力の優劣はさておき，プロタゴラスが徳の尊厳を損なうような低俗な意見を述べていないことに注目すべきであると強調する。加えて，プロタゴラスは徳を教育し，自らも徳に相応しい「模範的で品位ある生活」を送ることで，名声を得た人物であったと評価されている。よってプロタゴラスは，堕落や

第4章　ソフィストの再定義　　165

不道徳を広めたソフィストではなかったとミルは理解したと言える。

(3) 『プロタゴラス』と功利主義

　グロートのプロタゴラス解釈に関するもう一つの重要な論点は，「計量の技術」である。ソクラテスは，プロタゴラスとの対話で功利主義的な「快苦の比較」に着目し，物事の判断基準である「快」と「苦」の有用性を議論した。そしてソクラテスは，計量の術の意味をプロタゴラスに問いかける。

> もしかりにわれわれの幸福が，長いものを選んで行い，短いものを避けて行わないということに依存するとしたならば，われわれは，生活を安全に保つものを何に見出しただろうか。計量の技術だろうか，それとも，目に見えるがままの現象が人にうったえる力だろうか？——後者はわれわれを惑わし，同じものをしばしばあべこべに取り違わせ，行為においても大小の選択においても，しまったことをした，と思わせる因となるものではなかったかね。これに対して，計量の術は，もしそれを用いたならば，このような目に見えるがままの現象から権威をうばうとともに，他方，事物の真相を明らかにすることによって，魂がこの真相のもとに落着いて安定するようにさせ，もって生活を保全しえたところのものではないかね。(116)

　この問いに対して，プロタゴラスは，計量の技術が人々の安全を保障すると答える。以上の対話についてグロートは，ソクラテスが提言する功利主義的な見解にプロタゴラスが明確に同意したことに着目した。その解釈によると，「より大きなもの（長いもの）」にも目を向けるプロタゴラスは，「ある一人の人間の幸福のみならず，他者の幸福に対する義務を含むこと」を前提とする「倫理的な目的」を有していた可能性がある。グロートは，プロタゴラスの見解には倫理学的に未完成な部分があったことを認めるが，ソクラテスが快苦の計算を好意的に取り上げた部分に注目すべきであると考察している。つまり，ソフィストの批判者がソフィストを非難するときに援用した「功利性という劣った理論」は，この対話では，むしろソクラテス自身によって提

示されるのである。[117]

したがってグロートの『プラトン』では，快苦の議論はソクラテス批判の観点から再検討されている。グロートの読解によると，苦痛（pain）や苦しみ（suffering）は可能なかぎり回避され，軽減されるべき目的である一方，知的な熟慮と比較を用いることで，快楽や幸福は達成可能なかぎり追求されるべき目的であるとソクラテスは主張した。功利主義者のグロートからすると，この原理は支持されて然るべきである。ところが，ソクラテスの主張は，「各人を個人として考え，自らの快楽と苦痛を計算することで，自分自身にとっての善と悪を決定する」こと，ならびに「思慮的で，節度ある勇敢な主体」を想定しているが，他者関係を構築するうえで不可欠な「正義」や「慈愛」が含まれていない。すなわち，『プロタゴラス』のソクラテスは「自らが，自分と似た者や自分と同等な者によって構成される社会の一員であること」を度外視している，とグロートは批判する。よってグロートによると，功利性の原理に従う倫理的・政治的判断には，自らの幸福のみならず，「共同体の構成員全体」にとっての「幸福の手段」を探究する視点が必要である。[118]

同様にミルは，ソクラテスに対するグロートの批判が「功利主義の観点」に基づくと評価した。『プロタゴラス』のソクラテスは，快楽の実現と苦痛の不在が目的としての善であると主張し，徳とは計算の問題であり，その計算の唯一の要素は快苦であるとみなしているが，グロートが指摘するように，ソクラテスは他者や人類を考慮していない。[119]このことをミルは次のように表現した――「プラトンの倫理的諸観念における重大な欠陥とは，（『国家』に関するグロート氏の批評で見事に議論されているように），アリストテレスが完全に掌握したこと，すなわち，正義の徳の本質的な部分は，他者の権利を認めてそれを守ることであることを見落としたところにある」。[120]

（4）グロートとミルによる人間尺度説の再評価

グロートとミルは，各々の観点からプロタゴラスが単なる時代の教師（ソフィスト）ではなく，哲学者の名に値する思索を行なったと議論した。それは，『テアイテトス』で検討されているプロタゴラスの提示した命題「人間は万物の尺度である」（「人間尺度説」）をめぐって展開された。[121]この人間尺度

説に関して，グロートは二つの引用句を比較することでプラトンの誤謬を指摘した。ソクラテスは，プロタゴラスの説を次のようにテアイテトスに説明する——「あらゆるものの尺度であるのは人間だ。あるものについては，あるということの，あらぬものについては，あらぬということの」。ここにプロタゴラスの命題の真髄があるとグロートは解釈する一方，対話においてプラトンのソクラテスは「すべての人の思いなしが皆すべて真である」という見解を提示している。この前者と後者の引用の間には差異があるとグロートは指摘する。

　グロートによれば，プロタゴラスの本来の命題は前者であり，それは「あらゆる人によって述べられるあらゆる意見は，その人自身にとっては真実である」ことを意味する。しかし，プラトンがプロタゴラスを批判するために用いた説明では，後者の引用文，つまり「あらゆる人のあらゆる意見は真実である」に変化しており，「その人自身にとっては真実である」という修飾が省かれていることにグロートは注目する。プロタゴラスの真意は前者にあり，この省略された箇所に重要な意味が込められている。プロタゴラスは，「いかなる命題も絶対的に真理であるとも，絶対的に誤謬であるとも宣言することはなかっただろう」し，「絶対的な真理」は存在しないと考えていた。その真理を受け容れて信じる個人や複数の人々が存在するかぎり，真理とは相対的なものである。さらに真理は時間によっても変化する——「ある人にとって真理であることは，別の人にとっては誤りであること，つまり，ある個人にとって子供の頃や青年期に真実であったことが，歳を重ねたときに誤りになることには，全く実際的な矛盾はないのである」。このような真理の相対性を説明するために，グロートは次の例を加えて提示した。

　　本書〔『プラトン』〕を執筆する私は，私が知っている事実，他の人が述べたことや考えたこと，行なったことの証人として自ら伝えること——これらすべてについて私は出典を示しているが——，そして，それに関する真の理解，および導出される結論に対しては，私自身の確信や信念，あるいは不信を伝えることしかできない。

グロートは，真理が単なる意見ではなく，複数の証拠によって支えられたものであると理解している。この実証的判断は，他者が真理の証拠を提示した場合にも適用される。結局のところ，他者の真実を真であるとみなす判断は，証拠を受け取った個々人に委ねられなければならない。
　続けてグロートは，プロタゴラスが真理の可変性を説いたことに意義を見出す。その哲学的教義は，「一人の人間と他の人間の間には，知識，知性，感情，そして性格の大きな多様性」があることを示した。人は他人からの教えによって自己修正をすることができるが，自らにその教えを提示する他者が賢明であるかどうかを我々が判断するとき，我々は別の誰かの評価を用いてその学者や教師を選ぶことがある。つまり，何が真理であるかを複数の人々によって吟味することの意義が，プロタゴラスの「人間尺度説」によって説明されているとグロートは解釈した。
　しかしグロートによると，プラトンは「プロタゴラスの相対性の教義(*Homo Mensura*)」に対して，「哲学や論争的な吟味」を排することで人間尺度説を非難している。言い換えると，哲学者は，「個人の判断というプロタゴラス的自律性」を否定するのであれば，「〔別の〕ある他律性」を代替提示しなければならない。グロートは，自身の「ノモス王」概念を用いることで，プラトンの代替策は『法律』のなかで提示されていると考察する。法と慣習の権威を広める「「ノモス王」の特権」は，その無謬性を振りかざすことで，すべての市民の自律的な判断に真偽を委ねることなく，その真偽を「立法者」の立場から決定する。このように個人が自律的な思考を手放すことは，直接的には立法者，間接的には「検閲者」に判断を仰ぐことを意味する。
　例えばある人物が「異常者であると宣言される」と，「他の人物がその異常者のために彼の財産を管理するよう任命されなければならない」。これは後継人や保護人のような制度を含意している。大抵の場合，個人の判断を代わりに担うのは，国王，教皇，司祭，裁判官，検閲官，著述家などである。以上が，グロートによるプロタゴラスの人間尺度説に対する「反対命題」である。つまり，真理の判定者が本人である個人ではない場合，誰がその個人の代わりに真理を判定するかを想定することで，グロートはプロタゴラスの教義の是非を問いかけたのである。仮にこの反対命題が支持されると，「す

べての自由な議論と吟味の基盤は覆されること」になり，「哲学，あるいは合理的な真理と称されるものは消え失せてしまうのである」[129]。

　もっとも，グロートの人間尺度説に対する考察は，単純な価値相対主義を主張したわけではなく，権力や権威に依らない真実の可能性を個人が自由に追求するための議論であったと言える。ジョルジーニは，グロート以前の通説において無神論的であると批判され，「価値相対主義と不信心を教えるとして非難の的」になってきたプロタゴラスの命題が，「目を見張るような修正主義的アプローチ」によって再解釈されていると強調する。ところが，ミルはグロートのプロタゴラス擁護に否定的であった[130]。ミルによると，

> ウィリアム・ハミルトン卿は，それ〔プロタゴラスの教義〕を彼自身の人知の相対性の教義を意味すると考え，その教義を支持する初期の権威のリストの先頭にプロタゴラスを位置づけた。グロート氏も同じ意味で相対性の格言を解釈しているが[131]，その意味には個人の知性の自律性も含まれている。私にとって真実であると見えるものは私にとってすべて真実である。つまり，私がそれを真理として受け容れるかどうかは，その証拠が私自身の心に与える印象に左右される，あるいは左右されるべきなのだ，ということである。したがって，グロート氏は『テアイテトス』のソクラテス〔の考え〕ではなくプロタゴラスの教義を擁護している。しかし，その擁護は有益で教訓的であるが，我々を満足させるものではない。この部分が，その著作〔『プラトン』〕全体において我々とグロート氏とが異なる唯一の重要な点である[132]。

　つまるところ，ミルが『プラトン』の書評論文において，グロートの主張が誤っていると明確に述べた箇所はこの一点のみである。グロートによるプロタゴラス解釈が明瞭ではないことについて，ミルは次の例を用いて説明する。私が目前にある証拠に基づいて「私はロンドンから5マイル（約8キロメートル）の地点にいる」ことが真実であると思っていたとする。しかし実際にロンドンまで歩いてみると，その距離が10マイル（約16キロメートル）あったことに気が付いた。つまり，「その10マイルは，最初から他の人々に

とっても私にとっても真実だった」ことになる。プロタゴラスの命題をその言葉通りに採用すれば、測量に基づく客観的事実ですら相対化されてしまう。換言すると、10マイルという距離の事実は、人によっては5マイルと認識されてしまい混乱が生じる。

続いてミルは次のようにグロートの問題点を指摘する——「すべての人が、真理と虚偽について一つの同じ客観的区別を認識していると述べることは、明白な事実と矛盾することになる。各人は、自らの精神のなかに真実の理想という基準を持っているが、その基準は人々によって異なる」とグロートが論じた箇所をミルは直接引用し、その主張に異論を唱える。ミルによると、「真理の証明」においては、グロートが推論するように各人の基準を採用できるが、「真理それ自体」に対してそれは適用できない。言い換えると、「真理とは、ある信念が、その信念が表そうと意味する事実に一致する以外には何も意味しない」。要するに、私がロンドンまで5マイルだと信じていた距離が、実際には10マイルであれば、5マイルは単なる信念にすぎない。ミルは、グロートがプロタゴラスの哲学の内実を読み違えたのではなく、その言葉遣いにおいて誤っていると指摘する。しかし、哲学において言葉の厳密さは重要であるため、このような誤解を解く必要があると考えた結果、ミルはグロートに対して反論を提示したのであった。

6　哲学者とソフィストの境界線

プロタゴラスの相対性に関する解釈において、グロートとミルは異なる見解を提示したが、両者はプロタゴラスを哲学的考察に値する優れたソフィストであると好意的に評価した。他にも、プロディコスとヒッピアスがプロタゴラスと同等のソフィストに概ね位置づけられた。グロートは、現代の著述家たちのなかで「最も罪のない」ソフィストとしてプロディコスは扱われていると指摘する。その根拠は、プロディコスが『ヘラクラスの選択』において、子供から青年へと成長を遂げるヘラクレスに美徳と悪徳の選択を問いかけたことにある。グロートはクセノポンの叙述を参照し、『ヘラクレスの選択』の演示が多くの聴衆を獲得したと考察した。この演示と並ぶ倫理的知見

を提供したもう一人のソフィストがヒッピアスである。『ヒッピアス（大）』によると，ヒッピアスは若者に向けた演示を計画していた。グロートは，ヒッピアスの言説にはその「精神と目的」において『ヘラクレスの選択』に匹敵する価値があり，ヒッピアスはプロディコスに並ぶ「道徳的教師」であると評価した。[136]

ミルは，プロディコスが弟子から金銭を授受していたことを除いて，プラトンから尊敬の念を抱かれていると読み解く。プロディコスには，グロート以前の著述家たちがソフィストに帰してきた「若者を堕落させる」要素はなく，むしろ彼らを「改善させた」のである。ミルによると，プロディコスの教えは，「安寧と快楽の生活」よりも，「労働と自制の生活」を勧めることにあった。このことに基づいてミルは，プロディコスが不道徳な教えや影響を人々に与える存在ではなかったと解する。[137]

ミルによるとヒッピアスは，その同時代人と比較しても多彩な功績を残した人物であるが，プラトンによって軽視されている。しかし，不道徳で堕落した教育を展開した痕跡はない。[138]『ヒッピアス（小）』では，むしろソクラテスの側に通俗的なソフィスト像が適用される可能性が見られる。グロートは，ソクラテスの推論とヒッピアスの推論を反転させてみると，アテナイのソフィストに付与された「真理と虚偽を同等に扱う者，つまり道徳を破壊する者，アテナイの若者を堕落させる者」というネガティブなイメージは，逆にソクラテスが提唱したかのように描かれていると分析する。[139]ミルはこの解釈を紹介することで，ヒッピアスの再評価を読者に促した。[140]

本章で議論したグロートとミルによるソフィストの再定義・再解釈は，プラトンの対話篇をそれぞれ独立した作品として解釈し，ソクラテス以外のソフィストの議論にも視野を広げる方策のもとで析出された。改めて整理すると，第5節の前半で検討したように，グロートとミルはカリクレスとトラシュマコスをソフィストから除外することで，ソフィストに着せられた汚名の払拭を試みた。そしてプロタゴラス，プロディコス，ヒッピアスらに対する再評価には，徳や独自の命題を追究する〈哲学者としてのソフィスト〉の姿を浮かび上がらせる姿勢が見られた。さらに興味深いことに，『ギリシア史』でグロートは，プラトンによるソフィストの定義が最も適した人物はソクラ

テスであると指摘する。このことをターナーは，ソフィストとソクラテスを同類に分類する枠組みが，グロートのソフィスト擁護における「最も驚くべき戦略」であったと分析する。一方『プラトン』では，ソクラテスは「教師ではなく探究者」であったとも解釈されている。この二つの異なる著作の間には矛盾が生じているのであろうか。

　グロートは，ソフィストのなかには優れた哲学的考察や徳論を展開した〈哲学者〉が一部含まれていた可能性を『ギリシア史』で示し，『プラトン』において各対話篇の検証を通じたソフィストの個別的分析を行った。本章では，ミルとの対比が可能な一例としてプロタゴラスを取り上げることで，その功利主義的言説と人間尺度説に着目した。ミルは，ソフィストの定義に際してプラトンの『ソフィスト』を参照し，ソフィストと哲学者の境界線が曖昧であることを指摘した。このようにグロートとミルによるソフィストの再検討は，1850年以前のソフィストの不評を刷新するという言説上の修正のみならず，〈教師〉であるソフィストと哲学者の区別が，それまで想定されてきた以上に緩やかである可能性を示唆したのである。プラトンの多面性を受け容れたグロートの分析枠組みは，保守的あるいは新プラトン主義的なプラトン解釈の呪縛からソフィストたちを解放し，19世紀半ばの時点でその「復権（rehabilitation）」の基盤を整えたと言える。

　そのため，少なくともグロートにとって，ギリーズやコールリッジのように，哲学者ソクラテスを堕落したソフィストに対抗する〈英雄〉として対称的に配置させる必要はもはやなかった。ギリーズは，ソクラテスをソフィストの正体を「暴露した」人物として描いた。「自らの才能を誇示し，巧妙さを駆使し，自らの名声と富の促進」を謳歌したソフィストとは明確に対峙れるソクラテス哲学は，「人間精神の歴史において重要な時代を形成した」。コールリッジによると，ソフィストは「倫理を目に見えないものへの信仰から切り離すこと」を試みたが，ソクラテスはこれに挑戦し，「民衆の信仰を純化し，それを高めようと努めた」。ところが，次章で検討するように，ソフィストとソクラテスの二項対立はグロートの思想ではさほど重視されていない。その解釈によると，ソクラテスの〈敵〉はソフィストではなく，社会一般に流布した「ノモス王」であった。

第4章　ソフィストの再定義　　173

グロートは，従来の著述家たちが，すでに確立された見解を否定的に検討することへの嫌悪感を抱いていたことが，ソフィスト解釈の誤謬を生み出したと考察した。批判者たちは，ソフィストを「否定の偉大なる唱導者」であるとみなしてきた。[147]それゆえに，ソフィストの教義はアテナイの常識や習慣から逸脱しており，堕落の要因を生み出したと言われてきた。しかしグロートは，世間一般の価値や事実を吟味し否定する役割は，ソフィスト批判者が好んで支持する哲学者のソクラテスやプラトンの側にあったと反論する。ミルは，ソフィストも哲学者も等しく世間から好まれる存在ではなかったと指摘し，「現存するあらゆる社会において，哲学者は孤独で軽蔑を受ける境遇にあること」を憂慮する。[148]グロートとミルにとって，哲学的ソフィストの特徴を集約させた最も尊敬に値するアテナイ人がソクラテスであった。次章では，哲学的急進派によるソクラテス論を通じて，グロートとミルの政治思想上の共鳴関係をさらに明らかにする。

(1)　［Williams］1831：p. 451.
(2)　Grote, History, 8：p. 491.
(3)　Mill, GG［5］：p. 1162.
(4)　Mill, GH［II］：pp. 328-329.
(5)　グロートのソフィスト論を主題に設定した重要な研究として，Giorgini（2014）が特筆される。Whedbee（2008）はグロート以前の18世紀から19世紀前半の英国におけるソフィスト論を詳細かつ網羅的に分析しており有益である。古典古代から現代におけるソフィスト解釈を扱ったDemetriou（2016a）では，グロートのソフィスト解釈が19世紀前後の時代との比較から言及されている。19世紀半ばのプラトン受容の観点からグロートやミルのソフィスト解釈に言及した研究として，Turner（1981），Roberts（1994），Demetriou（1996b）がある。大久保（1997a）はグロートのソクラテス論を主題とした論文でそのソフィスト解釈に触れている。ミル研究においては，ミルのプロタゴラス論の哲学的特徴を検討したLianeri（2007）がある。後述するようにミルはゴルギアスをソフィストであると定義していないが，その関連研究として，ミルのゴルギアス論を扱ったWhedbee（2007）とNordquest（2016）がある。以上の先行研究に対して，本章はグロートとミルのソフィスト論の比較を主題とする点に違いがある。
(6)　納富 2015：115-116頁。
(7)　ソクラテス哲学の特徴の一つに「「知らない」という立場から相手を吟味して，

その人の不知を示す」ことがある。納富によると，ソクラテスにとってこの「不知（アグノイア agnoia）」とは，「「知らないのに知っていると思い込んでいる」という最悪の「無知（アマティアー amathià）」との対決によって導き出される。本書は納富の研究に基づき，ソクラテス哲学における「無知の知」という日本語で流布してきた標語の誤解を避けるために，ソクラテスの「不知」（英語の ignorance に相当）を指す場合は，不知という訳語を一貫して用いる（納富 2021：379 頁，387 頁）。

(8)　グロートと類似したソフィストの再解釈を試みたルイスは，プラトンやアリストテレスの著述に一定の注意が必要であると指摘した（Lewes 1845, 1：pp. 171-172, pp. 196-197）。

(9)　『雲』のヒュポテシス（古伝梗概）の述べるところによると，本作は，「喜劇詩人たちは哲学者たちに敵意を抱いており，また哲学者のソクラテスがアテナイの若者たちに対し，悪い教育を故意にしているというので，彼を非難する『雲』という喜劇が書かれた」作品である（アリストパネス 2024：220 頁）。

(10)　アリストパネス 2024：215-265［244-247 頁］。

(11)　プラトン 2012：18B-18D［19-20 頁］，19C［22 頁］。

(12)　Grote, History, 8：p. 454；Giorgini 2014：p. 308.

(13)　この五つの特徴に加えて，本章で扱う反ソフィスト言説に関する一次資料の多くは，Whedbee 2008 による緻密なテクスト発掘と分析に負っている（Whedbee 2008：pp. 605-613）。ただし，同研究の分析枠組みは，グロートの『ギリシア史』第 8 巻公刊以前（1850 年）のソフィスト解釈の知的状況を観察するために設定されているため，本章では，グロートとミルを比較するための視点を独自に設定し，第 3 節と第 4 節を構成した。

(14)　Sparshott 1978：p. xxviii.

(15)　Mill, Plato：pp. 387-388.

(16)　Ibid.：p. 338.

(17)　Grote, History, 8：p. 538. Cf. Mill, GG［5］：p. 1162.

(18)　大久保 2007：153 頁。なお，17 世紀のケンブリッジ・プラトン主義の政治思想史研究として原田（2014）を参照。

(19)　水地 2014：5-6 頁。

(20)　Grote, Plato, 1：p. 214. Cf. Mill, Plato：p. 413.

(21)　Mill, Plato：p. 384.

(22)　Demetriou 1998：pp. 25-29.

(23)　Ibid.：pp. 30-33.

(24)　ミルもグロートと同様に，シュライアマハーの哲学的貢献を一定程度評価した（Mill, Protagoras：p. 41［9-10 頁］）。

(25)　Demetriou 1998：pp. 33-35.

(26)　納富 2021：437-438 頁。トラシュロスはプラトンの著作を九つの四部作集に編集

したが，この四部作に基づく著作集の配列は，現在でも「プラトン全集」をはじめ幅広く用いられている（同書 2014：54, 437 頁）。
(27)　納富 2021：437 頁；Demetriou 1998：p. 30.
(28)　納富 2021：437-438 頁。
(29)　Demetriou 1996b：p. 30. このようなグロートのプラトンの文献学的問題に対するアプローチは賛否両論であった（Ibid.：pp. 30-31, fn. 72）。
(30)　グロートの『プラトン』の表題ページには，同書における翻訳の著作権が同書に帰属すると明記されている。
(31)　Mitford, History, 3：p. 94.
(32)　プラトン 2012：23D［38 頁］。18 世紀末から 19 世紀後半に至るまでの英国のソフィスト解釈において，ソフィストを非難する側も支持する側も，「弱論を強弁する」をしばしば慣用句的に用いる傾向があった（Cf. Whedbee 2008）。本書では，古典ギリシア語から英語への翻訳過程で生じた解釈上の変化に関わる分析には立ち入らないが，「弱論を強弁する」は著述家によって若干異なる語彙が用いられている。例えばミトフォードやミルは "to make (making) the worse appear the better cause" と表現しているが（Mitford, History, 3：p. 95；Mill, Plato：p. 399），グロートやルイスは "cause" の代わりに "reason" を使用することがあった（Grote, Plato, 1：p. 259；Lewes 1845, 1：p. 161, pp. 167-168）。なお，『弁明』の田中美知太郎訳（『プラトン全集 1』岩波書店，67 頁）においても「弱論を強弁する」は納富訳と同様に訳出されている。
(33)　Mitford, History, 3：pp. 94-95.
(34)　Mitford, History, 2：p. 123；Mitford, History, 3：p. 59.
(35)　ギリーズの議論は，本書の第 2 章・第 2 節および第 3 章・第 3 節を併せて参照されたい。
(36)　Gillies 1787, 2：p. 133.
(37)　Ibid.：pp. 133-134.
(38)　Ibid.：pp. 133-135.
(39)　Coleridge 1961：pp. 436-437, p. 439.
(40)　Ibid.：p. 438.
(41)　コールリッジは，『ソフィスト』におけるソフィストの術に関する議論——「〈教育と称されている狩猟〉，そのなかの金持ちで名家の青年たちを相手とする狩猟」——を念頭に定義したと考えられる（プラトン 1976a：223B［24 頁］, 231D［48 頁］）。
(42)　Coleridge 1961：pp. 438-439.
(43)　Ibid.：p. 442.
(44)　Ibid.：pp. 442-443. コールリッジは，カリクレスの議論を「ジャコバン派の指導者——状態よく保存された真の骨董品」と題することも可能ではないかと述べてい

る（Ibid.）。
(45) Ibid.：p. 442.
(46) Mill, Protagoras：p. 43［12 頁］.
(47) ミッチェルの略歴と人生は Goodwin（2004）に基づく。
(48) Mitchell 1822：p. 385.
(49) 『ヘレネ頌』の概要は納富に拠る（納富 2015：160-162 頁）。『ヘレネ頌』の日本語訳とその詳細な分析・解説は同書：第 2 部・第 5 章を参照のこと。
(50) Mitchell 1822：pp. 386-387.
(51) Ibid.：p. 387.
(52) Whedbee 2008：p. 610, p. 627, fn. 28. 17 世紀のイングランドの共和主義思想とジェンダー言説の関連を緻密に論じた意欲的な研究として Gianoutsos（2021）が特筆される。同研究では，主にローマ期の古典古代の著作に投影された男性性・女性性概念が，17 世紀の政治思想における専制や統治論を読み解く鍵であることが思想史的に分析されている。同研究は，本書の分析時期や枠組みとは異なる視点に基づいているが，古典古代受容におけるジェンダー的な視座は，ゴルギアスの『ヘレネ頌』が，近代ヨーロッパにおいていかに受容されたかを検討するための一つの観点を示唆しているようにも思われる。
(53) ［Mitchell］1826：pp. 343-344, p. 356.
(54) チャールズ・オースティンは，功利主義者で法学者のジョン・オースティンの弟で，ケンブリッジ大学のジーザス・カレッジで学び，子ミルやグロート，トーマス・マコーレーと交流があった人物である。若い頃は熱心なベンサム主義者であったが，普通選挙制度には反対するなど，年を重ねる過程で急進主義に対する傾倒は弱まったとの指摘もある（Rumble 2004）。ミルは『自伝』において，1820 年前半頃に交流した人物にオースティンの名を挙げ，その当時オースティンが「雄弁と座談の名手」として有名であったと記録している（Mill, Autobiography：pp. 78-81［126-128 頁］）。
(55) Austin 1827：pp. 266-267.
(56) Turner 1981：pp. 270-274.
(57) Whedbee 2008：pp. 618-622. この部分でウェッビーは，これらの著述家たちをソフィスト論の「初期の修正主義的（revisionist）歴史家」に位置づけている。
(58) ヘーゲルによるソフィストの再解釈は『哲学史講義』で検討されており，グロートが参照したドイツの哲学研究の一つである（ヘーゲル 2016. Cf. Turner 1981；山口 1998）。
(59) Grote, History, 8：p. 485. この引用句は，グロートがハインリヒ・リッター（Heinrich Ritter：1791-1869），クリスティアン・ブランディス（Christian August Brandis：1790-1867），エドゥアルト・ツェラー（Eduard Gottlob Zeller：1814-1908）の見解を参考にまとめた箇所であり，グロートのドイツ哲学史受容が看取される例

である (Ibid.: p. 485, fn. 1)。
(60) Ibid.: p. 479.
(61) Ibid.: p. 481.
(62) グロートはソフィストの定義を考察するにあたり，古代人の著作に複数触れている。例えば，クセノポンによると，ソクラテスは「人との付き合いに対して報酬を受け取る者たち」を「自分自身を売る奴隷商人」と名付け，ソクラテス自身は金銭の授受を避けることで「自由の尊重を信条とした」（クセノポン 2011：第1巻・第2章・6 [14頁]）。グロートはこの箇所に加えて，ソクラテスがアンティポンに語った言説を参照している。その言説によると，知恵を「欲しがる人次第に金銭で売る者を，われわれは，まるで男娼呼ばわりするような調子でソフィストと呼ぶ」。さらにソクラテスは，知恵を「授ける相手が素質に恵まれていることを見きわめて，自分に備わっている優秀さを教え，彼と親密な間柄になれば，われわれは，その人が完璧に立派な国民にふさわしいことをなしているものと見なすのである」と付け加えており，グロートは，ソクラテスが「教師と生徒の関係」を「二人の恋人や二人の親密な友人」の関係に重ね合わせた考察をしたと述べる（同書：第1巻・第6章・13 [56頁]；Grote, History, 8：pp. 482-483, p. 482, fn. 1）。同様の金銭の授受に対する言及はプラトンの著作でも散見される。この代表例としてグロートは，『ソフィスト』においてプラトンが，ソフィストとは「徳を授けるために交際するのだと公称し，お金（貨幣）のかたちで報酬を要求するもの」であると示した箇所を紹介している（プラトン 1976a：9・223A [23-24頁]；Grote, History, 8：p. 482, fn. 1）。さらにプラトンの教えを引き継いだアリストテレスによる定義——グロートの説明によると，ソフィストとは「偽りの知識を振りかざす者，欺瞞と金儲けのために，誤謬とわかっていることを用いる者」——は，古代から現代へと継承されたとグロートは指摘した（Grote, History, 8：p. 484. Cf. アリストテレス 1992）。
(63) Grote, History, 8：pp. 481-483.
(64) Ibid.: pp. 493-494.
(65) Ibid.: pp. 485-487.
(66) Ibid.: pp. 507-508. グロートは，アリストパネス以外の事例として，イソクラテスの晩年期の著作には，自らの青年期に対する懐古が反映されていることを問題にしている (Ibid.: p. 508)。
(67) Ibid.: p. 511.
(68) Ibid.: pp. 487-488.
(69) Ibid.: pp. 534-536.
(70) Ibid.: pp. 538-542. グロートは，プラトンのソフィスト描写においても，ソフィストが世間によって肯定的に受け止められていたことを示す証拠があると考察している (Ibid.: p. 543)。その証拠にグロートは以下の様相を例示している。『プロタゴラス』にて，青年ヒポクラテスが夜明け前にもかかわらずソクラテスのもとを突

然訪問し,プロタゴラスの到着を知らせる場面(プラトン 1975:310 B-310D[112-114 頁]),プロタゴラスをはじめとするソフィストたちがカリアス邸に集まり,門番が嫌気を示すほど続々と客人が訪れていた様子(同書:314D[123 頁])が具体例に挙がっている。『国家』では,ソフィストの評判が次のように伝えられている——「げんに,アブデラのプロタゴラスやケオスのプロディコスをはじめとして数多くの人たちは,自分の同時代人たちと私的に交わることによって,彼らの心に,もし自分たちが彼らの教育をみてやらなければ,彼らはわが家をも自身の国をも治めることができないだろう,という考えを植えつけることに成功しているし,そしてこの知恵のゆえに弟子たちから愛されるあまり,弟子たちは彼らを頭の上に持ち上げてかつぎまわらんばかりではないか」(プラトン 2008:600C-600D[下巻:354-355 頁])。

(71) Grote, History, 8:p. 491.
(72) Ibid.:pp. 488-489.
(73) Ibid.:p. 528.
(74) Ibid.:p. 539.
(75) Ibid.:pp. 543-544. アテナイ人が討論や言論を市民的資質として重視していたことは,トゥキュディデスの『歴史』におけるペリクレスの次の言明からも看取されるとグロートは述べている。「吾々は論議を行動への障害と見なさず,むしろ為すべきことの実行へ進む前に,あらかじめ言論によって教えられないことこそ障害だと見なすのである」(トゥキュディデス 2000:第 2 巻・40[185 頁])。グロートがアテナイの民主政に言論の自由の永続的価値を読み解いたことは,次章で扱うソクラテス論で明らかにする。
(76) Grote, History, 8:p. 542.
(77) グロートは「近年のドイツの哲学史家の間」において,プラトンの翻訳を通じて「ソフィスト的なもの("Die Sophistik"(Sophistic))」が悪魔的なモチーフに飾り立てられていることを問題視した。英国の著述家に顕著であったのと同じく,ドイツの歴史家たちもソフィストが「アテナイの道徳的性格を毒し,堕落させ」,ペロポネソス戦争末期に至ってはその道徳的性格を「退化」させたと主張した。しかし,彼らの用いる「ソフィスト的なもの」という用語は「抽象的概念」にすぎないとグロートは反論している(Ibid.:pp. 505-506)。
(78) ペリクレスの治世からマケドニアによる征服とそれに伴うアテナイの民主政の衰退に関するグロートの分析は,本書の第 2 章・第 4 節を参照のこと。
(79) Grote, History, 8:pp. 509-510.
(80) Ibid.:p. 510, fn. 1. グロートによって表現されたペリクレスの精神(「不運に決して屈しないこと」)は,次のトゥキュディデスの記述に基づいている。トゥキュディデスは『歴史』のなかでペリクレスが,「諸君,銘記せよ。このポリスが全人類の中で最大の名声を博しているのは,災難に屈せず,戦争では最大の労苦を費や

したがゆえであることを」と語ったと記す（トゥキュディデス 2000：第 2 巻・64 [207 頁]）。

(81) Grote, History, 8：p. 510.
(82) Ibid.：pp. 527-528.
(83) Mill, Protagoras：p. 43 [12 頁]．当該箇所は，ミルによる『プロタゴラス』の抄訳に付された解説部分であり，そこでミルは，プロタゴラスがソフィスト一般に帰せられた否定的評価に該当しないと述べた（Ibid.：pp. 43-44 [12-14 頁]）。
(84) Mill, GH [II]：pp. 328-329；GG [5]：p. 1162.
(85) Mill, Plato：p. 388.
(86) プラトン 1976a：253C [118 頁]；Mill, Plato：p. 397.
(87) Mill, Plato：p. 397.
(88) Ibid.：pp. 397-398.
(89) Ibid.：p. 399.
(90) Ibid.：p. 401.
(91) ソクラテスがデルフォイで神託の伺いを立てた様子は『ソクラテスの弁明』を参照（プラトン 2012：21A-21B [29-30 頁]）。
(92) Mill, Plato：p. 403.
(93) Ibid.：pp. 388-389.
(94) ミルが参照したプラトンの『国家』の議論は次の通りである。「いったい，君もやはり多くの人々の考えと同じように，一部の若者たちがソフィストたちから害毒を受けているとか，ソフィストたちが個人的な教育を通じて害毒を——言うに値するほどの害毒を——与えているとかいうふうに，考えているのかね？　むしろ実際には，そういうことを言っている人々自身こそが最大のソフィストなのであって，相手が若者であれ，もっと年取った人々であれ，男であれ女であれ，最も効果的な教育をほどこして，自分たちの思いどおりの人間に仕上げているのではないかね？」（プラトン 2008：492A-492B [下巻：42-43 頁]）。加えてソフィストが教えている内容は，「大衆自身の集合に際して形づくられる多数者の通念以外の何ものでもなく，それが，このソフィストたちが「知恵」と称するところのものにほかならない」（同書：493A [下巻：46 頁]）。
(95) Mill, Plato：p. 400.
(96) Ibid.：p. 403.
(97) Ibid.：pp. 403-404.
(98) ゴルギアス，カリクレス，トラシュマコスの分類に関するグロートとミルの見解は次を参照（Grote, History, 8：pp. 521-534；Mill, Plato：pp. 394-397）。
(99) Grote, History, 8：p. 522.
(100) Ibid.：pp. 523-524.
(101) Ibid.：pp. 524-525.

(102) Ibid.: pp. 525-526. グロートが根拠として参照した『ゴルギアス』において，カリクレスは「いい年になってもまだ哲学をしていて，それから抜け出ようとしない者を見たりするときに，ソクラテスよ，そんな男はもう，ぶん殴ってやらなければいけないとぼくは思うのだ」と語っている（プラトン 2007：485D［141 頁］）。このようなカリクレスの哲学嫌悪に着目することで，カリクレスの反ソフィスト性を明らかにしようとするグロートの見解は注目に値する。グロートによるソフィストの定義の特徴の一つは，ソフィストを教師であるとみなす解釈であったが，カリクレスへの注視は，ソフィストには（例えばプロタゴラスのような）哲学者と同類の優れた知者がいたことを示唆している。
(103) プラトン 2007：492D［163-164 頁］。
(104) Grote, History, 8：p. 527.
(105) Grote, Plato, 2：pp. 113-114.
(106) Grote, History, 8：pp. 532-534.
(107) Mill, Plato: pp. 396-397.
(108) Grote, History, 8：pp. 513-515, p. 515, fn. 1；プラトン 1975：332D［140 頁］。
(109) Grote, History, 8：p. 515.
(110) プラトン 1975：318D-319A［132-133 頁］。
(111) Grote, History, 8：p. 515. なお，グロートのプロタゴラス擁護ではイソクラテスやクセノポンがプラトンと併せて参照されている。そして，これら古代の著述家たちが，プロタゴラスの教育内容に不道徳や堕落を見出していないことにグロートは留意している。
(112) Mill, Plato: pp. 389-390.
(113) Grote, Plato, 2：pp. 45-46.
(114) Mill, Plato: p. 390.
(115) Ibid.: pp. 390-391.
(116) プラトン 1975：356D-356E［217-218 頁］。
(117) Grote, History, 8：p. 517.
(118) Grote, Plato, 2：pp. 81-83.
(119) Mill, Plato: pp. 417-418. ミルは，功利主義の批判者が「忌まわしい」原理であると考える単純な「快楽と苦痛の不在を道徳的目的と捉えるヘドニズムの教義」は，プロタゴラスの哲学には反映されていなかったと指摘している（Ibid.: p. 391）。
(120) Mill, Plato: p. 419. Cf. Grote, Plato, 3：pp. 133-159.
(121) 人間尺度説については，納富による研究を参照（納富 2021：338-341 頁）。
(122) プラトン 2014：152A［43 頁］。
(123) 同書：179C［144 頁］。
(124) Grote, Plato, 2：pp. 347-348.
(125) Ibid.: pp. 348-349.

(126) Ibid.: p. 349.
(127) Ibid.: p. 350.
(128) Ibid.: pp. 351-352.
(129) Ibid.: pp. 358-359.
(130) Giorgini 2014: p. 311, p. 315.
(131) グロートはハミルトン卿の『哲学,文学,教育,大学改革に関する論考(*Discussions on Philosophy and Literature, Education and University Reform*)』が,「形而上哲学に対する貴重な貢献」を行なったと評価している。同書の補論でハミルトン卿が「精神と物質に関する我々の知識全体は相対的であり,条件付きである——相対的に条件付けられている」と述べた箇所をグロートは引用した。そして,ハミルトン卿のプロタゴラス解釈を支持する一方,「しかしながら,無条件的なもの(Unconditioned)と絶対的なもの(Absolute)に関するこの理論が,哲学者たちが一般的に用いてきた理論であるとウィリアム・ハミルトン卿が考察する点に私〔グロート〕は同意できない。ハミルトン卿が他の著作から引用した文章は,このような断言を証明するには全く不十分である」とも指摘した(Grote, Plato, 2: p. 343, fn. y)。なお,ミルとハミルトン卿哲学の関連は,近年のミル研究が着目する重要な争点であるが,グロート自身もハミルトン卿を受容していたことは興味深い。
(132) Mill, Plato: pp. 426-427.
(133) Grote, Plato, 2: p. 512.
(134) Mill, Plato: pp. 427-428.
(135) Grote, History, 8: pp. 511-513;クセノポン 2011. Cf. 納富 2021:390頁。
(136) Grote, History, 8: p. 521. 納富は,ヒッピアスの演示が「若者に徳の道を勧める点で,プロディコス『ヘラクレスの選択』に対抗する倫理的言論であろう」と指摘している(納富 2021:396頁)。
(137) Mill, Plato: pp. 391-392.
(138) Ibid.: p. 392.
(139) Grote, Plato, 1: p. 394.
(140) Mill, Plato: pp. 392-393.
(141) Grote, History, 8: p. 493.
(142) Turner 1981: p. 292.
(143) Grote, Plato, 1: p. 270.
(144) グロートのソフィスト論に「復権」の要素を見出す解釈として,Whedbee (2008), Giorgini (2014) が特筆される。ただし,ウェッビーやジョルジーニが自覚的に議論しているように,グロートの研究がのちの西洋古典学においていかに評価されたかを考慮しないかぎり,この復権を明確に位置づけることはできないだろう。
(145) Gillies 1787, 2: p. 135.
(146) Coleridge 1818: p. 441

（147） Grote, Plato, 1 : p. 259.
（148） Mill, Plato : p. 399.

第5章　二人のプラトン
——ソクラテス主義者と独断論者——

1　問題の所在
——プラトン受容の射程——

　ジェレミー・ベンサムは、『義務論（*Deontology*）』（1834年）においてプラトンやソクラテスの教えを「ナンセンス」であると退けたが、グロートとミル親子にとってプラトンは読解するに十分に値する哲学者であった。(1) より厳密に述べるのであれば、グロートと子ミルにとって〈プラトンのソクラテス〉が最も称賛されるべき道徳的哲学者である。本章では、この二人の哲学的急進派が描き出したソクラテス論を検討し、両者のソクラテスに対する敬意は、自由原理に関わる議論——「ノモス王（King Nomos）」、社会的専制（social tryanny）、弁証術と弁論術——と深く結びついていたことを明らかにする。

　これまでの先行研究において、古典古代の哲学がグロートとミルの思想に幅広く影響を与えてきたことはたびたび指摘されてきた。ミルのプラトン受容を包括的に研究したロイツィデスは、『功利主義』や『論理学体系』といったミルの主要著作にはプラトンの影響が点在していると議論する。同研究は、ミル親子ならびにグロートが交流を重ねていた同時代人との繋がりにも目を向けるなど、示唆に富む思想史研究である。また近年の研究では、ミルとソクラテスの弁証術の理論的関連性に注目が集まってきたことも重要である。(2) 他方で、グロートのプラトン受容とその思想的・理論的内実に関しては、ディ

185

メトリオの一連の研究が先駆的に開拓してきたと言える[3]。国内の英国思想史研究の分野では，大久保正健が『ギリシア史』に基づいてグロートのソクラテス論を国制論，民主政論，功利主義の観点から検討した。大久保の研究には，本書の問題設定や関心と重なる争点が幅広く含まれており貴重であるが，本章はグロートの『ギリシア史』に加えて『プラトン』を分析対象に加えるところに着眼点の違いがある[4]。

　本章の目的は，以上の個別研究の成果を手がかりにしつつも，グロートとミルの思想上の共鳴関係を明らかにするために，両者のプラトン論とソクラテス論の比較に焦点を当て，その受容における特徴を同時代的に議論することである。思想史研究の観点からプラトン論を比較したジョルジーニは，グロートとミルが「急進的なプラトン（Radical Plato）」解釈をその哲学から析出したと結論づけた。事実，グロートは『ギリシア史』において，プラトンを「国家の急進的改革（radical reform）」に対する「熱烈な願望」を持った人物であると理解している。つまり，「広く認められているあらゆる政党や政治的信条とは一線を画す独自の諸原理」を展開し，同時に「思弁の天才や弁証術家」として卓越したプラトン像をグロートは導出した[5]。

　本書はジョルジーニが明確化した哲学的急進派由来の〈自由主義〉的なプラトン解釈に同意するが，両者がプラトンを多面的に理解した結果，プラトンではなくソクラテスにリベラルな特徴を見出したことを強調すべきであると考える。無論，ジョルジーニ自身もグロートとミルの政治思想におけるソクラテス的要素を認めているが，この特徴をより具体的に明らかにするために，本章はグロートとミルのテクスト分析を通じて，両思想家が析出した〈ソクラテス主義者（Sokratist）〉と〈独断論者（Dogmatist）〉という〈二人のプラトン〉問題に着目する。この観点に基づいて，ソクラテス哲学におけるベイコン主義とプラトンの政治学における〈哲人政治〉を取り上げる（第3節）。さらに，グロートがソクラテスを「ノモス王」への挑戦者に位置づけたことが，ミルの『自由論』における社会的専制の問題と共鳴していたことを明らかにする（第4節）。そのうえで，グロートとミルの見解に差異が確認される争点として，ソクラテス的な〈哲学者の道〉とペリクレス的な〈政治家・弁論家の道〉という二つの選択肢を分析し，ソクラテスの弁証術（問答法）と

弁論術の意味づけを比較検討する（第5節）。

　概して，グロートとミルのプラトン解釈の共通点は，プラトンの思想全体に，首尾一貫した理論的基盤や体系的理解を見出すことはできないと主張したことにある。この特色は，グロートが各対話篇を「それが書かれた通りに研究し，プラトン自身が暗示していること以上のいかなる目的を彼に帰したことはほとんどない」と宣言したことにも表われている。つまりグロートは，難解なプラトンの哲学に解決の糸口が見えない課題を発見したとしても，新プラトン主義者や観念論者のように，その体系性の解読を目指してプラトンが「自分のクローゼットのなかに何かよい解決策を隠し持っていた」と想定してはならないと主張する。むしろ，プラトンは「それ〔よい解決策〕を発見することに失敗した」と仮定する姿勢を貫かねばならない。

　また，各対話篇を「独立した著作」として扱い，著作間の「調和」が見られることもあれば，そうではないことも同時に認めなければならない[6]。このようにグロートは，そもそもプラトンの全著作を完成された作品であると受け止める必要はないと考えていたようである。「私はプラトンの著作に欠点がないと主張するつもりはない」とグロートが述べたことの意味は，後期プラトンの『国家』や『法律』に現われている独断論に対するグロートの批判から読み取ることができる[7]。すなわち，「我々は，どの対話篇も〔その一つの対話篇〕それ自体で判断しなければならない。他の対話篇との比較によって説明ができる場合はそうするが，アプリオリな仮定によって〔複数の〕対話篇の間に一貫性があるとは想定しない」。グロートは，著作ごとに異なる倫理的課題が取り上げられ，各々が独立した議論を構成したこと自体はプラトンの欠点ではなく，哲学の方法論上の重要な一部を成していると解釈する[8]。

　しかしながら，先行研究で明示的に検討された通り，19世紀半ばまでの英国やドイツの哲学史家・哲学者たちは，プラトンの統一性やその思想の根底にある観念論的で形而上学的な特徴を探究する傾向が著しかった[9]。このことは，前章で取り上げたディメトリオによるグロート以前のプラトン研究の三つの解釈——秘教主義的解釈，芸術的・卓越主義的解釈，保守的解釈——に重なる争点である[10]。そのため次節では，はじめにトーマス・テイラーの新プラトン主義的な解釈に内在化した秘教的・保守的な特徴を確認する。その

うえで,ホイッグのトーマス・マコーレーによる新プラトン主義批判とベイコン擁護を素描する。グロートの『ギリシア史』と『プラトン』刊行以前の英国におけるプラトン解釈とそのイメージを把握することは,本章の大部分を占めるグロートとミルの思想的位置づけを理解する一つの手助けになるだろう。[11]

2 プラトンの有用性
—— 「新プラトン主義」とホイッグの視座 ——

(1) テイラーの新プラトン主義的解釈

　広義の新プラトン主義者として知られるロンドン出身のテイラーは,キリスト教批判の観点からプラトン哲学の優位性を解いた哲学者・翻訳家である[12][13]。よって,キリスト教神学の影響を色濃く反映した19世紀ドイツの新プラトン主義や17世紀英国のケンブリッジ・プラトニストとは異なる特徴をテイラーが有していたことには留意すべきであろう。テイラーは,9歳でセント・ポール校に入学し古典語の学習に没頭した。両親は息子を非国教徒の聖職に就かせようと望んだが,彼自身は関心を示さなかった。15歳の頃より仕事を転々としながらも,古典ギリシア語とラテン語の習得を再開し,次第に哲学への関心を強め,新プラトン主義者たちの注釈を学んだ[14]。その後,パトロンの支援を受けながら講義や翻訳活動に従事した[15]。テイラーは,フロイヤー・シデナム (Floyer Sydenham, 1710-1787) の遺稿として残されたプラトンの対話篇の翻訳を引き継ぎ,1804年にシデナムとの共同名義で『プラトン著作集 (*The Works of Plato*)』を出版した[16]。同書は〈プラトンの全集〉という形式をとった英国で初の英訳本であった[17]。しかし,本書の第1章で言及したように,テイラーの英訳は難解であると各所から非難された。その一方で,同書は,19世紀のロマン主義の詩人たちがプラトンに接近するきっかけを提供したとの見方もある[18]。

　テイラーのプラトン解釈は,民主政と商業社会に対する強い批判,プラトンの統一的・体系的理解,哲学の大衆化への反発において,急進派の視点とは全くの対照を成している。グロートとミルはギリシアの民主的諸制度と知

的文化を支持することで，民主政擁護やデマゴーグの再検討，ソフィストの刷新を試みた。対してテイラーは，古代人の栄光を再び復活させるべきであると力説する。テイラーは，合理化や科学革新を遂げつつある18世紀末の英国の状況を「技芸が洗練され，実験が増加の一途をたどる」と表現したが，経済発展や文明が開花する過程で散見される「浅ましい意見」が優位にあるかぎり，「哲学に関しては野蛮で無知の状態に留まらざるを得ない」と考察する。

> 確かに我々は商業人として繁栄し，まだ見ぬ国々にまでこの帝国の笏を引き伸ばすかもしれない。商品が生み出す富を大量に積み込み，貿易の喧騒が鳴り響くテムズ川は，確かに黄金の潮流となって豊かさをもたらすかもしれない。しかしながら我々は，その一方で，商業という悪魔(the Deamon of commerce) が最も自由な目的を踏み躙ろうと大股で前進していることを忘れてはならない。この悪魔は自らの野蛮な腕を伸ばすことで，真理を信奉する者を打ち砕き，哲学の神聖なる隠れ家を過疎化させようと準備している。数は少ないが自由を重視する者たち (liberal few) よ，立ち上がり，古代の叡智の尊厳を擁護せよ。[19]

古典古代へと回帰することで〈真の自由〉の回復を試みるテイラーは，プラトンの英訳書において，商業社会に蔓延する平板な経験主義や科学的方法論に異論を唱え，形而上学の優位を主張する。端的に言えば，テイラーの論敵は「実験こそ真理の唯一の確固たる基準であると認める人々」である。このような現代的（近代的）思考に対抗して，帰納に基づく実証ではなく，アプリオリな命題に基づく検証をプラトンの哲学から析出することが重視されねばならない。テイラーの目標は，プラトンを通じて，一部の少数ではあるが「他の人々と比べて昏睡状態には至っていない人々」を「感覚の眠り」から目覚めさせ，彼らを「深い泥沼」から脱出できるよう精神を昇華させることで，その人々に対して「別の世界」や「別の人生」を垣間見させるよう導くことである。「古代人が自らの威厳と権威から導出した自明の理」とは，近代的な推論に基づく経験や実験による真理ではなく，「実証不可能な真理」

第5章　二人のプラトン

であった。[20]

　19世紀初頭に公刊されたシデナムとテイラーの『プラトン著作集』に付された「概論」では、テイラーのプラトン解釈が随所で表現されている。テイラーによると、「プラトン哲学の正統な学生」は「生まれつき善良な気質」を持ち、「聡明で鋭敏」で「知恵と真理の獲得」を切に熱望する者でなければならない。なぜなら、叡智を手にするためには数多くの困難に耐え抜くことが求められるからである。「幼少期から数学的な学問をしっかりと教え込まれた者」や、昼夜問わず「深い瞑想」に徹することができる者、「意気揚々と荒れ狂う海を航海する」ような気概を持つ者が、プラトンを学ぶに相応しい学生である。一方、このような必要条件を満たさない者はプラトンの哲学に適さない。例えば、知恵の追求はせいぜい二の次にして「言葉の研究のみを仕事にする者」や経済活動の片手間に勉強をして「散漫な努力で賢くなることを期待する者」はプラトンの知恵を習得できない。特に後者に対するテイラーの批判には、商業に勤しむ中産階級や社交を楽しむ諸個人に対する揶揄が含まれている。彼は、19世紀の英国にはプラトンの学徒に値しない者が圧倒的多数を占めると結論づけた。[21]

　では、このような人々を啓蒙してプラトンの正統な弟子に迎え入れるべきであろうか。テイラーはそのようなことを想定していない。生まれや教育において、プラトンの深淵なる哲学を学ぶ条件から除外される普通の人々は、「最も崇高な知恵に関して無知であるだけでなく、自分が無知であることさえ全く知らない」。ここでテイラーは、プラトンの〈洞窟の比喩〉を想起させる表現を用いることで、「コウモリのような目」を持つ者たちは、不合理な教義に直面したとしても、それを見事なものであると勘違いしてしまうため、自分の無知に気がつくことはないと指摘する。つまり、テイラーにとって普通の人とは、暗い洞窟で影を眺めて喜ぶような人物のことであろう。この現代的な現象をプラトンが目撃すれば、「彼ら〔人々〕は最も高次の真理を理解しているように錯覚するが、実際は全く逆のことである」とプラトンは述べるだろうとテイラーは考察する。よってテイラーは、コウモリのように暗闇しか見ていない人々に対して、「あらゆるプラトン哲学の深淵なる思索にも干渉しないこと」を切に求めた。なぜなら、哲学的探究に適さない人々

に無理に哲学の道を勧めることは，「彼らの卑しい本業に根気よく邁進するよう勧めることや，より積極的かつ精力的に富のために必死に働くように勧めること」よりも，「さらなる危険」が生じるからである。

哲学以外の仕事に相応しい者（テイラーの表現を借りれば，「道徳的に乱れて混乱している者」）が，「自由な思索や言説」を学ぶことは，「きれいな水」である哲学の世界を「泥」で汚染させることに繋がりかねない。このような泥沼化した土壌では，「不合理で肉体的な生」に満ちた「森」は「野蛮の巣窟」であるため，「まずは炎と剣とあらゆる種類の道具（つまり，予備的な規律と政治的美徳）によって清めなければならない」。そして，「理性を感情の奴隷状態から解放せねばならない」とテイラーは強調する。よってテイラーのプラトン解釈は，古代の叡智の獲得に邁進することのできる，ごくわずかの優れた少数者にプラトンを学ばせようとする意図に支えられていた。この点において，テイラーの主張が1834から35年にかけてのミルによる「プラトンの対話篇」の抄訳・解説の公表の意図とは区別されると言える（本書の第1章参照）。すなわちテイラーは，一般市民や大衆がプラトンに触れるべきであるとは想定しなかったのである。

(2) マコーレーによる新プラトン主義批判

哲学的急進派の同時代人で，ミル親子やグロートと同じく「アテネウム・クラブ」に在籍したホイッグを代表するトーマス・バビントン・マコーレーは，『古代ローマ詩歌集（*Lays of Ancient Rome*）』（1842年）の著者として知られる一方，いくつかの論考やエッセイを通じてギリシアについて論じており，彼の古典古代論受容は多面的である。本書の関心に即して簡潔に述べるのであれば，マコーレーのアテナイの民主政史論とソフィスト解釈，さらに新プラトン主義批判には，哲学的急進派に近接した解釈を提示した要素が含まれる。ウェッビーによると，「ホイッグ史観」を背景としたマコーレーのギリシア解釈において，アテナイのソフィストはヨーロッパの知的文化を刺激した役割を認められた。また，ギリシア史に関してマコーレーは，ミトフォードの『ギリシア史』を批判することで，アテナイの民主政における進歩の過程を認識したと捉えらえる。

本章の主題であるプラトン受容に関してマコーレーは，英国経験論の伝統に根ざした議論を展開することで，形而上学的・観念論的な新プラトン主義を批判した。マコーレーのエッセイ「ベイコン卿（Lord Bacon）」（1837年）は，ベイコンの帰納法に基づく科学的思考を好意的に受容する一方で，プラトン哲学の問題点を明らかにした。マコーレーは，プラトンの『国家』第7巻を一例に挙げ，超越的な思考がプラトンに含意されていることを示す。厳密に述べると，『国家』では，数や計算，幾何学といった数学的問いを通じた真実への到達とその教育がプラトンによって検討されているが，マコーレーはこの箇所をおそらく参照することで，「数の性質を研究すること」が「純粋な真実を観照するための精神を習慣づけ，物質的な世界から我々を上昇させる」ことに繋がるとプラトンが論じたと分析する⁽²⁷⁾。では，なぜ人々はこのような高度に抽象化された学問を学ぶのであろうか。プラトンの弟子たちは，「売り買いができるようになるためや，小売店主や旅商人になる資格を得るために」プラトンを摂取するのではない。絶えず変化するような「目に見えたり触れたりすることのできる世界」から我々の精神を引き離し，「事物の不変的本質」を学ぶために，プラトン哲学の修得を試みるのである。

　このような見方とは対照的に，ベイコンは「プラトンが心の底から軽蔑している可視的で触知可能な世界」の価値を理解したとマコーレーは評する⁽²⁸⁾。プラトンの学問は「統制の行き届いた共同体」に相応しいが，ベイコンはそれを容認することはないだろうと続ける。プラトンのように「人間を完璧な存在にすること」はベイコンの目的ではない。プラトンは「人間は哲学のためにつくられた」と考えるが，ベイコンは「哲学は人間のためにつくられた」と考えるのである。すなわち，ベイコンにとって哲学とは，「目的を達成するための手段」であり，この目的とは，「哲学者ではなく，哲学者になることができない何百万もの人々の快楽を増大させ，苦痛を軽減すること」であった⁽²⁹⁾。このような哲学者以外の大多数の人間を考慮に入れた哲学は，同時代の自由主義的な思想と重なるところがあると言える。

　マコーレーはこれら二つの哲学的洞察を明快に要約する。プラトン主義の目的は，「人間を神へと昇華させること」，言い換えると，「我々を低俗な欲求のはるか上にまで上昇させること」であった。それに対してベイコン主義

は，「人間が人間であり続けながら人間が必要とするもの」を提供し，「我々の低俗な欲求」を満たすことを目的としていた。前者は「高貴な言葉」を使うことで「人間の最も優れた知性が人間の最も優れた言語を果てしなく支配すること」を想起する哲学で，「気高い」目的を有していた。しかし後者は，「達成可能な」目的を掲げることで，「観察に始まり，技芸に終わる」哲学を提示した。[30]

マコーレーによるプラトンとベイコンとの対比的な評価は，古典古代という過去から現在へと時代が進むにつれて，人間の哲学が進歩してきたことに基づいて析出された。この進歩の鍵は，「チャールズ2世の時代」に「新しい哲学」としてベイコン哲学が受容されたことにあり，のちの時代にもたらされた帰結に目を向けてみるようにと，ホイッグのマコーレーは力説する。その帰結は，産業革命を経たイングランドに象徴的な文明や科学の発展に裏付けられた人間社会の拡張と進展から観察可能である。ベイコンの帰納法に基づく哲学は，「決して休むことなく，決して成就することはなく，決して完成することはない。その法則は進歩である。昨日は見えなかった地点が今日の到達点であり，その到達点は明日の出発点になるのである」[31]。

3　グロートとミルによるプラトン解釈

(1) ベイコン主義者としてのソクラテス

マコーレーは，テイラーに代表されるプラトンの形而上学を探究する新プラトン主義的・神秘主義的な哲学の代わりに，経験論の系譜に位置するベイコンを支持した。グロートは，「(前2世紀末から6世紀初頭の) 新プラトン主義者たちは，神秘的・神学的な解釈を新たに導入し，しばしばプラトンの意味を完全に変容させ，歪曲させた」ことを指摘し，さらに，「18世紀の最後の四半世紀にカントがヨーロッパの思弁的な精神に与えた強力な衝撃は，プラトンがどのように受け止められていたかという観点に実質的な影響を及ぼした」[32]と分析する。ミルは，新プラトン主義には「本質的な価値はほとんどない」[33]と評価した。本節以降で詳説するグロートとミルの議論において，テイラーに代表されるプラトンの「統一的解釈」は拒絶されているが，他方で

プラトン哲学の「否定的な力（negative arm）」にベイコン主義を見出す解釈が含意されている。この点にマコーレーのプラトン評価との違いが明示される。

ホイッグと哲学的急進派の古典古代論受容に関する広範な比較という政治学や思想史上の重要な争点を本章で取り上げることはできないが，少なくともプラトン解釈に関しては，両者の違いがベイコン論にあったことを示すことはできる。マコーレーはベイコンに進歩の鍵を読み解いたが，グロートとミルは，プラトンのソクラテスのなかにベイコンの姿を見出し，その急進性を析出した。具体的に両者が着目したプラトンの哲学的意義とは，問答形式の対話によって一般に受け容れられた道徳的観念に「ふるいをかける」ソクラテスの否定的弁証術であり，それは諸原理を肯定的に理解するための第一段階を形成する。

『ギリシア史』でグロートは，人間と社会に関する知識について現象の観察を通じて明らかにするというベイコン的な思考を，ソクラテスが兼ね備えていたと論じる。グロートによると，ソクラテスは，人間社会の知識をすべての人が知るべきものであり，知らないままでは「うまく行動することはできない」と思索した。すなわち，知を学ぶことを放棄すれば，人は「自由で責任のある存在として信頼されるに値しない奴隷にすぎない」[34]。

> ソクラテスは，正義，節制，勇気，敬虔，祖国愛などが何であるかを自分の力で正確に知ることなしには，正義，節度，勇気，敬虔，祖国愛を持った主体として行動することはできないと確信していた。彼は，安定した道徳的行動の力は道徳的な目的と手段の合理的理解に依存し，制約を受けるという真にベイコン主義の観念を有していた。しかし，ソクラテスの周りにいる人々の精神を見渡してみると，このような理解力を持った者やそれを身につけるためにこれまで学んだことがある者は，ほとんどいないか皆無であった。[35]

「現実を伴わない知識の過大評価」が普遍的に流布していることをソクラテスは察知し，知性が「何の導きもなしに，あるいは同調，反感，権威，沈

黙の同化といった盲目的な導きのみ」に委ねられていることに気がついた。社会一般の常識や伝統を土台に民主政に寄り添うソフィストたちとは異なり，「ベイコン的な方法と精神」に基づいて，ソクラテスは反対尋問のプロセスを用いることで，一般的に認められた知識の誤謬やその不確実性を暴き出した。

　一方で，このような否定的推論には，「肯定的帰結」を最終的に導くための準備段階の役割もある。「改良された実験的研究」の重要性をベイコンは物理科学から導出したが，ソクラテスの扱った人間と社会の概念に関わる諸問題において，「問いの基礎的な事実情報（the elementary data）」は「聴き手の経験」のなかに組み込まれているため，表立って当人の「理性的努力」を刺激する必要がある。ソクラテスの否定的弁証術は，人々が「知識の錯覚」に陥った状態を暴露し，「有徳な活動の条件とその保障」として，「真の確実で包括的な自明の知識」を獲得するために機能する。この否定を経たうえで肯定が導かれる点において，ソクラテスは単なる懐疑主義者ではないとグロートは論じる。つまり，否定の段階を経ることが，真の知識に至るために不可欠な第一段階である。ソクラテスほど「肯定的かつ実践的な眼で人生について凝視した人物」はおらず，「自分の歩むべき道をより明確に認識しながら，自分の足跡を追い求めた人物」はいなかった。グロートは，このようなソクラテスに「伝道者の人を魅了する熱意」と「哲学者の鋭敏さや独創性，発明を生み出す才能，一般化に長けた理解力」がそれぞれ備わっていたことを称賛した。

　以上のグロートによるソクラテス解釈は『ギリシア史』の第8巻・第68章（初版1850年）に基づく。ミルは当該章を扱った書評記事（1850年）において，同章を「最も教訓的な章」であると評価し，ソクラテスの教えは「現在においても，またいつの時代においても喫緊に求められている」と論じた。ソクラテスの道徳がベイコン的であると見なしたグロートの分析にミルは同意し，ソクラテスが「最も身近な主題に関して人類に共通する諸観念が，不正確で，曖昧で，混乱しており，誤解を招きやすい性格であることを暴露した」と評する。ミルによると，「否定的弁証術を衰退させることは現在の流行」であるが，ベイコンの哲学はこの否定を通じて「肯定的知識の進歩」を

第5章　二人のプラトン

生み出した。ベイコンは「ニュートンと現代の自然科学」に寄与したが，それに等しい方法でソクラテスは，「人々に自らの不知を納得させ，知識の諸条件に目を向けさせることで，プラトンとアリストテレスを生み出した積極的運動を創出した(38)」。しかし，現代においてソクラテスの反対尋問（反駁的対話）(39)は歓迎を受けることはない。この 1850 年の記事をミルは次のように終えている。

　　ソクラテスは道徳的な主題に関して，このようにふるいにかけられていない一般の諸観念や印象に対する直接の敵対者（antagonist）として，歴史において唯一無二の地位を占めている。彼が行なった仕事は，かの知的革新に不可欠な条件として再び行なわれる必要があり，これがなければ，人類が現在切望し始めている重大な道徳と社会の改善は，永久に達成不可能になるだろう。(40)

(2) 二人のプラトン問題

　『ギリシア史』でソクラテスとベイコンの繋がりを指摘したグロートは，『プラトン』では，プラトンの各対話篇を章ごとに丹念に扱うことで詳細な分析を行った。その結果，プラトンには，否定的弁証術によって特徴づけられる〈ソクラテス的プラトン〉と肯定的弁証術を駆使する〈独断論者のプラトン〉という二つの相反する特徴があることを明確に意識するに至る。グロートは，プラトンの著作ごとにいずれのプラトンが前景化しているかに慎重にならないかぎり，その哲学を適切に理解できないと指摘し，この考えにミルは同意した。(41) トラシュロスの文献学を参考にしながらグロートは，対話篇を「調査あるいは探究（Investigation or Search）の対話篇」と「説明（Exposition）の対話篇」に分類した。前者は「探究者（searcher），試験者（tester），反対論者（impugner）」の哲学であるのに対して，後者は「説明者（expositor）で独断論者（dogmatist）」の哲学に属する。そしてプラトンの特色は，「肯定的であるよりも否定的である」ことにあり，「難題を解決すること」（肯定）よりも「難題を指摘すること」（否定）により独創性があるとグロートは考察する。(43) 以下で検討するように，グロートは否定の分類に属する著作群の含意

を重視した。

　ソクラテス的プラトンとは，グロートとミルが支持したプラトンの哲学・方法論の特徴を表す立場で，ベイコン的なソクラテスの弁証術によって支えられた否定的力の働きを有するプラトンを指す。それに対して独断論のプラトンは，テイラーに象徴される新プラトン主義者が好むような，緻密で厳格な否定的証明を経ることなしに，統一的な哲学や体系的構想を生成し，肯定的議論を構築するプラトン像に接合される。この統一性や体系的理解は，キリスト教のさまざまな宗派やカント由来の形而上学，あるいはテイラー的な神秘主義など多様な経路を通じて導き出されるが，グロートは，プラトンのなかに接続不可能な〈二つの顔〉が存在していると考え，プラトンを首尾一貫した哲学者であるとみなす前提を退ける。

　プラトンの著作間に見られる矛盾や相違を認める視点を導入したグロートは，プラトンを「秩序だてられた見解の構想や体系」を持った「肯定の哲学者」と理解することは適切ではないと捉える。プラトンを称賛する批評者たちは，「彼〔プラトン〕が教師として教授の椅子に座り，大勢の学習者に囲まれ，全員が，(学習者一般に課せられた) 自分が聞いたことを信じる義務がある」と想定する傾向があるとグロートは批判する。この想定を用いると各作品にはある種の「謎」が付与されてしまう。しかしグロートは，対話篇の「(多様なプラトン的な比喩を用いるのであれば) 作曲家は多数いるのであって，一人ではない」と判断する。

　続けてグロートは，「それら〔プラトンのすべての対話篇〕の価値は，結果ではなく議論にあり，結論ではなく結論に対する賛否の根拠にある」と解釈する。プラトンの対話篇には多様な主題と理論が含まれているが，「それらを比較し，調整し，あなたの理性が認めるような結果を導き出すのは，あなたである」。つまりグロートは，読者に「弁証術的な吟味の過程」を自ら経験するよう訴えかける。グロートの見解は，確固たる体系的なプラトンは虚像であることを読者に伝え，独断論者のプラトンではなくソクラテスと対話するように促すのである。

　ミルは「グロートのプラトン」において，グロートによって整理されたプラトンの方法論を参照しながら独自の説明を付した。まずミルは，グロート

第5章　二人のプラトン　　197

の見解を踏襲し，プラトンの弁証術が「否定」と「肯定」の二つの部門から構成されていると理解する。否定的な精査を行なう部分は，「ソクラテス的なエレンコス（elenchus）」である「反対尋問（cross-examination）」によって主に特徴づけられる。否定の部門では，「否定的な吟味によってあらゆる意見を検証し，その意見に対して想定され得るすべての異論や難問を導出し，その意見が採用される前に，その意見に首尾よく対処しなければならない」。口頭での問答に長けたソクラテスのような熟練者が用いた場合，否定的吟味は「実体を伴わない単なる見かけの知識」に対抗することができる。このような否定部門におけるソクラテス的弁証術は，「生の技法（Art of Living）の主要部門」の一部を為す技法であるとミルは捉えている。[47]

　もう一方の肯定の部門は，事物の分類と定義に関わる領域で，あるカテゴリーに分類される事物に共通の特徴を探し求める役割を担う。Aという事物があるとして，そのAを構成する諸要素を分割するとBとCが示されるとする。さらにBとCを分割し，これを続けることでAの特色が段階的にさまざまにあることが示される。Aの持つBやC，さらにBとCの下位にある属性を調査することで，それぞれの属性の間の一致点と相違点を明らかにする。このような「混じり気のないベイコン主義的」な論理学的検証を進めることで，事物の本性としての定義を導き出すことが可能になるとミルは分析する。[48]

　この肯定の部門は，政治的・社会的な議論においても有効性を発揮する。「一般的な言説における非難や称賛の基準」は，曖昧なことがしばしばある。そこで，さまざまな言説の意味を明確に理解するためには，第一に「反対者の批判に対して自分たちの意見を主張し，反対者に反論できるようにすること」，第二に「厳粛な対話の場で正確な意味を持たない言葉を決して使用しないようにすること」という「二重の義務」が求められる。だが，これらの義務は，「全人類の大部分を構成する諸階級」に属する「あらゆる宗派の独断論者」や「単に実務的な人々」に嫌厭されてきた。その結果，知性の向上は大幅に遅れ，人は知恵を獲得したとしても賢明になることができない状態に陥っているのである。[49]

　ミルは，ベイコンが『ノヴム・オルガヌム』で列挙した「種族のイドラ」

や「洞窟のイドラ」(50)がいまだに蔓延っていると指摘する(51)。つまり，新たな事実や知性は時代が進むにつれて明らかにされてきた一方，誤謬や矛盾を容易に受け容れてしまう「精神的習慣」は改善されていない。この意味において，プラトンとソクラテスの肯定的力は現在もなおその意義を有しているのである。しかし，プラトン自身はこの弁証術における肯定的部門と否定的部門のいずれの機能も自身の著作に十分に活用していない場合があり，それは「奇妙なこと」だとミルは述べる。ここに，プラトンの一つの「矛盾」がある(52)。その矛盾は，グロートとミルが読み解いた，プラトンの思想に内在的に相反する二つの姿によって説明される。すなわち，〈ソクラテス的プラトン〉と〈独断論者のプラトン〉である。

> このようにプラトンのなかには，些細な矛盾とは無関係に，二人の完全なプラトン——ソクラテス主義者（Sokratist）と独断論者（Dogmatist）が存在している。前者は人類にとって圧倒的な価値を持つが，後者の方がはるかに多くの名誉を人類から得ている。それもそのはずで，一方〔独断論者としてのプラトン〕は多くの人の道徳的・宗教的ドグマの有用な支柱となる能力があったが，他方〔ソクラテス主義者としてのプラトン〕は，人間知性（human understanding）を明瞭にし，活気づけることしかできなかったからである(53)。

ミルの見立てによると，プラトンの哲学的体系の基礎は，否定と肯定に区別された弁証術によって支えられる。そして，肯定的部門の上部には存在論が位置づけられる。ミルによれば，個々の事物を構成するある種の繋がり（「結合の紐帯」）は，「抽象によって形成され，精神の外界に存在する精神的観念ではなく，それ自体として存在し，我々の世界とは別の世界に属する形相（Form）あるいはイデア（Idea）」であるとプラトンは考察した。そしてこのイデア論が導入されるとプラトンは，イデアを「実在」とみなし，「イデアのみが永続的であり，知識の対象」であると考えるようになり，「イデアを認識することが哲学者特有の役割である」と捉えた。よって，弁証術の過程をたどることで，読者は「プラトン哲学の神秘的かつ詩的な側面」にたどり

第5章　二人のプラトン　　199

着く。

　しかし問題は，形而上学的な存在論を支持するプラトンの姿を，経験論の系譜に属する功利主義者たちがいかに受け止めたかである。ミルは「プラトンの弁証術」の「真の価値」とは，「この宗教的・形而上学的な上部構造によって決定されるわけではない」と強調する。言い換えると，『国家』や『法律』において，プラトンは存在論を倫理学的基礎の上に位置づけており，この存在論的世界観に基づく政治思想をいかに解釈すべきか，という統治者と被治者の問題が次なる争点に浮上する。[54]

(3) プラトン〈理想の国家〉をめぐって

　ここまで確認してきたように，プラトンの対話篇全体には，何かしらの一貫した理論的構想を当てはめるべきではないとグロートとミルは考察した。テイラーがプラトンの『国家』と『法律』は「道徳に関する最も美しいドグマ」の哲学を形成していると解釈したのに対して，急進派はそれを受け容れない。[55]グロートは，プラトンという一人の人物のなかに多面的な姿が混在していることを強調したが，[56]ここで問われるべき政治学上の課題は，『国家』や『法律』のプラトンであることは言うまでもない。この問いに対してグロートとミルは，プラトンの後期著作における〈哲人政治〉を批判する議論を展開した。

　ミルによると，「プラトンの倫理的諸観念における重大な欠陥」は，他者の権利擁護を軽視したところにある。[57]ミルは，プラトンの後期対話篇『政治家』に対するグロートの説明を引用することで，プラトンの理想の政府とは何かを示す。この理想は，『国家』と『法律』においても本質的に同様の特色を保持しながら議論されているとミルは捉える。[58]プラトンにとって「非科学的な統治」は偽りであり，「多数集団によるいかなる支配」は見せかけの統治にすぎない。このことをグロートは以下のように要約する。プラトンの政治学によると，

　　真の科学やアートは，富者であれ貧者であれ多くの人々にとって獲得することが難しく，少数，おそらくはたった一人ですら到達できないもの

である。なぜなら，人を統治する科学やアートは，他のいかなる科学やアートよりも難しいからである。しかし，一人の支配者が，法を宣言しようが法に依らずに統治しようとも，厳しさあるいは穏やかさを用いようとも，その支配者がただ自らの技術に忠実であり，被治者の善と改善という統治の目的を実現するかぎりにおいて，この単数支配は，唯一の真に正しい統治である。[59]

　グロートが説明するように，この統治者は医師のような技術を有し，科学的判断に忠実に従う。プラトンは，法律によって科学的統治者に制限を課すことを「馬鹿げている」と考える。なぜなら，医者や船の操舵手が臨機応変に技術を駆使して実践するのと同じく，法律を遵守するかしないかにかかわらず，統治者は技術や知性に基づいて人民のために支配を行なうからである。法に基づく統治は，非科学的な統治者が法の支配の不在のもとで統治するよりもましではある。しかしこの統治は，科学的統治者が法の支配がない状態で統治することよりも劣る支配である。すなわち，プラトンにとって，何にも増して優先すべき統治形態は科学的支配であり，法は「次善策」である。グロートによると，結局のところプラトンにとって真の政治とは，科学や技術を兼ね備えた一人の統治者による支配であり，「法律は余分なもので，不便ですらある」。科学的支配以外の統治は，「派閥や徒党」の政治であり，「詐欺師や手品師が繰り広げる妄想」にすぎない。
　仮に科学的支配者による統治ではなく，法の支配という「見せかけの政体」の次善策を取るのであれば，政体は六つに整理される[60]。プラトンによると，第一にこの政体は，支配者の数に基づいて単独支配，少数支配，多数支配に区分され，さらにこれら三つの区分を法の支配（法律遵奉的）と法のない支配（法律軽視的）に分けることで六つになる。しかしプラトンは，この複数の次善策ではなく，それらの上位に属する第七の政体――「ちょうど神が人間どもの群がる地上をはるかに超えたところ」に存在するように，「その他のあらゆる諸政体のはるかかなたの上方にその座を占めている特別に神々しいもの」――を最も理想の統治形態に位置づけた[61]。
　グロートは，第七の政体に関わるプラトンの統治論を批判的に分析した。

『国家』においてプラトンは，統治者や守護者に相応しい可能性のある少数者にのみ訓練の機会を与える教育構想を掲げているが，これは，その少数者以外の残りの人々から「自己防衛や自助」に関する能力などの訓練の機会を奪うことを意味する。グロートの表現を用いるのであれば，「人は皆一つのことのみをすべきである」というプラトンの根本的な前提を普通の人々の人生に当てはめると，「すべての人はある特殊な機械（a special machine）に還元されてしまう」ことになる。一つの職業によって生計を立て，その仕事に関わる能力や技術を育むことは，人間が生きていくための適切な方法として認められているが，その一つの仕事以外の「あらゆることに関して全く無力であること」は，妥当ではないとグロートは指摘する。すなわち『国家』は，「人民の集団」を「個々の人間というよりはむしろ機械」であると描写したのである。よって人民は，「守護者を養う生産者」や「守護者に従う従順な物質」であり，「守護者によって世話をされる」存在にすぎない。[62]

加えてグロートは，プラトンの国家構想における暴力性を問題視する。その理解によると，プラトンは軍事的・好戦的な国家であるスパルタを好む傾向があったが，『法律』ではスパルタ的な「身体に対する処罰」がふんだんに用いられた。しかしこのような手段は，アテナイの市民には認め難い手段であっただろうとグロートは理解する。グロートによると，「ペリクレス，ニキアス，クレオン，イソクラテス，デモステネス，そしてソクラテス」は各々に性格の異なるアテナイ市民であったが，スパルタ的な「肉体的懲罰」を用いた処罰の制度は，総じて彼らを不快にさせたであろう。その理由は，アテナイにおいて「腕や手を用いた攻撃的な手段」の代わりに，言論の自由が認められていたからである。しかし『国家』や『法律』のプラトンは，アテナイの社会で重視されていた暴力に頼らない知的・経済的競争や寛容の精神を軽蔑し，スパルタ的な懲罰や身体的暴力を認める方向へと傾いている。『国家』と『法律』のプラトンにとって，言論に基づく民主的な競争が繰り広げられた「アテナイの社会は大変忌まわしく見えたのだろう」とグロートは推測する。[63] よって，1820年代の初期草稿と『ギリシア史』から一貫してアテナイの政治文化を擁護してきたグロートにとって，〈哲人政治〉のプラトンは，市民の独立や自由を軽視し，国家による強権的な統治を容認するた

め，批判されて然るべきであった。

　ところがミルは，グロートと比較して，『国家』におけるプラトンの支配者教育論に一定の関心を示す議論を行なった。ここに両者の若干の差異が認められる。ミルによると，『国家』においては，科学的統治者 (scientific rulers) になるための訓練を受けた「単数あるいはごく少数」の支配者が「無制限の権威」を保持することで，「最善の社会形態」が導かれる様相描かれている。同書では，「理想のコモンウェルス」において科学的統治者が全面的に信頼されているため，彼らが責任追及を受けることや成文法・司法によって権力を制限されることはない。一方で，『法律』では科学的統治者の代わりに法という「不完全な代替」が準備された「次善の策としての国家」が提唱されている。この法は侵害されることはないが，改正することもできない。さらに，『法律』で導入された「実定法」には「日常生活の細部にわたって及ぶ法的規制」が含まれる。このように『国家』と『法律』では異なる二つの政治・社会構想が示されているが，ミルは両著作におけるプラトンの目的は基本的に同じであると考える。その目的とは，「統治者の仕事は，統治者が支配する人民を賢明で徳のある人間にすることである[64]」。

　以上のプラトンの政治理論には，注目に値する長所と欠点があるとミルは分析する。その利点は，「先験的な重要性と普遍的な応用性を持った真理」を熱心に主張したことにある。統治の仕事は，「専門職 (Skilled Employment)」であり，「ついでながらに他の百に及ぶ仕事と並行して」できるようなことではない。幅広い教養教育のみならず，「被治者の科学的統制 (a scientific mastery of the subject)」を習得するように方向づけられた「骨の折れる長期間の特別な専門的学習」を行なわなければ，統治者に資する人物になることはできない。ここにプラトンの理論上の長所がある。

　一方でその理論の弱点は，統治者の「無謬性」「あるいはそれに近似したもの」が前提にされているところにある。理論上，統治者以外の人々は自分たちの政府に対して意見することや，自分たちの科学的支配者を問責するには適さないとみなされ，「〔統治者以外の〕人類の残りにかなりの程度の愚かさ」が認められている。すなわち，プラトンの誤りとは，「優れた思想家の誤りの多くと同様に，真実の半分しか見ていないことに存する」。その教義

は，「いかなる人間もあらゆる義務に適している」という民主政の基本原理への抗議であったと捉えられる。したがって，このようなプラトン的抗議は，人間精神の優れた側面に「無関心」である傾向を示している。さらに，「すべての民衆統治において，疑いなくアテナイにおいても，合衆国やグレート・ブリテンでも同様に，多かれ少なかれその傾向」が見られる。しかしながら，「このような傾向が普遍的であるとか，不治のものであるとみなすことは間違いであろう」とミルは考察した。

「最も有能な人物が支配することの排他的な権利」，つまり哲人支配を擁護したプラトンが民主政を非難したことは周知の事実であり，それは近現代におけるプラトン政治学の永続的な争点を構成してきた。ただしミルは，プラトンが権力を振りかざすことで弾圧を行なう専制を支持していたとは解釈しない。ミルによると，『国家』の後半部分には，「社会の誘惑や社会の誤った称賛や非難」が，「もともとは立派な本性」を堕落へと導く様子が印象的に描かれている。つまりミルは，プラトンの叙述に人間の性格形成に関わる含意を読み取ったと言える。ミルの表現を用いるのであれば，プラトン的支配者は「発見されるのではなく，つくられる」のである。『国家』では数多くの種類の訓練や教育が統治者育成のプログラムに盛り込まれているが，ミルは支配者階級の性格形成に求められる「知的，感情的，実践的な」プラトンの教育課程に関心を抱いているようである。

だが，この支配者教育には，いわゆる個人の嗜好や行動，感情・感性の自由を規制するかのような徹底した管理体制が敷かれている。ミルは，「私的な利益」よりも「公共の利益」を優先させる教育計画は，「一般市民」を対象にしておらず，哲人を目指す人々や軍人といった一部の階層に限定されたことに留意している。すなわち，「非科学的な大衆」に，「自分たちに関係する問題については共同権限を与える」ことは，「その科学的統治の考えとは一致しない」。一方で，大衆を支配する統治者には「一切の私的利益」を認めないことで，被治者の保護を目指すのがプラトンの構想である。その結果，統治者層に対する私有財産制の否定や公的権威による結婚や子育ての取り決めをプラトンは提唱した。それは，カトリック教会の「聖職者の独身制」や「共産主義の禁欲的な規則」にも見られる組織への「徹底した献身」を目的

とした政治構想であった。⁽⁶⁸⁾

『法律』のプラトンは，よりいっそう独断的である。ミルによると，『法律』でプラトンがソクラテス的な弁証術を用いていないことは，プラトン自身の「厳格で不変的な正統主義」が同書で展開されたことを意味している。仮に『法律』のプラトンに挑むのであれば，「〔トマス・デ・〕トルケマダのような過酷さによって抑圧される」とミルは表現する。この15世紀の初代異端審問所長官のような厳しい態度を持ち，寛容の精神を失った晩年のプラトンの思想は，グロートにとって受け容れ難いものであった。⁽⁶⁹⁾ グロートは民主政支持の立場から『国家』と『法律』のプラトンの政治学を批判することで，その独断論的な思想に厳しい評価を下した。その一方，ミルの場合はプラトンの統治者育成論に一定の関心を寄せていた。しかし，両者が共に強調したプラトン哲学の意義とは，ソクラテス的プラトンの要素にあったことを次節以降で検討する。

4　ノモス王 対 ソクラテス

(1) ノモス王の誕生とその役割

グロートは，「ノモス王（King Nomos）」という印象的な概念を『プラトン』のなかでたびたび用いることで，自身の政治的・哲学的立場を表明した。⁽⁷⁰⁾ この概念への着目によって，グロートが，ベンサム主義的な権力批判論を展開した姿勢を読み解くことが可能になると言える。ただし，ベンサムが「邪悪な利益」を，君主政と貴族政に支えられた混合政体に内在化した特権階級の腐敗を問題化するために用いたのに対して，グロートのノモス王は，特権階級への非難というベンサムの主張を含みながらも，同時にその腐敗の範囲を社会的権力にまで拡張する特色がある。本節では，ノモス王の意味や定義，⁽⁷¹⁾ そしてグロートがノモス王を『プラトン』で考察する過程に影響を与えたと仮定されるミルの『自由論』を分析する。

はじめに，グロートによるノモス王の造語過程を確認しておきたい。この言葉の原型は，ヘロドトスがピンダロスの詩から引用した「万物の王（King of All）であるノモス（Law and Custom）⁽⁷²⁾」⁽⁷³⁾にある。グロートは，このノモス（Nomos）が法（Law）と慣習（Custom）の双方を指すと定義する。ただし，もともとのピンダロスの詩に関わる見解は古典古代期に複数確認される。ヘロドトスは『歴史』のなかで，「実際どこの国の人間にでも，世界中の慣習の中から最も良いものを選べといえば，熟慮の末に誰もが自国の慣習を選ぶに相違ない。このようにどこの国の人間でも，自国の慣習を格段にすぐれたものと考えているのである。（……）私にはピンダロスが「慣習こそ万象の王」と歌ったのは正しいと思われる」と記した。(74)また，ピンダロスへの言及であると想定される別の出典として，『ゴルギアス』におけるカリクレスの有名な発言「法こそは　万物の王なれ」が挙げられる。カリクレスは「自然の正義」，つまり弱者に対する強者の支配を正当化するに際して，ピンダロスの詩からこの言葉を引用したと言われる。ここでカリクレスは「法」を「自然の法」と解釈しているが，この解釈がピンダロスの真意であったかには見解の相違ある。(75)

プラトンとヘロドトスに精通していたグロートは，カリクレスではなくヘロドトスの言説に依拠してノモス王を造語した。グロートが，このノモスを単に法のみを指す概念ではないと規定したことは，極めて重要である。したがって，ノモス王は，「無批判に容認されてきた一連の伝統的な信条である慣習の力を説明するため」の概念であるとジョルジーニが指摘したことは的確である。ただし，グロートの定義上，慣習に加えて，既存の法の働きが含まれていることにも併せて注意しなければならない。(76)すなわち，ノモス王は，既存の法と慣習をそれぞれ射程に入れることで，社会に点在するさまざまな権力作用の問題化を可能にした概念である。

では，ノモス王はいかにして形成されるのだろうか。グロートの分析によると，各共同体では，「確立された〔複数の〕ドグマ，法律，慣習，感情，流儀，見解など」が広く普及しており，信念の集合体や傾向を構成する「倫理的，宗教的，審美的，社会的なもの」は，人々の価値判断や性格，ひいては社会と個人の関係を左右する。このような共同体を支える諸要素は，「親から子へと受け継がれる伝統」によって伝播し，子供たちは「無意識のうちに」それらを身につけることで「各人の本性の一部」を形成する。その結果，「永続的な精神の習慣あるいは固定化された一連の精神的傾向」が共同体内部で

構築される。つまり，その国家や社会の構成員が幅広く受け容れている考え方や慣習は，人間が生来その共同体の一員として成長する過程で，自然に身に付けるようなものであるとグロートは考察した。もっとも，本書の第2章で検討した国制の道徳基盤も同様の社会環境下で育まれるのである。

しかしながらグロートによると，このような精神的習慣や傾向を有する「正統派の公衆」が認める社会的な価値に反論を唱え，自らの信条を個人であらためて吟味しようとする者（すなわちデマゴーグやソクラテス主義者）は，その構成員から憎悪の感情を向けられたり，生活上の試練を受けたりする。社会が異質な他者に牙を向けることをグロートは次のように説明する――「社会には個人を幸福にする力において限界があるが，個人を不幸にすることのできる完全な力を〔社会は〕保持しており，その力をいとも簡単に行使するのである」。世間一般の価値観に対抗する者は，究極的には，ソクラテスが受けた告発を突きつけられるとも言えよう。この文脈においてグロートは「ノモス王」を導入することで，ソクラテスを追訴したような社会的権威や慣習に大きな問いを投げかける。ノモス王は，(77)

> 個人の精神に対して宗教的（spiritual）・世俗的（temporal）に無条件の権力を行使する。〔ノモス王は，〕ある特定の場で形成される型（local type）に合致するように感情や知性を形づくり，各人の感情や信念，その信念のために提供された新たな事柄に関する傾向を決定し，行動のみならず，思想，言論，意見に影響を与え，習慣的で自己暗示的な傾向の体裁のもとで主権を握るのである。(78)

人々は成人へと成長する過程で社会生活を営み，さまざまな信念を抱くようになる。だが，その信念へと至る各段階において，我々はその時々に応じて確固たる証明を必ずしも求められるわけではない，とグロートは指摘する。要するに，人は何を信じるかについて常に熟慮していない可能性がある。グロートが特に着目した局面は，人々が漸進的あるいは自然的に信念を持つようになる段階で，ノモス王が，自らの圧力や権威によって人々の精神的傾向を強化することの危険性である。ノモス王の力が作用することで，共同体の

内部ではさまざまな意見が確立されていく。その一方で，人々はすでに形成された意見を「説明したり，分析したり，調整したりするように要求されること」を好まない。すなわち，すでに獲得した信念や意見に対して，弁証術を用いた否定的な討論を行なうことは嫌厭される傾向がある。⁽⁷⁹⁾

(2) ノモス王に挑戦するソクラテス

ところが，「ノモス王の全能的権威」に反感を抱く「少数の例外的精神」が出現することがある。この精神を代表する人物がソクラテスである。ソクラテス的精神は，自分の周囲にある「信念や感情の集合体」を「吟味する自由」を感じ取ることを可能にする。この少数の者たちが，伝統的な権威であるノモス王から一定の距離をとりながら「自己判断の権利」を主張することは，「哲学あるいは「理性的な真理」が存在するための第一条件」であるとグロートは主張する。⁽⁸⁰⁾哲学の豊かな誕生地となったアテナイでは，自由に物事を判断するための土壌が古くから育まれていた。しかしグロートによると，真理や多様な価値を判定するためのソクラテス的な弁証術の精神が芽生えたきっかけは前5世紀にある。当該時期のアテナイでは演劇文化や市民裁判が発展し，続けてエレア派のゼノンに由来するソクラテスの哲学が誕生した。

第一に，演劇文化はアリストパネスらの劇作家たちによって栄えた。ただしアリストパネスの作品は，のちの時代においてソフィストに対する誤認や非難を広め，さらには民主政批判の素材として受容されてきた。本書の第3章・第4章ではアリストパネスの寓話的描写には一定の注意が求められることを確認した。しかしグロートは，より一般的な観点から見て，演劇と裁判には類似性があると考えた。演劇は，特定のテーマに関して複数の見方を作品内に設定しているため，観客は各々の対立する考えを知り，自己判断するよう求められる。同様に民衆裁判では，対立者同士の議論を傾聴したうえで判決を出さなければならない。したがって，演劇と裁判は，否定と肯定という弁証術の過程を市民が実際に経験する機会を提供したと言える。さらに，いずれの場合でも，倫理的，社会的，政治的な主題が設定され，「申立人」や「劇作家」はこれらの人間に関わる事柄を非哲学的に扱っていた。⁽⁸¹⁾

劇場や裁判所での弁証術的な活動が栄えた時期に，ソクラテスは哲学をし

た。この背景をふまえながらグロートは，エレア派のゼノンにソクラテス的方論への萌芽を読み取り，その洗練と確立をソクラテスの弁証術に位置づける。ノモス王に一問一答で対抗するソクラテスの姿は，『ソクラテスの弁明』や『ゴルギアス』において鮮明に描き出されているとグロートは理解する。すなわち，「不知」を自覚するソクラテスが，相手の知識や認識上の誤謬と矛盾を指摘する反対尋問を行なったことは，ノモス王の権威への抵抗となる。[82] 同時にソクラテスの否定的態度は，「既存の権威に対する個々の理性の自律性あるいは独立」，さらに「否定的理性」を浮かび上がらせるのである。[83]

グロートによると『弁明』は，「コモン・センス」を代表しながら実践の世界に生きる「正統派の市民」が持つ伝統的な慣習と，それに対する哲学者の抵抗を描いた著作である。だがこの作品は同時に，「正統派の市民は，何が真実で，何が徳であるのか，真の知識と空想上の知識の違いとは何か，といったことを哲学者に教えられる必要ないと感じている」様相を伝え，このような市民が「伝統によって保障された信条の擁護者」であったことを示している。[84] ただしグロートは，『弁明』の哲学者に対する批判は，ソクラテスが生きたアテナイに限定的に生じた傾向ではないと論じる。

> 思弁哲学や弁証術に対する——つまり，自由の哲学(*libertas philosophandi*)に対する——非難や嫌悪のこのような感情は，富者であれ貧者であれ，寡頭政的であろうと民主政的であろうと，軍人であれ市民でれ，古代であろうと現代であろうとも，実践的市民と正統派市民の間では徳の一部門であるとみなされている。[85]

ソクラテスへの反感に類似した現象は，ニキアスとクレオンの違いから示唆されるように，性格や立場の異なる者同士の間でも発生するとグロートは論じる。本書の第3章のデマゴーグ論で確認したように，声高に反対意見を表明することが世間からの反発に繋がることは，クレオンに対するアリストパネスやトゥキュディデスといった同時代人たちの叙述からも看取される。一方で哲学の分野においては，プラトンとアリストテレスが各々の思索を通じてノモス王を非難し，新しいノモスを想像する大胆さを兼ね備えていたとグ

ロートは評価した。[86]

　したがってグロートは，現代の読者がプラトンの対話篇を正当に評価するためには，ソクラテスの提示した弁証術に基づく真理探究の中核的意義に留意すべきであると強調する。ベイコン的な否定的原理に基づく弁証術は，必ずしも真理を肯定するような，積極的な解答を我々に与えるわけではない。実際にソクラテス的プラトンが傑出した対話篇の多くは，明確な結論にたどり着くことがない。しかしグロートは，「現代の読者」に対して，「探究のプラトンの対話篇」を正しく理解するために意識すべきことを次のように述べた——「たとえ一歩一歩の歩みに比例して，到達点が目の前から遠のいていくとしても，自由な討論の精神的訓練をそれ自体価値のあるものとして尊重することを学ばなければならない」。決着がつくことのない対話や思索に答えを出すことは，我々読み手の側に委ねられているのである。[87]

(3) ノモス王と社会的専制

　実のところ，グロートが析出したノモス王への対抗を試みたソクラテスの思索は，ミルの『自由論』(1859年) における社会的専制の問題と多くの点で重なり合う。1835年にミルはトクヴィルの『アメリカのデモクラシー』から「多数者の専制」を学び，その危険性について熟慮を重ねてきたことは，国内外の先行研究によって長らく研究されてきた。本書の第2章では，グロートがアテナイの民主政に，この民主政特有の専制を回避する特徴を見出したことを考察した。改めて簡潔に確認しておくと，グロートは『ギリシア史』第6巻 (初版1849年) において，ペリクレスの時代のアテナイには，「趣味や探究における個々の反対者に対する多数者の専制 (tyranny of the majority)」からの自由が存在したことを強調した。[88] トクヴィルの『デモクラシー』とグロートの歴史書を受容したミルは，これまで多数者の専制とは「公的機関の行為」を通じて作用すると捉えられてきたが，その専制は社会の領域にも適用される問題であると1859年に考察した。つまり，社会それ自体が専制的な状態に陥り，社会が個人に対して誤謬に基づく命令や不当な干渉を行なう場合，政治的抑圧よりもさらに恐ろしい状態である「社会的専制」が生じるのである。[89]

グロートは，1865年の『プラトン』でノモス王を分析した箇所で『自由論』の第2章「思想と討論の自由」を参照し，脚注で長々とミルの議論を引用した。グロートは，『自由論』が「ノモス王による圧迫と抑圧に対抗して，個人の知的探究の権利を無条件に擁護したほぼ唯一無二」の著作であると高く評価する[90]。

　一方でミルは，『プラトン』の書評にて，ノモス王はグロートが非常に好んで頻繁に活用した概念であると指摘する。加えてグロートと同様に，ノモス王がその権威と抑圧的な性質によって，人々に信念を証明なしに受け容れるよう強制する可能性があることをミルは危惧した[91]。グロートは，「根深く長い間慣れ親しんだ観念を徹底的にふるいにかけることほど，一般人の精神にとって忌まわしいことはない」と強調する。この印象的な一節をミルは引用し，「ソクラテス的な尋問に耐えられる現代人はほとんどいないだろう」[92]と述べる。しかし耐えられないとしても，アテナイに生きた古代人のように討論の自由を尊重し，可能なかぎり，否定的弁証術によって真理を探究する精神の価値や有用性を熟知しなければならない。このことはミルによる次の一節からも看取される。

　　数学以外のあらゆることにおいて，真理とは，単一ではなく二重の問いである。すなわち真実とは，ある意見に対して何を述べることができるかではなく，その意見に対してより多くのことを述べることができるかである。反対意見を論駁し，論破に対して自分の意見をうまく弁護できなければ，知識や正しい信念の保証はない。だが，世界とその世界で高い評価を受ける教師たちの多くは，これがプラトンの著作群の主要な教訓であることについて，非常に不完全な形で学んできた。我々は，討論の価値についていかなる感情を抱いているのであれ，自由な議会と司法裁判所の公開性（publicity）に感謝しなければならない。アテナイ人たちは，常にあらゆる討議や司法に係る論題の双方の立場に耳を傾けるようにしていたので，討論の価値を大変強く実感していた[93]。

　グロートによると，「政治的成功をおさめるために，人はノモス王あるい

第5章　二人のプラトン

は支配的勢力の信条を真に信じる者でなければならず，同じ精神的性質の型に鋳造されねばならない」。この「信条(creed)」は，宗教に限定されず，「道徳的・社会的実践，政治，嗜好」に関わる理念であり，各人が自分自身や他者に対して抱く価値に影響を与える[94]。しかし，ソクラテスのように，慣習や支配者層によって認められていない信念を持つ者は，「反対者(dissenter)」と評価される。

> 彼〔反対者〕は，自身の個人の能力に関して，政府あるいは社会の正統派である多数者からどのような処遇を受けるのだろうか。(……) 多数者が証拠もなしに信じていることに対して，彼はどこまで異議を唱えたり，暴露したり，証明を求めることができるのだろうか。自ら吟味したうえで否定した宗教的あるいは倫理的な教義に対して，告白することや服従すること，もしくは反論を控えるように要求されるべきであろうか。このような要求は，法的処罰あるいは法的処罰に劣らず，不寛容な個人間で生じる不当な扱いへの脅威によって強制されるのだろうか。仮に自らの信条の表明を一切抑制し，あたかも別のことを信じる者であるように行動し発言することを強制されるならば，彼の性格はどうなってしまうのだろうか[95]。

以上の考察は，プラトンがソクラテスの死を振り返るなかで思い起こしたことかもしれないとグロートは推測する。精神に対する抑圧は，個人の自由や内面に大きな負荷を与える。ましてや反対意見を公言することは，普通の人々にとって容易なことではない。しかしソクラテスは，「既存の意見に異論を唱える人間として，哲学や個人の思索の分野でその道を切り開いてきた[96]」。「世間で確立した意見」に挑戦することの重要性は，ミルの『自由論』によって「深遠な啓蒙的な方法」で議論されたとグロートは考察した。グロートは，『自由論』が「自ら問いかけ哲学する個々の理性を持った人々と，多数者の確立された意見とが共存することは，進歩的な共同体と停止状態にある共同体を区別する主要な条件の一つである」ことを示した著作であると評価した[97]。

社会的自由の問題を扱った『自由論』では，ソクラテスに対する賛辞が第

2章を中心に展開されているが，この議論は，グロートの描いたノモス王の姿とそれと戦うソクラテス像に共鳴していた。ミルは政治的抑圧よりもさらに恐ろしい状態が「社会的専制」であると論じる。

> なぜなら，社会的専制はふつう，政治的抑圧のように極端な刑罰で支えられていないとはいえ，逃れる手段はより少なく，生活の隅々にはるか深く入り込んで魂それ自体を奴隷化するからである。だから，統治者による専制への防護だけでは十分でない。支配的な意見や感情の専制に対する防護も必要である。社会には，社会自体の考え方や慣行に従わない人々に対して，そうした考え方や慣行を行為規範として，法的刑罰以外の手段によって押しつけようとする傾向がある。

この傾向は，社会の流儀に合致しない個性の形成や発展を事前に防ぎ，「あらゆる性格が社会自体のひな形に合うように強制する」[98]。グロートとミルにとって，ソクラテスはノモス王による社会的専制に一問一答の弁証術を用いて対抗する道徳的英雄であった。そのことは，ミルが「自分の意見がどれほど真理をとらえていても，十分に，頻繁に，また忌憚なく議論されていなければ，その意見は，生き生きとした真理としてではなく，死んだドグマとして信奉されてしまうだろう」と述べた箇所からも示される[99]。同様にグロートは，プラトンが『国家』や『法律』において「ノモス王の王権」を行使することで，「性格の正統な種類を変更不可能な権威によって定め，あらかじめ決定されたわずかな数しかないひな形に流し込まれるような感情と知性を除いて，感情と知性のあらゆる多様性を抑圧する」とき，プラトンは「公職のすべての合理的な目的と限度を超える」思想を展開すると非難する[100]。よって，グロートとミルの言説においてソクラテスは，ノモス王が保持する社会的専制への挑戦を挑む〈自由の哲学者〉として描かれた。この部分に，両者のプラトン受容における最も明確な共通点を確認することができる。

第5章 二人のプラトン

5　哲学者の人生と弁論家の人生

(1)『ゴルギアス』の問題提起——弁証術か弁論術か

　ノモス王に抵抗するソクラテスの姿に，グロートとミルは深い感銘を受けたといっても過言ではない。その一方で，アテナイの民主政が政治的・社会的異論を受け止める土壌になっていたと両者が解釈したことは，本書の第2章と第3章でも触れた。その内容を簡潔に述べると，ポリスにおける民会や民衆裁判を通じた政治参加の原理，討論の習慣，演劇文化における表現の自由は，市民がノモス王と対峙するための基礎を形成した。しかしながら，アテナイを代表する哲学者ソクラテスは，民衆裁判の決定によって最終的に死刑判決を宣告され，毒杯を迎えて亡くなった。アテナイの民主政を高く評価したグロートとミルは，ソクラテスの最期をいかに受け止めたのか。もっとも，両者のソクラテス評価をめぐる言説は双方のテクストのさまざまな箇所に分散しているため，分析枠組みを設けること自体に一定の困難が認められる。そこで本節では，本書の目的である両者のギリシア史・哲学受容における政治思想上の特徴を解明するために，『ゴルギアス』が提起した哲学者（ソクラテス）と弁論家・政治家（ペリクレス）の区別を通じて弁論術の問題を取り上げ，そのうえでグロートとミルによるソクラテスの最期に関わる描写を検討する。

　グロートとミルにとって，『ゴルギアス』はソクラテスの弁証術やその哲学者としての生き方の意義を明らかにした対話篇であるため，注目に値する作品であった。ミルによると『ゴルギアス』は，「有徳な賢者は，現存するあらゆる社会において孤独な存在であり，誤解され，迫害され」，「多数派の追従者に対抗できる見込みがない」ことを表現しながらも，「世界から向けられた敵意と侮蔑に抗う」「道徳的英雄の姿」の必要性が，ソクラテスを通じて描き出された作品である。[101] 一方でグロートは，『ゴルギアス』が「政治的現実」とは別の場所にある，「思索のための開かれた場」の必要性を訴える書であったと解釈する。この開かれた場では，「数に依る権威や継承されてきた伝統の圧力に抗い，個々の疑い深い人や探究者の独立した理性」を働

かせることが可能になる。グロートとミルは,『ゴルギアス』においてソフィストの教える弁論術が一つの重要な争点を構成していると捉えた。両者は,弁論術は「見せかけの技術」にすぎないため,弁証術に代表される哲学者の技術の方がより優れているか否かを検討した。このことを説明するために,はじめに両者が注目した『ゴルギアス』の該当箇所を素描し,アテナイに出現した二つの生き方——哲学者と弁論家の歩み——を分析する。

『ゴルギアス』のソクラテスは,カリクレスとの対話において「人生をいかに生きるべきか」という問いを導き出す。すなわち,カリクレスをモデルとした「弁論術を修めて民衆の前で話をする」,「政治活動をする」生き方と,ソクラテスに体現された「知恵を愛し求める哲学の中での生活を送る」生き方のいずれを選択すべきであるかが問われる。そして両者の議論は,弁論術とは迎合であるか否かの問いへと進む。ソクラテスは,弁論術の議論に関わる争点として快楽と善の違いを指摘する。快楽を目的とする仕事には技術ではなく経験を基礎とした料理法があり,善を目的とする仕事には医療に代表される技術に基づく行為がある。後者は相手の善を考慮して行動するが,ミルはプラトンの比喩を用いることで,医者が「美味しい砂糖菓子の代わりに吐き気を催す薬」を子供たちに与えることをその一例に挙げた。つまり,医者は患者の快楽よりも善を優先させるため,迎合の術を用いることはない。そして,この一対一の関係が複数の人間に同時に適用されるとき,弁論術の作用が働く。ソクラテスは,弁論術とは集団となった多数の人々の魂を一度で喜ばすことを可能にする技術であり,快楽の善悪を考慮せずに相手を喜ばすことを前提にしているため,弁論術は迎合に該当すると議論する。

ソクラテスは弁論術を迎合の術と同一視し,「あまり感心しないものである」と述べる。そして次に,「アテナイの成年市民の集りを相手とする弁論術」が争点となる。ソクラテスはカリクレスに,「弁論家たちはいつも,最善のことを念頭において,自分たちの言論によって市民たちができるだけすぐれた人間になる」ことを狙って話をするのか,それとも「自分たちの個人的な利益のため」に公共を無視し,「市民たちの機嫌をとる」ことに徹し,市民の育成に関しては考慮しないのか,と尋ねる。カリクレスはこの問いに戸惑いをみせ,「もはや単純に,どちらだとは答えられない」と応じる。だ

がソクラテスはさらに議論を進め，弁論術には，一方には「おそらく迎合であり，恥ずべき大衆演説」があり，他方には，これまでに存在したとは言い難いが，「聴衆にとっては，快いことになろうが，不快なことになろうが，いつでも最善のことを語って，終始一貫，その態度を守り通す」という立派な弁論術があるのではないかと述べる。[106]

以上の対話から示されるように，『ゴルギアス』は「哲学者の人生」と「弁論家・政治家の人生」という政治学的にも重要な二つの選択肢を形作っている。この区別にグロートは着目し，これら二つの生き方の間には正反対の含意があることをプラトンは魅力的に示したと評価する。さらにグロートの『ギリシア史』では，この二つの選択が，当時のアテナイの政治社会を理解する鍵に位置づけられた。[107] グロートによると，ペリクレスの時代に突入した前450年以降のアテナイでは，ソロンやクレイステネスの時代には存在しなかった二つの重要な社会集団——「弁論家（Rhetoricians）」と「弁証術家（Dialecticians）」——が新たに出現した。弁論術を教えることは，「民会や民衆裁判のような多数の聴衆に対する絶え間ない演説の力を人々に与え，その力を向上させる試み」であった。

対して弁証術は，必ずしも「公的生活や法廷での弁論」あるいは「多数の人々の集まり」との直接的関係を結ぶ営みではない。弁証術を用いた議論の聞き手は少数である場合が多く，そこでは対話を繰り広げる当事者同士が互いに主題を理解できるよう努め，推定的な結論を検討するプロセスが重視される。すなわち弁証術は，「思索的あるいは探究的傾向」を持つ人々に知的探求の道筋を提供する。この技術は，声の大きさや大胆さの欠如などによって公衆を対象とした発話が苦手な人々や，政治的・法的な敵対関係から距離を置くことを望む人々など，弁論家を志向しない場合にも活用できる術である。したがって，弁論術は「活動的な公的事業」のための技術であるが，弁証術は「証拠に基づきながら思索的な真理の幅広い意見とその優れた能力」の形成に役立つ。グロートは，アテナイではこの二つの知的潮流が同時並行的かつ各々に独立して生み出されたことに注目した。[108]

(2) 弁論術の是非

　グロートの解釈に基づくと，弁論術は民主政の発展に貢献し，弁証術は哲学の進歩に貢献した。ソフィストや民主政を批判する保守的な言説には，詭弁に対する強い警戒が見られたことは前章で確認した。では，グロートとミルは弁論の技術あるいは政治家・弁論家の生き方を哲学といかに比較し，評価したのであろうか。

　グロートは，ソクラテスの否定的弁証術をノモス王への対抗術として称賛する一方，『ゴルギアス』でプラトンが導入した〈哲学者〉と〈弁論家・政治家〉の議論に不満を感じていた。なぜなら，『ゴルギアス』では弁論家の立場から哲学者に対する反論が十分に展開されたとは言い難いからである。[109]哲学者にはソクラテスやプラトンが該当し，弁論家・政治家にはペリクレス，ニキアス，クレオン，デモステネスが含まれるが，いずれの生き方にも重要な含意があるとグロートは解釈したと捉えられる。一方で『ゴルギアス』[110]のなかでソクラテスは，カリクレスに「アテナイ人は，それ以前はもっとつまらぬ人間だったのだが，その人が弁論活動を始めてからは，その人のおかげで，よりすぐれた人間になったと言われるような」過去の人物を挙げるように促す。するとカリクレスは，テミストクレス，キモン，ミルティアデス，ペリクレスが該当すると答えた。しかし，ソクラテスは一連の名を聞いても「うん，それはそうかもしれないね，カリクレス」と十分に納得した様子を見せない。[111]ところがグロートは，ペリクレスを具体例に挙げることで，弁論家のなかにも立派な人物が含まれていたと論証する。

　グロートはペリクレスの人物像と彼の置かれた歴史的文脈に基づいて，弁論家・政治家の地位を擁護する。第一に，ペリクレスの人柄を考慮することで，ペリクレスはカリクレスの〈強者の支配論〉に，ソクラテスとプラトンと同じく強く反対したであろうと推測されている。プラトンは，相手が望むことを内容の善悪にかかわらず披露したり伝えたりすることを根拠に，弁論術を批判した。ところがグロートは，弁論術とは「お世辞の術の一部門であり，即時的に快楽を与えることを研究し，善を度外視することである」と定義するプラトンの説明に，ペリクレスや自由な演説を支持する人々は同意しないだろうと考察する。すなわち，ペリクレスの道徳的な性格への訴えかけ

を通じて，グロートはペリクレスを弁論家に集約された批判から救い上げようと試みる。

　第二に，グロートはペリクレスの置かれた文脈に着目する。ペリクレスは最も優れた弁論家であったが，生涯にわたって他の弁論家や政治家と激しく論争を繰り広げることを余儀なくされたため，言論の自由の行使に徹するしかなかった。つまり，ペロポネソス戦争期という当時の政局が，彼に哲学者的な弁証術ではなく，弁論術の駆使を求めたと概して解釈されている。ペリクレスの雄弁さには，「お世辞」に思えるような民衆への鼓舞が見受けられる。しかしグロートは，民衆へのお世辞をペリクレスは確かに述べていたが，それは「善へと向かう彼らの大志を奮い立たせる」ためであったと弁護する。さらに，古代ローマの詩人ホラティウスを参照しながらグロートは，「ペリクレスは，ソクラテスに対して，不当な告発から身を守り，公的事柄に対して一定の影響力を及ぼす手段として，弁論術を学ぶことを勧めたかもしれないだろう」と述べる。

　加えて，グロートの弁論家擁護は，アテナイの一般的社会に対するその好意的な解釈に関連する。プラトンは〈衆愚政〉としての民主的なアテナイ社会に対する批判的態度を示したが，グロートは，アテナイの市民や公職者たちは〈快楽や満足を与えること〉と〈善〉を区別していたと指摘する。快楽と苦痛は「即時的な要因」に関係しているが，善悪は，「将来的な目標と永続的な状況」に関わり，「国家的尊厳に対する愛」や「共通の利益や共通の義務」に結びつく公共的概念である。アテナイ人にとって，「善であり名誉であること」とは，祖国に「愛国的感情」を抱き，外国の敵から「都市の尊厳」を守り抜き，司法制度に基づいて「市民の個人としての権利」を保障することを意味していた。しかし同時に，アテナイの人々はこのような「永続的な目的」のために，快楽である「心地よさ (*pleasurable*)」を放棄せねばならなかった。ペロポネソス戦争開戦時のアテナイ人は，ペリクレスの助言に従うことで，自らの「尊厳，独立，そして安全」を維持するためにアテナイの市街地に閉じ籠るという苦難を経験した。このことをグロートは，「彼ら〔アテナイ人〕は，自らが永続的な善であるとみなすことのために，心地よさを放棄したのみならず，目先の大きな苦痛にも耐えたのである」と表現する。

すなわち，瞬間的な目前の快楽を放棄し，将来を見据えた善を選択し，時に苦痛ですら受け容れるというミルの功利主義観に類似した生き方を，グロートはアテナイ人に見出しているのである。
　本書の第2章で確認したように，最終的にアテナイがマケドニアの支配下に置かれたことをグロートは悲観的に捉えたが，「反マケドニアの闘士」である優れた弁論家のデモステネスは，この侵略を阻止するためにアテナイ人を奮い立たせる演説を行なった。ペリクレス時代の市民にとって「敵への服従はあらゆる苦痛のなかでも最も耐え難いもの」だったが，このような士気や自尊心，威厳はデモステネスの活躍期にはすでに喪失していた。よって，ペリクレスの時代に傑出していた「善」へと突き進む市民的精神は衰退し，デモステネスの時代になると人々は「快」を志向するに至った。つまり，国制の道徳基盤を支えていた共同体への参加や献身といった感情は弱体化したのである。要するにグロートは，ソクラテス的な哲学者の生を称賛しているが，弁論術を駆使する政治家が全く不要であるとは論じていない。すなわち，弁論家のなかには，ペリクレスやデモステネスのような雄弁家で優れた政治的指導者がいたことに留意すべきであるとグロートは分析したのであった。
　弁論家の役割を認めたグロートは，善き統治にとって何よりも不可欠な要素を「言論の自由」に位置づける。少数支配（貴族政）であれ，多数支配（民主政）であれ，「あらゆる支配的勢力の自然的傾向」は，「すべての異端者や質問者に禁止を与えたり，黙らせたりすることで自らのドグマを永続させる」。この傾向は「可能なかぎり無力化しても差し支えない」。ギリシアでは優れた知性が好意的に受け止められ，さらにアテナイにおける言論の自由は，支配者層が生み出すドグマの存続を相殺していた。弁論術を駆使して成功をおさめる政治家がいた一方，「哲学する自由」が，アテナイとギリシア全体に波及したことを等しく認められるとグロートは結論づけた。
　弁論術と弁証術のそれぞれに固有の価値があることをグロートは認めていたが，ミルは両者の比較ではなく，弁論術一般の危険性を強調した議論を展開した。ここに両者の着眼点の違いが見られる。ミルは『ゴルギアス』におけるソフィストと弁論家の対比を取り上げ，ソフィストが「人々をより賢くしたり，よりよい状態にしたりするのではなく，人々の意見に順応し，人々

がすでに抱いている欲望に迎合し，以前にも増して自分の誤りや悪徳に喜びを覚えるように」するのではないか，と指摘したソクラテスの言明を検討している。そしてミルは，プラトンの迎合の術に対する批判をふまえながら，「思想の売り買い」を「金儲け」に仕立て上げることの深刻な問題点を現代的に解釈する。ソフィストの教えが迎合の術にすぎないのであれば，「これはあらゆる大衆教育やすべての著作物にとって，本当に恐ろしい誘惑ではないだろうか。教育や書物が金銭的な果実のために実践されるとき，それらは必然的に悪化するのである」とミルは分析する。

　さらにミルは，19世紀の英国にプラトンを蘇らせることで，迎合術としての弁論術の問題点を暴き出す。ミルの見立てによれば，この〈蘇ったプラトン〉は，「既成〔国教会〕の聖職者」が，真理の是非を問わずに意見を公言するために賄賂を贈られていることや，「正統派〔国教徒〕以外の宗派の聖職者」も金銭的な利害を背景に，真実ではなく信者の信じていることを説教するよう拘束されていると指摘するであろう。また，現代において「弁護士」は依頼人の要望に従わねばならず，「学校の校長や大学教員，大学長」も「真に最良」の教育ではなく，保護者にとって好ましい教育を提供するよう求められている。「政治家」は，国民が「望むもの」を与えることに徹する。「報道機関，特にそのなかでも最も影響力のある新聞や定期刊行物」は，「公衆と同じ考えを持つことを仕事とみなし，世論に迎合し，同意し，お世辞を述べ，不愉快な真実の代わりに，世論が好んで聞くようなことを吹き込む」のである。

　このようにプラトンの視点を介してミルは，迎合の術が経済的利害の網目に絡めとられると，喫緊の問題を生じさせる可能性があることを懸念した。先に挙げた一連の職業は，思想や知識，情報の提供によって利益を得ることを前提とした仕事であり，ミルはこの問題について議論すべきことが多く残されているとコメントした。ミルにとって『ゴルギアス』のソクラテスは，迎合の術を拒絶し，哲学者の人生を擁護した英雄であった。このヒロイズムは，「道徳文化においてこれまでなされた最も偉大な一歩」なのであった。

(3) 哲学者の人生

　ミルは『自由論』において，「かつてソクラテスという名の人がいて，この人と，当時の裁判所や世論とのあいだで，歴史に残る衝突が起こったことは，何度でも思い返してよい」と訴える。この歴史的な衝突は，ソクラテス裁判においてその頂点を迎えた。その告訴状には，「ソクラテスは，ポリスの信じる神々を信ぜず，別の新奇な神霊(ダイモーン)のようなものを導入することのゆえに，不正を犯している。また，若者を堕落させることゆえに，不正を犯している」と記されたと言われる。「グロートのプラトン」においてミルは，以下の古代人の叙述を手がかりに，哲学者がソフィストと同様のレベルで非難された様相を確認した。まず『ソクラテスの弁明』でソクラテスは，「神々を信じない」ことや「弱論を強弁する」といった「お手軽な言い草」が常に哲学者に対して投げかけられてきたと語る。一方でクセノポンは，ソクラテスを抑制するために，クリティアスが「言論の技術を教授すべからず」という条文を法律に記載し，哲学者たちへの非難を表明しようとしたと伝えている。他方で『国家』のソクラテスは，「必要以上に長いあいだ哲学に時を過した人たちは，その大多数が，よしまったくの碌でなしとまでは言わぬとしても，正常な人間からほど遠い者になってしまう」のであり，「最も優秀だと思われていた人たちでさえも（……）国家社会に役立たない人間となってしまうことだけはたしかなのだ」と聞かされる。これらの言説には，ソフィストに帰せられた「弱論を強弁する」ことや「言論の技術」に対する非難が含まれているが，ミルはこれらを，ソフィストも哲学者も等しく世間から好まれる存在ではなかったことの証左であると解釈する。さらに哲学者は，「極めて意地の悪い者（wicked one）」としてたびたび描かれてきた。

　ソフィストと哲学者が等しく妬み嫌われることは，ソクラテス裁判の告訴者の一人となったアニュトスのエピソードからも看取される。アニュトスは『メノン』や『弁明』に登場するアテナイの裕福市民である。彼は民主派の政治家で，ソフィストを「まぎれもなく，ともに交わる者たちに害毒をあたえ，堕落させる連中」と表現した。ミルが着目するように，アニュトスはソフィストと直接交流したことはないが，「とにかく彼らがどんな人間かということ」は熟知していると自負する。だが，会ったことも話したこともない

第5章　二人のプラトン

ソフィストを悪者として批判できるかは不可解であり，ソクラテスには「きっとあなたは，占いができるのだろう」と言われる始末である。[130]

周知の通り，アニュトスはメレトスと共同でソクラテスを告発するに至る。ミルは，ソクラテスやソフィスト一般に対するアニュトスの強い嫌悪に関して，さらにクセノポンの視点を導入することで検討を進める。クセノポンによると，ソクラテスはアニュトスに対して「息子に皮鞣しの仕事に携わる教育はしないようにするべきだ」と述べた。[131] ミルはこのエピソードから，アニュトスが自分の息子の教育に口出しする「ソフィストであるソクラテス」を嫌った様子を読み取れるのではないかと考察する。ソクラテスは若者を「自分は法よりも賢い」と思わせたことで反感を買った。ミルによるとソクラテスの告発は，若者が父親や年長者に敬意を払わなくなることを強く警戒した「社会的地位のある年配のアテナイ人たち」の抱いた感情が引き金となった。[132] このエピソードに基づいてミルは，父親や年上の者に従うのではなく，自分で物事を考えるように若者を促すソクラテスの姿を強く擁護した。

若者がソフィストや哲学者に毒されることを警戒した年長者たちには，既存の伝統や権威，感情を無批判に受け容れる共通点があった。ここにミルは，「プラトンの人生と著作の大部分を絶え間なく占めた」敵を位置づける。その敵とは，古代と現代それぞれに共通する「平凡さ (commonplace)」であった。ミルによるとこの平凡さとは，

> 伝統的な意見や現存する感情を基本的な事実として受け容れることである。つまり，賛成と反対，願望と反感，称賛と嫌悪を表現する抽象的な言葉について，あたかもそれら〔の言葉〕が徹底的に理解され，普遍的に同意された意味を持つかのようにぞんざいに扱うのである。彼〔プラトン〕の時代の人々は，（私たちの時代の人々と同じように），善と悪，正と不正，名誉あることと恥ずべきことが何であるかについて知っていると考えていた。というのも，人々は，その言葉を巧みに使いこなし，既存の慣習に従ってあれこれ認めることができたからである。しかし，以上のいくつかの例の共通点は，ソフィスト，弁論家，政治家，賢者であると自称する者や他人から賢者と呼ばれた者も，言葉の適用を正当化する

性質とは何かを誰も考慮しなかったという特性であった。けれども，この問いに答えられなかった者は誰であれ，暗闇を彷徨っているのである。[133]

　正義，徳，善などの諸観念の説明を自力で行なわないかぎり，人は正義に適った生き方や徳のある行動，善の実現といった目的を持つことはできない。仮にそれが誤った観念の知識に基づく目的であれば，不正義や悪徳に陥ることになる。プラトンは，ソクラテスの弁証術を通じて，人が自ら知るべき事柄のことを実はよくわかっていないという「不知」を自覚させ，可能なかぎり「真の解決策」へ近づくように強く促す。それゆえミルは，プラトンが哲学者と弁証術家をほぼ同義的に捉えたと解釈する。[134]よってミルの解釈を俯瞰的に整理するのであれば，ソクラテスに対する非難（告発に代表される若者への堕落的影響）が，プラトン由来のソフィスト批判（アテナイの堕落の要因）に等しい言説を含んでいた点において，哲学者とソフィストの区別は困難である。だが哲学者は，迎合の術としての弁論術ではなく，弁証術に長けていなければならない。すなわち，一問一答によって相手の知を吟味することで真理を導き出す否定的弁証術を駆使したソクラテスこそ，真の哲学者であった。

　先のアニュトスによるソクラテス告発の背景に関するミルの分析では，ソクラテスが社会の「平凡さ」に飲み込まれた結果，死に追いやられたことが示唆されている。このことは，『プラトン』の書評が公表される7年前の『自由論』から読み取ることができる。ミルは，ソクラテス，イエス・キリスト，宗教改革の事例に基づいて異端者に対する迫害の歴史を振り返り，以下の見解を導出した。

　　真理はつねに迫害に打ち勝つという格言は，陳腐な言い草になるぐらいまで何度もくり返されてはいるものの，実際にはいつでも経験によって反駁されているような，口当たりのいい嘘の一つである。歴史は，真理が迫害によって抑圧された事例で満ち満ちている。真理は，永久にではないにしろ何世紀にもわたって，抑え込まれることがある。[135]

　ソクラテスの死についてグロートは，ソクラテスは「罪のない生涯を送っ

第5章　二人のプラトン

たにもかかわらず，世間で受け容れられている意見に公然と疑問を投げかけ，正しいと認められた宗教に革新をもたらし，若者に疑いを抱く習慣を植え付けたために，裁判によって断罪され，破門された」と述べる。ミルは，ソクラテスの身に降りかかった迫害の深刻さを見抜き，その哲学者の最期に強い憤りを覚えた。しかし，グロートの言葉には，ミルが抱いた深い悲しみに近い表現はほとんど用いられていない。

　この点に関してターナーが重要な分析を行なっている。すなわち，グロートの『ギリシア史』では，ソクラテスの死の要因をソクラテス自身の「宗教的要因」に帰すことで，アテナイの民主政擁護が試みられたと捉えられる。例えば，ソクラテスは「単なる哲学者ではなく，哲学の営みを行なう宗教的伝導者であった」とグロートは表現した。実のところ，『プラトン』においても同様の特徴を示すような言説を確認することができる。グロートによると，ソクラテスは，アテナイの街中で誰に対しても問いかけ，場合によっては，他人に自分の対話相手になるよう無理に迫ることもあった。彼は最終的に市民の反感を買って死刑判決を受けるが，「ソクラテスがこのような生活を30年間も継続することを許されたのは，(……)アテナイの実践が比較的寛容であったことの驚くべき証拠」であるとグロートは議論する。すなわち，ソクラテスの最期に関わる描写においても，弁論家の必要性と同様に，グロートによるアテナイの社会一般を支持する姿勢を確認することができる。

6　「統治する哲学者ソクラテス」

　プラトンの『パイドン』では，死を待つソクラテスのもとを訪れた弟子たちが，ソクラテスを囲いながら最後の議論を行なう様子が描かれた。グロートとミルは，ソクラテスが残された最期の時間を討論の自由に捧げ，死を受け入れ，毅然とした態度で弟子たちと対話を交わし続ける様子に感銘を受けたようである。ミルは，『パイドン』のプラトンを，弁証術に基づく吟味や公平な討論に基づく真理への探究である「ソクラテス的な信念の基準」をまだ放棄していないと評価する。

　他方でグロートは，その様子を以下の対話を確認することで紹介している。

刑死の時を待つソクラテスは，クリトンに議論に熱を上げてしまうと規定よりも多くの毒を飲む必要があるかもしれないと注意される。だがソクラテスは，毒を「二倍でも，必要とあれば三倍でも処方」してもらうから構わないと答えた。ソクラテスの元を訪れたシミアスとケベスに対しては，死を目前とした自分に気を遣うことなく，真実について考え，一切の遠慮なく討論するように求めた。そしてソクラテスはこの二人の弟子たちに，「僕は熱心さのあまり，僕自身をも君たちをも同時にすっかり欺きとおして，蜜蜂のように，針をあとに残して立ち去ってゆくかもしれないのだからね」と伝える。[140]

グロートは，以上の記述によってプラトンが「死にゆく哲学者」ソクラテスの「最期の言葉」を力強く表現したと評する。その言葉の隅々には，「討論の自由と探究の豊かさ」，「理性に基づく真理」の傑出した価値，「継続的な議論の訓練によって個々の理性の力を維持することの必要性」，「聴き手と話し手それぞれの独立した判断の権利」といった重要な意味が込められているとグロートは解釈する。したがって『パイドン』では，「異論を唱える理性の完全な自由」が「哲学的討論」にとって不可欠であることが改めて強調されたのである。[141]

グロートによると，『パイドン』でソクラテスは，集まった弟子たちに「理屈嫌い（misology）に染まってしまわないように，自由な論争的な議論を憎まないように」と強く求めた。[142] ミルは，この「理屈嫌い」が，懐疑主義ではなく「最も不寛容な肯定的独断論」へとしばしば陥る可能性があると指摘する。[143] しかしプラトン自身は，第3節で明らかにしたように，後期の著作で独断論へと引き込まれた。自らの不知を認め，否定による検証を続けるソクラテスの姿が，『弁明』をはじめとする初期対話篇では印象的であった。しかしグロートによると，後期対話編の『国家』においてソクラテスは，「定常的で前の世代から受け継がれてきた信念の共同体の渦中にいる異端者」の地位はもはや与えられていない。『国家』で「新しい性格」を付与されたソクラテスは，「ノモス王の王座」に君臨した。ノモス王は「世俗的・霊的な無謬の権威」として，公衆の感情や正統性を決定する。メレトスやアニュトスがソクラテスを告発したときと同様の「正統的で保守的な」見解が，『国家』では繰り広げられている。グロートは，『国家』において「自由思想の精神」

第5章 二人のプラトン

が「不都合で危険なこと」として扱われるようになった結果，否定的弁証術は同書に存在しないと指摘する。よって，プラトンの理想国は許容できない政治学であると判断した。⁽¹⁴⁴⁾

　ミルはグロートと同様の図式を導入した。プラトンは「真の探究者」である時期があった。しかし『法律』に代表される晩年の作品では，プラトンの倫理的に真摯な態度は衰えていないものの，否定的弁証術を駆使するソクラテスの姿が明確に表われていた頃の作品からは，大きく変わってしまった。⁽¹⁴⁵⁾一方でグロートはその変化を次のように説明した。

> 彼〔プラトン〕のほとんどの対話篇が執筆された当時，真理の探究とは，人生における最も高貴な仕事で，至高の快楽であるとプラトンは考えていた。(……) 時折，プラトンは肯定論に富んでいる。同時に反論に着手するとき，彼は否定を産み出す豊かな力も保持している。だが，肯定的な流れが否定的な流れと対立することはない。(……)〔ところが〕，(『法律』を読めばわかるように) 人生の終わりが近づくにつれ，弁証術への愛と，難問を解き明かすことができないとしてもその難問を明確化しようとする志向は，彼のなかで死に絶えた。かつて彼の肯定において特徴的であった詩的な豊かさと熱気すら失われ，それらは，厳格で強制を伴う正統主義に置き換わることで，プラトンは超独断論的（ultra-dogmatical）になったのである。⁽¹⁴⁶⁾

　ミルは，このようなプラトンの哲学的変容は彼が歳を重ねた結果であったと捉える。「ソクラテスの影響が彼の精神にとって支配的であった」時期，つまり初期対話篇の執筆期に書かれた著作では，弁証術の価値が明瞭に示されていた。ミルは，『国家』『ピレボス』『法律』といったプラトンの中期・後期の作品をプラトンの人生の後半に執筆されたと判断した。同様にグロートは，プラトンが哲学者の地位を獲得しはじめると，作品の特徴がソクラテス的な哲学から独断論へと変化したと考察する。このことをグロートは，「プラトンの代弁者であるソクラテスが野党の党首だったとき，プラトンはソクラテスに否定的な反対尋問の鋭さを武器として最大限与えることに喜びを感

じていたが，ここ〔『国家』〕においてソクラテスは大臣の座に移ってしまった」と表現した。(147)グロートの印象的な言葉遣いは，クレオンを「野党」に位置づけ，ニキアスを「大臣」や「閣僚」と表すことで，反対論者としてのデマゴーグを擁護した本書の第3章の議論との重なりを思い起こさせる。野党から大臣という与党的立場にソクラテスの地位が変化したとき，グロートにとってソクラテスは，「ノモス王」の側に立つ哲学者へと変わってしまったのであろう。

　哲学的急進派という野党的立場に位置づけられるグロートとミルは，程度の差はあるが，ベンサムやジェイムズ・ミルの思想を概ね継承し，必要に応じて修正を加えながら，功利主義者として社会改革を支持した。グロートはプラトンが「急進的な性格」を有していたと評価したが，本章の議論においてプラトンのソクラテスに急進性を見出したことが示された。(148)ノモス王を批判し，社会的専制に対抗する哲学者ソクラテスは，19世紀後半の英国に求められる〈新たな統治者〉として両者の目には映ったのかもしれない。『自由論』でミルは，ソクラテスの最期に迫害の恐怖を見出したが，「迫害は，異端者の勢力が強すぎてうまくいかなかった場合を除けば，いつでも成功していた」と述べる。(149)すなわち，本書の第3章で取り上げたミルによる野党的な反対勢力を重視する議論は，ソクラテスのような孤独な哲学者の社会的排除を回避するためにも不可欠であったと考えられる。グロートとミルは，哲学者ソクラテスの生き様から，政治社会の基盤となるべき自由原理を析出したのであった。

(1)　Bentham 1834, 1: p. 39. Cf. Bentham 1983: pp. 135-137. ジェイムズ・ミルのソクラテス弁証術の受容と，その受容が子ミルのソクラテス評価や論理学に与えた影響について，ミル親子間の継承という比較の視点を導入した研究として Loizides (2019b) が挙げられる。ロイツィデスは同論文でグロートが父ミルの影響下にあったことを分析しており，ジェイムズ・ミルとグロートの比較の手がかりを提供している。

(2)　ウルビナティは，ミルがソクラテスの弁証術をコールリッジ，シュライアマハー，グロートの見解を摂取するなかで独自の解釈を展開したことを分析した（Urbinati 2002: pp. 123-154）。ミルとソクラテスの弁証術に関する研究では，前掲注の

Loizides (2019b) とは異なる立場として，ロマン主義との関連や功利主義に対するミル独自の修正に注目する研究がある (Urbinati 2013；Devigne 2006；Rosen 2007；McCabe 2014)。他方で稲村は，ミルのソクラテス的弁証術について，論理学の分析に基づくことで「非プラトン主義的側面」を析出しており，前述のロマン主義や功利主義的観点から分析した研究とは異なる重要な視点を提示している (Inamura 2020：p. 277)。以上の多様な先行研究によって，ソクラテスやその弁証術がミルの政治思想・政治哲学や論理学，倫理学を基礎づける可能性が多角的に検討されていると言えるが，本章ではグロートとのテクスト上の比較に注目することで，両者の類似点と相違点を明らかにしたい。
(3) ディメトリオの代表的なグロート研究として Demetriou (1996a), Demetriou (1996b), Demetriou (1998) が列挙される。これらの論考は，グロート以外を含むヴィクトリア朝のプラトン受容研究としてまとめられた Demetriou (2016b)（初版 2011 年）に集約されている。また，『プラトン』の総合的な分析によって，グロートの議論はソクラテスを支持する立場であったと結論づけた Zuckert (2014) が挙げられる。
(4) 大久保 1997a：15-16 頁。
(5) Giorgini 2019；Grote, History, 8：p. 488.
(6) Grote, Plato, 1：p. x.
(7) Grote, Plato, 2：p. 290.
(8) Grote, Plato, 1：pp. 497-498.
(9) およそ 19 世紀半ばまでのプラトン研究とその後の英国におけるプラトン受容に関してはターナーを参照 (Turner 1981：Ch. 8)。
(10) Demetriou 1998：pp. 25-36.
(11) テイラーとマコーレーをグロート以前のプラトン解釈の代表例として取り上げる枠組みは，ウェッビーによって提示されており，本章はその議論に負う部分が多い (Whedbee 2007：pp. 25-29)。ただし，本章の第 3 節で検討するように，マコーレーのベイコンを支持する解釈とは対照的に，グロートとミルは，プラトンの著作を通じてソクラテスの否定的弁証術のなかにベイコン主義を見出していたことに関する分析は，ウェッビーの研究の射程ではない。テイラーが急進派と対照的な議論を展開したことは，ウェッビー以外の研究者によっても頻繁に指摘されている (Cf. Demetriou 1996b；Demetriou 1998；Giorgini 2009；Giorgini 2014；Loizides 2013a；Loizides 2019b；Turner 1981)。
(12) Demetriou 1998：p. 29；Giorgini 2009：p. 619.
(13) テイラーの略歴と人生については Louth (2004) に基づく。
(14) テイラーのプラトン解釈は，17 世紀のケンブリッジ・プラトニストが受容したルネサンス期の人文学者であるマルシリオ・フィチーノのテクスト理解に基づいていた (Whedbee 2006：pp. 25-26)。フィチーノはプロティノス，プロクロス，イ

アンブリコスなどの新プラトン主義者の著作を翻訳しているが，このラテン語版をテイラーは愛用していたと言われる。フィチーノによるプラトンの対話篇のラテン語版は，「プラトンの著作集の最初の完全な翻訳であり，以後 19 世紀に至るまで，プラトンの思想は主としてフィチーノの訳と註解を媒介にして受容されることになった」(加藤 2014：344)。しかし 1804 年のシデナムとテイラーのプラトン対話篇の翻訳は，古典ギリシア語ではなくフィチーノのラテン語版（1469 年頃までに完成）を底本にしている箇所が多く見られる。

(15) テイラーは，メアリ・ウルストンクラフトの『女性の権利擁護』(1790 年) への応答エッセイ「動物の権利擁護」(1792 年) を公表し，ウルストンクラフトによる女性に対する平等な権利の付与が合理的であるのであれば，動物に対してもそうするべきであろうといった風刺的・嘲笑的な批判を展開したことでも知られる (Louth 2004)。

(16) シデナムとテイラーの関係についてはディメトリオを参照 (Demetriou 1998：pp. 28-29)。

(17) Demetriou 2016a：p. 5. ただし，「著作集」という形式ではないが，『ソクラテスの弁明』や『プロタゴラス』などの特定の対話篇の英訳が公表されることは，17 世紀の時点からすでに確認されるとウェッビーは指摘している (Whedbee 2007：p. 22)。

(18) テイラーのプラトン解釈や翻訳は，コールリッジ，ウィリアム・ブレイク，ラルフ・ワルド・エマーソンと彼の弟子たちに読まれた (Louth 2004)。同様にディメトリオもテイラーの解釈が当時のロマン派に訴えかける要素があったと指摘している (Demetriou 1996b：p. 35；Cf. Demetriou 1998：p. 29)。

(19) Taylor 1787：p. 226. 強調は筆者による。

(20) Sydenham and Taylor 1804：pp. lxxix-lxxx.

(21) Ibid.：p. cxii.

(22) Ibid.：pp. cxiii-cxiv.

(23) Loizides 2019b：p. 796.

(24) 例えばギリシアの弁論家について論じた Macaulay (1824a) やミトフォードの『ギリシア史』批評を行なった Macaulay (1824b) がある。

(25) Whedbee 2008：pp. 615-616. ウェッビーは，ミトフォードとマコーレーによるソフィスト解釈の違いは「1790 年代のトーリー党と 1820 年代のホイッグ党を隔てる距離を示す機能」を有すると指摘している (Ibid.)。

(26) Ibid.：pp. 614-616.

(27) Macaulay 1848, 2：p. 386. なお，マコーレーはプラトンの『国家』・第 7 巻の該当箇所についてステファヌス版の表記を用いていないが，以下の箇所が該当すると推測される（プラトン 2008：521C-541B［下巻：124-184 頁］)。

(28) Macaulay 1848, 2：p. 386. ベイコンに関する緻密な思想史研究として塚田 (1996)

を参照。
(29) Ibid.: p. 392.
(30) Ibid.: pp. 395-396.
(31) Ibid.: pp. 398-399.
(32) Grote, Plato, 1: pp. 170-171.
(33) Mill, Plato: p. 378. ミルは『自伝』のなかで「自称プラトン主義者とは，大抵はプラトンの最も難解な著述から取り出されて，プラトンの精神と著述から見て，彼自身が詩的な空想，あるいは哲学上の臆測以上のものと考えていたかどうか疑わしいような，いくつかの独断論的な結論を鵜呑みにしていることだけが目立っている人々である」と指摘している（Mill, Autobiography: p. 25［50頁］）。
(34) Grote, History, 8: p. 666.
(35) Ibid.: pp. 666-667.
(36) Ibid.: pp. 667-669.
(37) Ibid.: pp. 669-670.
(38) Mill, GG［5］: p. 1163. ベイコンとソクラテスを重ね合わせたミルの見解は Mill, Plato: p. 405 でも確認される。
(39) ソクラテス哲学における反駁およびエレンコスについては，岩田（2014）を参照。
(40) Mill, GG［5］: p. 1164.
(41) Grote, Plato, 1: pp. 270-271; Mill, Plato: pp. 413-414.
(42) Grote, Plato, 1: p. 236.「調査あるいは探究の対話篇」には，『テアイテトス』『メノン』『ゴルギアス』などが該当し，「説明の対話篇」には『プロタゴラス』『政治家』『ソフィスト』『国家』『法律』などが挙げられている。ただし，『ソクラテスの弁明』や『メネクセノス』など，この二分法で区別できない対話篇もあるとグロートは指摘する（Ibid.）。
(43) Ibid.
(44) 例えばグロートは，哲学史家たちの多くが，否定的問答法を補足的に扱うのみにとどまっていること，そのなかの一部（特にシュライアマハー）は否定的対話を「読者に知的な努力を促すための訓練」と捉え，この訓練はプラトンが最終的に提示した「独断論的な対話」への準備段階であるとみなしていることに疑問を抱いている（Ibid.: pp. 269-270）。
(45) Grote, Plato, 2: pp. 550-551. Cf. Mill, Plato: pp. 429-430.
(46) Grote, Plato, 2: p. 551.
(47) Mill, Plato: pp. 404-405.「生の技法」は，ミルの論理学を理解する鍵概念であることが，研究史において強調されてきた。古典的な研究として Ryan（1991）が挙げられる。さらに生の技法に関する近年のまとまった研究として，例えば Eggleston, Miller, and Weinstein eds.（2011）がある。プラトン受容の観点を含む研究としては，ソクラテスの弁証術がミルの生の技法を支える方法論であったことをウルビナ

ティが検討している（Urbinati 2013）。また，生の技法とプラトン哲学の関連を分析した研究として Loizides（2013a : Ch. 7）が特筆される。

(48) Mill, Plato : p. 405.
(49) Ibid. : pp. 411-412.
(50) ベーコン 1978：39 [83 頁]。
(51) Mill, Plato : p. 411.
(52) Ibid. : p. 412.
(53) Ibid. : p. 415.
(54) Ibid. : pp. 405-406.
(55) Sydenham and Taylor 1804 : p. xlv.
(56) Grote, Plato, 1 : p. 214. Cf. Mill, Plato, p. 413.
(57) Mill, Plato : p. 419. Cf. Grote, Plato, 3 : pp. 133-159.
(58) Mill, Plato : pp. 433-434.
(59) Grote, Plato, 2: p. 483. Cf. Mill, Plato : p. 433; プラトン 1976b：293B-293E[312-315 頁]。
(60) Grote, Plato, 2 : pp. 483-486.
(61) プラトン 1976b：302C-303B [345-349 頁]。
(62) Grote, Plato, 3 : p. 215.
(63) Ibid. : pp. 433-434.
(64) Mill, Plato : pp. 434-435.
(65) Ibid. : pp. 435-436.
(66) Ibid. : p. 432.
(67) Ibid. : pp. 436-437.
(68) Ibid. : p. 438.『国家』の該当箇所としてプラトンを参照（プラトン 2008：461A [上巻：412-413 頁]）。
(69) Mill, Plato : pp. 414-415. グロートによるプラトンの異端への対処やその思想における不寛容な側面については次を参照（Grote, Plato, 3 : pp. 407-415）。
(70) ノモス王はグロートの政治思想を理解する鍵概念であると本書は分析しているが，先行研究において，グロートがノモス王の形成過程やその作用をいかに詳細に論じたのかについては，やや看過されてきた傾向が見られる。さらに，ミルの『自由論』とノモス王の繋がりを明確に強調し，その内実に踏み込む傾向はさほど見られないように思われる。ノモス王に言及した研究として，以下が挙げられる（Demetriou 1996b : p. 33 ; Demetriou 2009 : p. 53, pp. 55-56 ; Giorgini 2009 : p. 635, pp. 637-638 ; Giorgini 2014 : pp. 315-317, p. 319, p. 323 ; Urbinati 2002 : p. 147）。
(71) Bentham 1843 : pp. 440-441. Cf. Schofield 2006 : pp. 145-148 [200-203 頁]。
(72) グロートとミルが "King Nomos" と表現する箇所が，Nomos に法と慣習がそれぞれ含まれていることを示すために「ノモス王」と訳出する。既存の法を批判する

姿勢は，ベンサムのコモン・ロー批判に繋がる要素があり，慣習への警戒に対しては，後述するようにミルの思想に類似した特色があると捉えられる。

(73) Grote, Plato, 1：p. 251,
(74) ヘロドトス 2007：巻三・38［上巻・354-355 頁］；同書：504-505 頁を参照。
(75) プラトン 2007：484B［137 頁］；同書：300-301 頁を参照。
(76) Giorgini 2014：p. 315, fn. 48. 加えてジョルジーニは，ノモス王とは慣習の力を説明するためにグロートが新たに作った「非常に効果的な表現」であり，ノモス王が「正統派の市民を生み出す傾向がある」と説明しており，本章の議論もこの見解に同意する（Ibid.）。
(77) Grote, Plato, 1：pp. 248-251.
(78) Ibid.：pp. 251-252.
(79) Ibid.：pp. 258-259. Cf. Mill, Plato：p. 410.
(80) Grote, Plato, 1：pp. 253-254.
(81) Ibid.：pp. 255-257, 269.
(82) Ibid.：pp. 256-257. Cf. Mill, Plato：p. 381.
(83) Ibid.：pp. 257-258. 例えば『ゴルギアス』においてソクラテスは，ポロスに対して「たとえぼく一人になっても，君に同意しないつもりだ」と毅然とした態度で臨む（プラトン 2007：472A-472C［94-95 頁］）。グロートはこの箇所について，権威を盾にソクラテスに立ち向かうポロス（＝ノモス王の追従者）とノモス王に対抗するソクラテス（＝哲学者）の対比を読み解いている（Grote, Plato, 1：p. 257, fn. g）。
(84) Grote, Plato, 1：p. 261.
(85) Ibid.：p. 263.
(86) Ibid.：pp. 263-264.
(87) Ibid.：pp. 265-266.
(88) Grote, History, 6：p. 200.
(89) Mill, OL：p. 220［18 頁］.
(90) 以下，長文になるがグロートが『プラトン』の第 1 巻・第 6 章「プラトンの著作一般について」の脚注内で『自由論』の直接引用を行なった箇所から，ソクラテスの弁証術に関わる部分を抜粋しておきたい。「論敵に対して真理を説明したり擁護したりする必要性は，その真理を知的に生き生きと理解することにとって非常に重要な助けとなる。（……）あたかも熱心な反対論者がこちらの考えを変えさせようとして当の問題の中にある難点を突きつけているかのように，そうした難点を教師が学ぶ側に実感させる何らかの工夫が欲しいところである。しかし，教師たちは，こうした目的のための工夫を探究するどころか，以前に持っていた工夫すら失ってしまっている。プラトンの対話篇の中であれほど見事な例が示されているソクラテスの対話術は，この種の工夫だった。この対話術は，哲学や人生の上での重要問題について，否定的議論をぶつけることを主旨としていた。その狙いは，世間で受け

容れられている意見の決まり文句を口にしているだけの人に対して，自分は問題を理解していないこと，自分が公言している主張に明確な意味を持たせていないことを，熟達した技量を駆使しながら納得させることにあった。そうすることによって，本人が自分の不知を自覚した上で，主張の意味と根拠のいずれについても明瞭に理解し，それにもとづいてしっかりとした確信に到達できる道筋へと導こうとしたのである」(Mill, OL: p. 251［100-101 頁］)。

　次の部分もグロートによる『自由論』の直接引用であるが，長文になるため一部は筆者が要約した。「否定をこととする論理（negative logic），つまり，積極的な真理を打ち立てはしないまま，理論上の弱点や実践上の誤りを指摘する論理のことだが，これを軽蔑することが今どきの流行になっている」。つまり，積極的な真理を打ち立てることが「最終の到達点」であれば，否定はかなり貧弱であると言えるが，「積極的な知識や信念」へ達成する手段としては高く評価できる。「この手段に関して，人々が系統立った訓練を再び受けるようにならない限り，偉大な思想家はほとんど現れないだろうし，数学や物理学以外であればどの分野でも，（……）誰の意見であっても知識の名には値しない」（Ibid.: pp. 251-252［102-103 頁］)。なお，この引用に際してグロートは，さらに多くの議論を紹介したかったとコメントしており，『自由論』がグロートにとって重要な文献であった様子を確認することができる（Grote, Plato, 1: pp. 266-267, fn. z)。

(91)　Mill, Plato: p. 390, fn. *. p. 410. Cf. Grote, Plato, 1: pp. 258-259.
(92)　Grote, Plato, 2: p. 12.
(93)　Mill, Plato: p. 411.
(94)　Grote, Plato, 2: p. 141.
(95)　Ibid.: p. 142.
(96)　Ibid.: p. 143.
(97)　Ibid.: pp. 142-143, fn. g.
(98)　Mill, OL: p. 220［18 頁］.
(99)　Ibid.: p. 243［81 頁］.
(100)　Grote, Plato, 2: p. 138.
(101)　Mill, Plato: p. 416；プラトン 2007：521B-522A［260-263 頁］。1834 年にミルが公表した『ゴルギアス』の抄訳と解説では，徳を身につけるためには知識に対する理解のみならず，「想像力と感情」への働きかけが不可欠であることが議論されている。一方で「グロートのプラトン」でその理由についてミルは，「正義が至高の幸福であるというプラトンの命題を証明するためには，それを実感させないかぎり不可能である」と指摘する。つまり，想像力と感情が徳を支えるという想定は，1866 年の書評に先立って言及された（Mill, Gorgias: p. 150；Plato: p. 416）。ミルによる『ゴルギアス』解釈については Whedbee（2006），Nordquest（2016）を参照．
(102)　Grote, Plato, 2: pp. 142-143.

(103) プラトン 2007：500B-500C［193-195 頁］。
(104) Mill, Plato：p. 416.
(105) プラトン 2007：501A-D［196-199 頁］。ソクラテスは迎合とは「快楽のなかのでも，どれはより善いものであり，どれはより悪いものであるかということについては，考えてみようともしなければ，また，より善いことになろうが，より悪いことになろうが，ただ気に入られて喜ばれさえすれば，それ以外のことには全然，関心のないといったもの」であると説明する（同書：501B［197 頁］）。
(106) 同書：502D-503B［201-204 頁］。
(107) Grote, Plato, 2：p. 145.
(108) Grote, History, 8：pp. 473-475.
(109) Grote, Plato, 2：p. 145. グロートは『ゴルギアス』でプラトンが弁論術に対する問題提起を行なったことに一定の評価を下したが，プラトン自身が示す善悪の理想を全面的には支持しなかった。この点において，グロートのプラトン批判が示唆されている。『ゴルギアス』の議論を締め括る段階でグロートは，「徳とは何か」への答えはさまざまであることを論じた。ソクラテス以前の時代やヘレニズム期のアテナイ，スパルタ，あるいは中世キリスト教世界，フランス皇帝ナポレオンの治世など，歴史上には多様な正義，節制，徳，悪徳を指す言葉があり，その言葉に関連する感情がある。よって，善悪をめぐる徳の種類が多く存在することは，政治秩序もそれぞれの時代に左右される可能性がある。しかし『プロタゴラス』のソクラテスとは異なり，『ゴルギアス』は，ソクラテスが科学的な考査によって「どの快楽が悪いもので，どの苦痛が善いものであるか」を説明することなく，快苦の判別を「それぞれの社会や個人の非科学的な感情」に委ねたという問題が残された。とはいえ，『ゴルギアス』の金字塔は，「既成の倫理的・政治的な正統派」に対抗して大胆に異論を唱えたソクラテスの立場を描き出したところにある，とグロートは解釈した（Ibid.：pp. 150-151）。
(110) Grote, Plato, 2：p. 140, p. 145. グロートは，プラトンの弁論家批判に反論する論拠に，ペリクレスを筆頭にデモステネス，イソクラテス，クインティリアヌスを挙げている（Ibid.）。
(111) プラトン 2007：503B-503C［204 頁］。
(112) Grote, Plato, 2：pp. 145-149.
(113) Ibid.：p. 149.
(114) Ibid.：p. 146.
(115) ペロポネソス戦争においてペリクレスが，スパルタ軍との戦いにおいてアテナイ市民に攻城戦といった苦難を強いる戦略を説得した様子について，澤田は次のように分析しており，ペリクレスの弁論術の特色を垣間見ることができる。「ペリクレスの演説は，彼の合理的な説得の例としてとりわけよく知られる。田園地帯を放棄し，全住民を城壁で囲まれた市街地に移住させるというペリクレスの提案した戦略

に対して，市民たちは頑強に抵抗を示すが，彼は，アテナイの歳入や貯蔵金，軍隊の規模などの具体的な数字をこと細かく挙げて合理的に説明したうえで，必ず勝てる，と市民たちを説得した」（澤田 2010：111 頁）。

(116) Grote, Plato, 2: p. 148. 当該議論においてミルの『功利主義』は参照されていないが，『プロタゴラス』の章では脚注において同書への言及がある（Grote, Plato, 2: p. 83, fn. i）。このことから，グロートはミルの功利主義論に触れていたと推測される。グロートがベンサム的な功利主義を支持していたのか，ミル的な快楽の質に注目し，高次の快楽・諸活動に基づく社会改革の可能性を擁護したのかについては，両者の功利主義観に深く関わる重要な争点である。

(117) Grote, Plato, 2: pp. 148-149. デモステネスについては次を参照（澤田 2010：第 8 章）。

(118) Ibid.: pp. 144-145.

(119) Mill, Plato: p. 401；プラトン 2007：463B-464D［65-69 頁］.

(120) Mill, Plato: pp. 401-402.

(121) Ibid.: p. 402.

(122) Ibid.: p. 416.

(123) Mill, OL: p. 235［58 頁］.

(124) プラトン 2012：9 頁。

(125) 同書：23D［38 頁］。

(126) クセノポン 2011：第 1 巻・第 2 章・31［22 頁］。

(127) プラトン 2008：487D［下巻 29 頁］。

(128) Mill, Plato: p. 399.

(129) プラトン 1994：91C［87 頁］。

(130) 同書：92B-92C［89-90 頁］；Mill, Plato: p. 398.

(131) クセノポン 2022：29［221 頁］。

(132) Mill, Plato: p. 398.

(133) Ibid.: pp. 403-404.

(134) Ibid.: p. 404.

(135) Mill, OL: p. 238［66-67 頁］.

(136) Grote, Plato, 2: p. 142.

(137) Turner 1981: pp. 296-297；Grote, History, 8: p. 566.

(138) Grote, Plato, 1: pp. 264-265.

(139) Mill, Plato: p. 424.

(140) Grote, Plato, 2: p. 154, p. 156；プラトン 1998：63E［28 頁］，91A-91C［106-107 頁］。

(141) Grote, Plato, 2: pp. 154-157.

(142) Ibid.: p. 155.

(143) Mill, Plato : p. 431.
(144) Grote, Plato, 3 : p. 240.
(145) Mill, Plato : p. 431.
(146) Grote, Plato, 2 : pp. 393-394. この引用の一部はミルの書評論文でも引用されている（Mill, Plato : p. 431）。
(147) Grote, Plato, 3 : p. 165 ; Mill, Plato : p. 414.
(148) Grote, History, 8 : p. 536.
(149) Mill, OL : p. 238 ［67 頁］.

終　章

1　グロートとミルによるギリシアへの陶酔

　本書では，グロートとミルによるギリシアの歴史的理解と哲学的解釈の分析を通じて，両者の「ギリシアへの陶酔」が自由主義的な洞察に支えられていたことを考察した。急進主義に影響を受けたグロートとミルにとって，ミトフォードに代表される民主政批判の歴史叙述は，乗り越えられるべき課題であった。1820年代から『ギリシア史』の執筆に着手したグロートは，その大著を完成させたのちに『プラトン』に取り組んだ。この二つの書物は，ミルによって丹念に批評されただけでなく，互いのリベラルな政治思想を反映した接続点であった。とりわけ『プラトン』では，ミルの『自由論』における社会的専制の問題がグロートの「ノモス王」批判と重なり合っていたことが確認された。デマゴーグ，ソフィスト，ソクラテスをめぐる解釈において，両者の見解は概ね一致していた。

　しかしながら違いもある。両者の人生にはジェイムズ・ミルを媒介としたベンサム主義との出会いという共通点があったが，ミルはベンサムの思想に修正を加える必要性を明確に認識した（第1章）。民主政史の評価を通じてミルは，グロートの提起した「国制の道徳基盤」を『代議制統治論』において現代的課題として認識するに至った（第2章）。デマゴーグ論では，グロートはニキアスの宗教的性格を非難することで，クレオンに長らく付与された悪

評の書き換えを試みた。それに対してミルは,ニキアスの貴族政的な政治手法を批判するにとどまった(第3章)。ソフィスト論に関しては,ミルはグロートによるソフィストの再定義を好意的に支持したが,ソフィストで哲学者のプロタゴラス評価に際して,その人間尺度説の分析において両者の見解には差異が認められた(第4章)。プラトン論では,グロートが明確に哲人政治を批判し,『国家』と『法律』の独断論的プラトンを拒絶したのに対し,ミルはその統治者教育論にある種の関心を寄せていたように見受けられた。その一方で,両者はソクラテスの否定的弁証術が,社会的専制とノモス王の台頭を抑制させる要であると理解した。ただし,グロートは哲学者ソクラテスの弁証術の重要性を認めながらも,弁論家の存在が民主政の活性化に不可欠であるとも考察した。しかしミルは,ソクラテスの迫害という民主政史の悲劇をグロートよりも深刻に捉えたと考えられる。ミルの『自由論』からは,ソクラテスに対する称賛と,ソクラテスの経験した迫害を社会的自由の課題に結びつけて振り返る叙述が確認される。

　　ソクラテスは死に追いやられた。しかし,ソクラテス哲学は空にある太陽のように上昇し,知的天体の全体に輝きを広げた。(……) われわれの不寛容は社会的なものでしかなく,誰も殺さずどんな意見も根絶やしにしないものの,人々が意見を表に出さないように仕向けたり,意見を広める積極的努力を控えさせたりしてしまう。(1)

　二人の急進派によるギリシア受容を紐解く過程では,解釈上の相違がいくつか確認されたが,本書は,グロートとミルの自由主義的なアテナイ論には,民主政における自由の価値を強調するという共鳴関係があったと結論づける。この価値は,ミルの消極的自由の永続的意義を論じたバーリンによる古典的研究「ジョン・スチュアート・ミルと生の目的」(1959年)で表明されたミルの洞察に一致する。

　　人間の目的が作為的により狭くより矮小化され,大多数の人間が,彼〔ミル〕の畏友トクヴィルのことばを使えば,単なる「勤勉な羊」に変えら

れていく社会，彼自身のことばを使えば，「集団的凡庸」が独創性と個人的才能とを次第に絞殺してしまう社会，こうした社会が，博愛，デモクラシー，平等の名の下につくられつつあるのを彼は感じていたのです[(2)]。

2 さらなる争点
——現代論としての古典古代論——

　グロートの『ギリシア史』と『プラトン』は，その公刊後にさまざまな陣営から賛否両論を受けたが，本書はその支持者側の議論としてミルに焦点を定めた。しかし，功利主義者のヘンリー・シジウィック（1838-1900）も同様にグロートのギリシア史解釈を好意的に受け止め，そのソフィストの再解釈を「第一級の歴史的発見」であると評した[(3)]。この急進主義的なギリシア論をめぐる論争は，19世紀後半以降，英国だけでなくドイツにおけるグロート受容として新たな展開を見せることになる[(4)]。その論争の思想史的解明は筆者の今後の課題として残されているが，最後に，グロートの『ギリシア史』が，急進派とは異なる立場に立った英国の同時代人によって，いかに評価されたのかを象徴的に表わした言説を紹介する。
　スコットランド出身のジョン・スチュアート・ブラッキー（John Stuart Blackie, 1809-1895）は，エディンバラ大学とアバディーン大学で神学を学び，さらにゲッティンゲンとベルリンにてフリードリヒ・シュライアマハーなどのドイツ古典学の影響を受け，1852年からエディンバラ大学のギリシア語教授を務めた古典学者である。1857年にブラッキーは，グロートの『ギリシア史』批評を含意した論考「プラトン」において，印象的な一節を残した。

　　実際のところ，プラトンとイングランド国民の間には，越えることのできない隔たりがある。すなわち，それはイングランド的な観念の領域とドイツ的な思弁の世界の間にある，さらに大きな隔たりを越えられるはずがないことと同様である[(5)]。

終　章　239

はたしてブラッキーは,経験論の伝統を引き継ぐ急進派が,イングランドでプラトンに接近したことをどのように受け止めたのであろうか。ブラッキーは,グロートのギリシア論のなかでも特にソフィストの再定義を批判し,グロートとミルのプラトン解釈とは一線を画す理解を示した。グロートが「プラトンと敵対し,悪評を高めたアテナイの有名なソフィストたち」を熱心に擁護したことに着目したブラッキーは,ソフィストの実態が教師的役割にあったとは認める。ただし,ソクラテスとプラトンは「公共の教師」であり,ソフィストのように「雇われの身で,口先で民会に影響を与えるための技術を教える教師ではなかった」と強調する。それゆえにブラッキーは,ソフィストと対照的な「公共の教師」である哲学者プラトンを擁護する(6)。プラトンの書物は,「本質的に天から与えられた事物としての真理,美,神聖に魂を捧げること」が,「便益,政策,功利性(utility),世俗的な知恵といった言葉に潜むあらゆる劣った行動の源泉を徹底して軽蔑すること」を指南する。この意味でプラトンは「本質的にキリスト教的」であり,「アリストテレスやジョン・ロック,ペイリー博士よりも,ヨハネによる福音書にはるかに密に関連している」のである(7)。つまり,ブラッキーの解釈は,マコーレーやグロート,ミルといった広義のリベラルな陣営に属する著述家たちが批判した新プラトン主義的な神学的プラトン像を投影していた。もっともブラッキーが「便益,政策,功利性,世俗的な知恵」といった表現を用いたのは,単なる言葉の綾ではない。ブラッキーによるとグロートは,

> キリスト以前の前5世紀の古代世界において,プラトンを巧妙な理論家として,ソフィストを有用な実践的思想家として描き出し,実に大胆に「小売店主の国家(the nation of shopkeepers)」の最も特徴的な要素の一つを提示した。これは,博識なロンドンの銀行家が発した真正なイングランド人の所感である。その一方で,イングランドのピューリタンのなかで最も才能ある人物の一人がソフィストを強く非難し,プラトンの『国家』に心から共感を寄せたことは,学問と教会が一体となった感情の確固たる表明の一つである。これは,単なる実践的傾向を求める我々の時代とその国家に対して大変有益なかたちでしばしば作用するのである(8)。

この「最も才能ある人物の一人」が，オックスフォード大学の道徳哲学教授のウィリアム・シーウェルである。シーウェルは国教会の高教会派によって展開されたオックスフォード運動の影響を受けた著述家としても知られる[9]。つまり，シーウェルと対照的な位置に，「銀行家」のグロートがブラッキーによって配置されたことは，グロートの『ギリシア史』公刊以後の論争状況を示唆している。

　ブラッキーは，グロートの古代政治史研究に対する功績を認めつつも，しかし「ギリシア哲学について立派な論調で書くこと」に「相応しくない人物」であると評した。とりわけ「プラトンとソフィストに関する章」，すなわち本書の第4章・第5章が主要な分析対象とした『ギリシア史』の第67章・第68章は，グロートの「激しい極論的な態度」が前面に出ているため，歴史書としての目的が達成されていない。このことをブラッキーは，「彼〔グロート〕の誌面は，歴史家による厳粛な判決というよりも，むしろ議会における力強い党派的演説の報告書のように思えることがしばしばある」と冷ややかに表現した[10]。さらに1871年の著作においてブラッキーは，功利主義が「曖昧な考えを明瞭化すると公言しながら，人間の思考と行動，専門性などのあらゆる領域に混乱と無秩序をもたらす思考法」であると非難した[11]。神学的なプラトン像を支持したブラッキーによる功利主義への攻撃は，急進派のプラトン受容が単なる学術的な営みというよりも，時代の思想潮流のなかで展開された知性であったことを暗示する。

　20世紀に入ると時代はデモクラシーに未曾有の挑戦を突きつけることになる。哲人政治を歓迎した権威主義的プラトン（グロートの表現を用いるのであれば「超独断論者のプラトン」）が，イタリアのファシズムやドイツの全体主義陣営によって濫用されるようになる。一方で，ジョルジーニが指摘するように，グロートのリベラルなプラトン論は，カール・ポパーの『開かれた社会とその敵』に代表される戦後のプラトン再解釈に引き継がれていくことになる[12]。このように，古代ギリシア由来の〈政治と哲学の対立〉という壮大な問いは，その誕生以来，形を変えながらも21世紀に至るまで持続的に論じられている。つまり，ギリシアはそれぞれの時代を映し出す鏡であり，それ

終　章　241

を論じる者の思想を自覚的あるいは無自覚的に投影しているのかもしれない。

　本書は，グロートとミルのギリシア受容を民主政と自由の観点から検討したが，19世紀的な論争を反映した双方の古典古代論に関わる争点は幅広いものであった。例えば，アリストテレス論，スパルタ論，植民地論・帝国論，奴隷制論，男女同権論などである。ダンカン・ベルは，植民地論や帝国論といった対外支配をめぐる文脈において，19世紀の英独では「過去への憧れ」が作用していたと指摘した。ベルによると，当該時期の古典古代論において「過去に対する理解としての歴史的（歴史化された）文化は，政治的議論の構築，その精緻化，その擁護を形成する役割を果たしていた」。この意味において，受容史研究はドメスティックな議論に限定されるわけではなく，ヴィクトリア朝において「古代人と現代人〔近代人〕の比較は常に両義的で，非常に選択的であった」ことを忘れてはならない。

　ミルは1834年に南オーストラリア論を扱った論考において，ギリシアの植民都市が「急速にすばらしく繁栄し」，当該地域の「自由，秩序，進歩を保障した」ことを称賛し，英国の植民地政策の優れたモデルをギリシアに見出そうとしていたようである。また，グロートの『ギリシア史』の書評論文(1853年)では，海洋帝国として覇権的地位にあったアテナイが「防衛のための自由で平等な連合体」を形成し，他の連合国に安全と富，そして繁栄を与えたと考察した。近年のミルの国際政治思想に関わる研究によって明確化された枠組み——ミルの植民地論には入植植民地と従属植民地という区別が導入されていた——の知的背景には，ギリシアとスパルタ，あるいはギリシアとローマといったさらに広範な視座が投影されていた可能性がある。

　ミルは『ギリシア史』の書評においてアテナイを賛辞したが，古代人の実践をあるがままに現代へと適用すべきではないとも考えていた。ミルが古代人の盲目的な復権を支持しなかった第一の理由は，ギリシアの家庭と社会において女性が不平等の境遇に置かれていたことにある。『代議制統治論』や『女性の隷従』，さらに庶民院での女性参政権の動議など人生の折々を通じて男女同権論を擁護したミルにとって，アテナイの公的世界に女性の姿が存在していなかったことは，認め難い事態であった。ミルは，アテナイの民主政において「女性が市民権から排除されていることは，奴隷の排除と同様に民

主政の原則に反する」と指摘した。ここに第二の理由である奴隷制の問題が提起される。ただしミルは，古代の奴隷はアメリカ合衆国や西インド諸島の奴隷のような「最悪の形態の奴隷制」の下に置かれていなかったとも考察する。この制度自体が「嫌悪すべきもの」であることは疑いようがないが，ミルは同時代への批判を含意するかのように，奴隷制を使用し続けることに問題があると批判した。このことは，南北戦争時に北部を支持したミルが，アメリカに残された奴隷制に強い懸念を示したことにも関連している。ミルにとって，奴隷解放を唱えたリンカーンはソクラテスであった。1865年に古典派経済学者のジョン・エリオット・ケアンズ（1823-1875）に宛てた書簡でミルは，「リンカーンの死は，ソクラテスの死のように，高潔な人生に相応しい最期であり，人々の記憶にその価値を永遠に刻み込むものであった。彼はいまや歴史に名を残す偉人たちの一員になったのである」と記した。1861年，ミルは『代議制統治論』において，「あと一世代が経過してしまう前に，肌の色の偶然と同様に，性別の偶然が，市民としての平等な保護と正当な特権を剥奪する十分な正当化の理由だとは考えられなくなっていること」に期待したいと書き残した。

　ベインは1882年の『ミル評伝』にて，グロートとミルが「ギリシアに陶酔していた人」であったと評し，この表現が指し示す政治思想とは何かについて本書は検討を重ねてきた。両者の古代ギリシア受容は，ミトフォードに代表されるトーリー的な混合政体論やプラトンの統一性を重視する新プラトン主義とは一線を画していた。二人の急進派は，「国制の道徳基盤」を育んだアテナイの民主政における政治的・知的文化を積極的に評価し，そこから，政治的自由のみならず，個人の自由がアテナイ人によって尊重されたという自由主義的な特色を抽出した。デマゴーグやソフィスト，そしてプラトンを通じて，両者はギリシアの歴史と哲学を分析したが，そのリベラルな特徴はペリクレスやソクラテスといった紀元前5世紀を代表する政治家と哲学者の解釈に傑出して現われていた。

　無論，本書の至るところで考察したように，グロートとミルの間には，解釈上の細やかな差異や問題関心の違いがしばしば認められた。グロート研究のさらなる発展によって，その哲学，論理学，政治学の内実がより明らかに

終　章　243

なれば，ミルの思想との相違は先鋭化するかもしれない。その逆も然りであるが，筆者としては両思想家の研究進展を注視していきたい。

　しかし本書の議論を終えるにあたって，グロートとミルの思索には確かに共通して「ギリシアへの陶酔 (intoxication)」が看取されたと結論づけたい。ただし，それは古代人の復活を企図した「陶酔」ではなかった。彼らのギリシア受容は，17・18世紀のヨーロッパで興隆した「新旧論争」が提起した古代人と現代人の優劣を競う知的風潮とは隔たりがあった。19世紀という新たな時代のなかでグロートは最新の英独の歴史学的アプローチを自身の歴史叙述に導入し，哲学においてはアプリオリな前提に基づいた先人たちのプラトン論を慎重に扱った。ミルは，グロートの書物を好意的に評価したが，アテナイ人の実践を英国社会に直接的かつ自動的に適用すべきであるとは主張しなかった。それゆえ，両者はギリシアの保持するリベラルな政治的・哲学的価値を大いに認めたが，その過度な現代的援用を差し控えた。もっとも，過去を振り返り，現在の位置づけを再確認したグロートとミルは，アテナイに対する「憧れ」を抱くと同時に，同時代というコンテクストのなかで冷静にギリシアに陶酔したのであった。

(1) Mill, OL: p. 241［75頁］．
(2) Berlin 1991: p. 140［409-410頁］．
(3) Sidgwick 1872: p. 289. シジウィックによるグロート評価ならびにミルのグロート解釈に関する思想史的分析は Schultz (2004: pp. 55-60) を参照。
(4) グロートの業績をドイツで広めた人物の一人としてテオドール・ゴンペルツ (1832-1912) が挙げられる (Cf. Gompertz 1901-12; Weinberg 1963)。
(5) Blackie 1857: p. 6. ブラッキーの経歴・著作についての概要は Borthwick (2009) を参照。
(6) Ibid.: p. 18.
(7) Ibid.: pp. 9-10.
(8) Ibid.: p. 7. なおこの引用句の直後にブラッキーは，スコットランドにおける哲学研究の優位性を説いており興味深い (Ibid.)。
(9) Ibid.: p. 7, fn. 3. シーウェルの経歴・著作についての概要は Skinner (2004) を参照。シーウェルのソフィスト批判を通じた現代社会分析は Swell (1841: p. 41) を参照。
(10) Blackie 1857: p. 7, fn. 2. 強調は筆者による。

(11) Blackie 1874：p. 333.
(12) Giorgini 2014：p. 324. ディメトリオは，ポパーがグロートはプラトンに敵対的であったと解釈しているのは誤りであると指摘している（Demetriou 1996b：p. 31）。本書の結論に基づくのであれば，グロートはプラトンのソクラテスには敵対的でなかったと評することが適切であるように思われる。
(13) Bell 2006：p. 740, p. 742.
(14) Mill, South Australia：p. 739.
(15) Mill, GH［II］：pp. 321-322.
(16) Bell 2010：p. 37, p. 46；Varouxakis 2013：Ch. 4. Cf. Varouxakis 2002.
(17) Mill, GH［II］：p. 314, p. 324.
(18) Ibid.：pp. 314-315.
(19) Mill, LL：p. 1057（J. S. Mill to John Elliot Cairnes, 28/05/1865）。この書簡の位置づけについては Capaldi（2004：p. 306）を参照。
(20) Mill, CRG：p. 481［174 頁］.

巻末資料　ジョージ・グロートとジョン・スチュアート・ミルによる古典古代論に関する出版物一覧

1826 年	グロート	「クリントンによるファスティ・ヘレニチ——ギリシアの市民と自由に関する年代記」("Clinton's Fasti Hellenici : The Civil and Liberty Chronology of Greece")」
1834 年	ミル	「プロタゴラス（"The Protagoras"）」※ミルによるプラトンの抄訳とコメント
		「パイドロス（"The Phaedrus"）」※ミルによるプラトンの抄訳とコメント
		「ゴルギアス（"The Gorgias"）」※ミルによるプラトンの抄訳とコメント
1835 年	ミル	「ソクラテスの弁明（"The Apology of Socrates"）」※ミルによるプラトンの抄訳とコメント
1840 年	ミル	「プラトンに関する二つの著作（"Two Publications on Plato"）」
1846 年	グロート	『ギリシア史（History of Greece）』第 1 巻
		『ギリシア史（History of Greece）』第 2 巻
	ミル	「グロートのギリシア史［1］（"Grote's History of Greece [1]"）」※『スペクテイター』掲載
		「グロートのギリシア史 I（"Grote's History of Greece, I"）」※『エディンバラ・レヴュー』掲載
1847 年	グロート	『ギリシア史（History of Greece）』第 3 巻
		『ギリシア史（History of Greece）』第 4 巻
	ミル	「グロートのギリシア史［2］（"Grote's History of Greece [2]"）」※『スペクテイター』掲載
1849 年	グロート	『ギリシア史（History of Greece）』第 5 巻
		『ギリシア史（History of Greece）』第 6 巻
	ミル	「グロートのギリシア史［3］（"Grote's History of Greece [3]"）」※『スペクテイター』掲載
		「グロートのギリシア史［4］（"Grote's History of Greece [4]"）」※『スペクテイター』掲載
1850 年	グロート	『ギリシア史（History of Greece）』第 7 巻
		『ギリシア史（History of Greece）』第 8 巻
	ミル	「グロートのギリシア史［5］（"Grote's History of Greece [5]"）」※『スペクテイター』掲載
1852 年	グロート	『ギリシア史（History of Greece）』第 9 巻
		『ギリシア史（History of Greece）』第 10 巻
1853 年	グロート	『ギリシア史（History of Greece）』第 11 巻
	ミル	「グロートのギリシア史 II（"Grote's History of Greece, II"）」※『エディンバラ・レヴュー』掲載
1856 年	グロート	『ギリシア史（History of Greece）』第 12 巻
1865 年	グロート	『プラトンとソクラテスの同時代人（Plato, and the Other Companions of Sokrates）』全 3 巻
1866 年	ミル	「グロートのプラトン（"Grote's Plato"）」
1872 年	グロート	『アリストテレス（Aristotle）』全 2 巻　※アレクサンダー・ベインおよび G. クルーム・ロバートソン編。両編者がグロートの草稿をもとにグロートの死後に公刊した未完の著作。
1873 年	ミル	「グロートのアリストテレス（"Grote's Aristotle"）」

＊草稿・未公刊資料は作成年が不明確な資料が含まれるため，上記一覧には掲載していない。

参考文献一覧

1. 一次文献

【ジョージ・グロートの著作・論考・草稿】

Grote, George (1821) *Statement of the Question of Parliamentary Reform ; with a Reply to the Objections of the Edinburgh Review, No. 61*, Baldwin, Cradock, and Joy.

―――― [Philip Beauchamp] (1822) *Analysis of the Influence of Natural Religion on the Temporal Happiness of Mankind*, R. Carlile (Reprinted in 1866 and 1875).

―――― (1826) "Clinton's Fasti Hellenici : The Civil and Liberty Chronology of Greece", *Westminster Review*, Vol. 5 (April 1826), pp. 269-331.

―――― (1831) *Essentials of Parliamentary Reform*, Baldwin and Cradock.

―――― (1846-56) *History of Greece ; From the Earliest Period to the Close of the Generation Contemporary with Alexander the Great*, 12 vols., John Murray (Reprint : Cambridge University Press, 2009).

―――― (1865) *Plato, and the Other Companions of Sokrates*, 3 vols., John Murray (Reprint, Cambridge University Press, 2009).

―――― (1873) *The Minor Works of George Grote with Critical Remarks on His Intellectual Character, Writings, and Speeches*, Alexander Bain ed., John Murray.

• 草稿（大英図書館所蔵）

Grote, George, Historical collections, 19th century, *Autogr.*, British Library Additional Manuscript, 29513-29532.

 Four Sheets of his History of Greece, 19th century, BL Add. MSS 29513.

 Notes and Essays on Greek history, 1815-1867, BL Add. MSS 29514-29521.

 Digests of the Dialogues of Plato and Notes on Socrates, circ, 1825, BL Add. MSS 29519.

 Miscellaneous Historical Notes, ante 1832, BL Add. MSS 29521.

 Essays on Lucretius and Cicero, 1815-1817, BL Add. MSS 29525.

 Miscellaneous Classical Notes, 1809-1824 BL Add. MSS 29527.

 Miscellaneous Essays, 1818-1822 BL Add. MSS 29529

 Principles of Political Economy, circ, 1818, BL Add. MSS 29530.

 Essay on Magick, 1820, BL Add. MSS 29531.

 Notes on Italian Republics, German Imperial Cities, etc., 1818-1831, BL Add. MSS 29532.

【ジョン・スチュアート・ミルの著作・論考】
　ジョン・スチュアート・ミルの一次文献はすべて *Collected Works of John Stuart Mill*, 33 (vols.), F. E. L. Priestley and J. M. Robson (eds.), Toronto and London : University of Toronto Press, 1963-1991（以下，CWと略記）に依る．

"Death of Jeremy Bentham", *Examiner* (June 1832), in CW, Vol. XXIII, pp. 467-473 ［泉谷周三郎訳「ベンサム氏の訃報」杉原四郎・山下重一編『J. S. ミル初期著作集　第2巻』御茶の水書房，1980年，151-168頁］．

"Remarks on Bentham's Philosophy", Appendix to Edward Lytton Bulwer's *England and the English* (June 1833), in CW, Vol. X, pp. 3-18 ［泉谷周三郎訳「ベンサムの哲学」杉原四郎・山下重一編『J. S. ミル初期著作集　第2巻』御茶の水書房，1980年，168-188頁］．

"The Protagoras", *Monthly Repository* (February to March 1834), in CW, Vol. XI, pp. 39-61 ［泉谷周三郎・加藤幸夫訳「プラトン『プロタゴラス』」杉原四郎・山下重一編『J. S. ミル初期著作集　第3巻』御茶の水書房，1980年，3-47頁］．

"Wakefield's The New British Province of South Australia", *Examiner* (July 1834), in CW, Vol. XXIII, pp. 738-742.

"The Phaedrus", *Monthly Repository* (June to September 1834), in CW, Vol. XI, pp. 62-96.

"The Gorgias", *Monthly Repository* (October to December 1834), in CW, Vol. XI, pp. 97-150.

"The Apology of Socrates", *Monthly Repository* (February to March 1835), in CW, Vol. XI, pp. 151-174.

"Sedgwick's Discourse", *London Review* (April 1835), in CW, Vol. X, pp. 31-74 ［川名雄一郎・山本圭一郎訳「セジウィックの論説」川名雄一郎・山本圭一郎訳『功利主義論集』京都大学学術出版会，2010年，3-93頁］．

"De Tocqueville on Democracy in America, I", *London Review* (October 1835), in CW, Vol. XVIII, pp. 47-90 ［山下重一訳「トクヴィル氏のアメリカ民主主義論I」杉原四郎・山下重一編『J. S. ミル初期著作集　第3巻』御茶の水書房，1980年，111-178頁］．

"Civilization", *London and Westminster Review* (April 1836), in CW, Vol. XVIII, pp. 117-147 ［山下重一訳「トクヴィル氏のアメリカ民主主義論I」杉原四郎・山下重一編『J. S. ミル初期著作集　第3巻』御茶の水書房，1980年，179-223頁］．

"Taylor's Statesman", *London and Westminster Review* (April 1837), in CW, Vol. XIX, pp. 617-647 (co-authored with George Grote).

"Bentham", *London and Westminster Review* (August 1838), in CW, Vol. X, pp. 75-115 ［川名雄一郎訳「ベンサム」川名雄一郎・山本圭一郎訳『功利主義論集』京都大学学術出版会，2010年，95-180頁］．

"Coleridge", *London and Westminster Review* (March 1840), in CW, Vol. X, pp. 117-163 ［柏經學訳「コールリッジ論」杉原四郎・山下重一編『J. S. ミル初期著作集　第4巻』御茶の水書房，1997年，3-126頁］．

"Two Publications on Plato", *London and Westminster Review* (September 1840), in CW, Vol. XI, pp. 239-243.

"De Tocqueville on Democracy in America, II", *Edinburgh Review* (October 1840), in CW, Vol. XVIII, pp. 153-204 ［山下重一訳「トクヴィル氏のアメリカ民主主義論 II」杉原四郎・山下重一編『J. S. ミル初期著作集　第 4 巻』御茶の水書房, 1997 年, 127-195 頁］.

A System of Logic, Ratiocinative and Inductive : Being a Connected View of the Principles of Evidence and the Methods of Scientific Investigation (March 1843), in CW, Vol. VII and VIII ［江口聡・佐々木憲介編訳『論理学体系 4』京都大学学術出版会, 2020 年］.

"Michelet's History of France", *Edinburgh Review* (January 1844) in CW, Vol. XX, pp. 217-255.

"Guizot Essays and Lectures on History", *Edinburgh Review* (October 1845), in CW, Vol. XX, pp. 257-294 ［山下重一訳「ギゾーの歴史論」『國學院法学』第 23 巻, 第 3 号, 1985 年, 75-121 頁］.

"Grote's History of Greece ［1］", *Spectator* (4 April 1846), in CW, Vol. XXIV, pp. 867-875.

"Grote's History of Greece, I", *Edinburgh Review* (October 1846), in CW, Vol. XI, pp. 271-305.

"Grote's History of Greece ［2］", *Spectator* (5 June 1847), in CW, Vol. XXIV, pp. 1084-1088.

"Grote's History of Greece ［3］", *Spectator* (3 March 1849), in CW, Vol. XXV, pp. 1121-1128.

"Grote's History of Greece ［4］", *Spectator* (10 March 1849), in CW, Vol. XXV, pp. 1128-1134.

"Grote's History of Greece ［5］", *Spectator* (16 March 1850), in CW, Vol. XXV, pp. 1157-1164.

"Grote's History of Greece, II", *Edinburgh Review* (October 1853), in CW, Vol. XI, pp. 309-337.

On Liberty (February 1859), in CW, Vol. XVIII, pp. 213-310 ［関口正司訳『自由論』岩波文庫, 2020 年］.

Considerations on Representative Government (April 1861), in CW, Vol. XIX, pp. 371-577 ［関口正司訳『代議制統治論』岩波書店, 2019 年］.

"Utilitarianism", *Fraser's Magazine* (October to December 1861), in CW, Vol. X pp. 203-259 ［川名雄一郎訳「功利主義」川名雄一郎・山本圭一郎訳『功利主義論集』京都大学学術出版会, 2010 年, 225-354 頁；関口正司訳『功利主義』岩波文庫, 2021 年］.

"Grote's Plato", *Edinburgh Review* (April 1866), in CW, Vol. XI, pp. 375-440.

Inaugural Address delivered to the University of St. Andrews (February 1867), in CW, Vol. XXI, pp. 215-257 ［竹内一誠訳『大学教育について』岩波書店, 2011 年］.

The Subjection of Women (May 1869), in CW, Vol. XXI, pp. 259-322 ［大内兵衛・大内節子訳『女性の解放』岩波書店, 1957 年］.

"Grote's Aristotle", *Fortnightly Review* (January 1873), in CW, Vol. XI, pp. 473-510.

Autobiography (November 1873), in CW, Vol. I, pp. 1-290 ［山下重一訳註『評註ミル自伝』御茶の水書房, 2003 年］.

The Earlier Letters of John Stuart Mill, 1812-1843, F. E. Mineka ed., in CW, XII-XIII, *passim*.

The Later Letters of John Stuart Mill, 1849-1873, F. E. Mineka and D. N. Lindley eds., in CW, Vol. XIV-XVII, *passim*.

【その他の一次文献】

Anderson, Walter (1791) *The Philosophy of Ancient Greece*, William Creech.

Anon. (1808) "Mitford's History of Greece", *Edinburgh Review*, Vol. 12, No. 24 (July 1824), pp. 478-517.

Anon. (1825) "Response to Quarterly Review—Articles on Greek Literature," *Westminster Review*, Vol. 3 (January 1824), pp. 233-261.

Austin, Charles (1827) "The Quarterly Review: "Greek Courts of Justice" No. 66", *Westminster Review*, Vol. 7 (January 1827), pp. 227-268.

Bain, Alexander (1882a) *James Mill: A Biography*, Longman, Green and Co.

—— (1882b) *John Stuart Mill: A Criticism with Personal Recollections*, Longman, Green and Co [山下重一・矢島杜夫訳『J. S. ミル評伝』御茶の水書房, 1993年].

Bentham, Jeremy (1834) *Deontology or, the Science of Morality*, in John Bowring eds., *The Works of Jeremy Bentham*, 2 vols., Longman, Rees, Orme, Browne, Green, and William Tait.

—— (1843) *Plan of Parliamentary Reform, in the Form of a Catechism with Reasons for Each Article, with an Introduction, Shewing the Necessity of Radical, and the Inadequacy of Moderate, Reform* in John Bowring eds., *The Works of Jeremy Bentham*, John Bowring and William Tait.

—— (1983) *Deontology. Together with a Table of the Springs of Action and The Article on Utilitarianism*, in Amnon Goldworth ed., *The Collected Works of Jeremy Bentham*, Clarendon Press.

—— (2015) *The Book of Fallacies*, in Philip Schofield ed., *The Collected Works of Jeremy Bentham*, Clarendon Press.

Blackie, John Stuart (1874) *Four Phases of Morals: Socrates, Aristotle, Christianity, Utilitarianism*, Edmonston and Douglas (First published in 1871).

—— (1857) "Plato", in *Edinburgh Essays by Members of the University. 1856*, Adam and Charles Black, pp. 1-41.

Butler, William Archer (1856) *Lectures on the History of Ancient Philosophy*, 2 vols., Macmillan and Co.

Coleridge, Samuel Taylor (1961) "On the Origin and Progress of the Sect of Sophists in Greece", in *The Friend*, in Barbara E. Rooke ed., *The Collected Works of Samuel Taylor Coleridge*, Princeton University Press, Vol. 4 (Part 1), pp. 436-447.

Forster, John (1842-43) "Socrates and the Sophists of Athens," *Foreign Quarterly Review*. Vol. 30 (January 1843), pp. 331-368.

Gillies, John (1790) *The History of Ancient Greece, Its Colonies, and Conquests*, 4 vols., 2nd ed., A. Strahan and T. Cadell (First published in 1786).

Goldsmith, Oliver (1774) *The Grecian History from the Earliest State to the Death of Alexander the Great*, 2 vols., J. and F. Rivington etc.

Gompertz, Theodor (1901-12) *The Greek Thinkers: A History of Ancient Philosophy*, 3 vols., trans. G. G. Berry, John Murray.

Grote, Harriet (1862) *Collected papers (Original and Reprinted,) in Prose and Verse, 1842-1862*, John Murray.

―――― (1873) *The Personal Life of George Grote*, John Murray.

Grote, Harriet ed. (1874) *Posthumous Papers : Comprising Selections from Familiar Correspondence During Half a Century : Some Youthtul Compositions by the late George Grote*, William Clowes and Sons.

Jowett, Benjamin (1892) *The Dialogues of Plato, Translated into English with Analyses and Introduction*, 5 vols., 3rd ed., Oxford University Press.

Lewes, G. H., (1845) *A Biographical History of Philosophy*, 2 vols., Charles Knights & Co.

Lewin, Thomas Herbert (1909) *The Lewin Letters : A Selection from the Correspondence & Diaries of An English Family 1756-1884*, 2 vols., Archibald Constable & Co Ltd.

Macaulay, Thomas Babington (1824a) "On the Athenian Orators", *Knight's Quarterly Magazine*, Vol. 3, No. 1 (August 1824), pp. 117-128.

―――― (1824b) "On Mitford's History of Greece", *Knight's Quarterly Magazine*, Vol. 3, No. 2 (November 1824), pp. 285-304.

―――― (1848) "Lord Bacon" in *Critical and Historical Essays,* Contributed to the *Edinburgh Review by Thomas Babington Macaulay*, 3 vols., 4th ed., London : Longman, Brown, Green, and Longmans, pp. 280-429 (First published in 1837).

[Mackintosh, James] (1818) "Universal Suffrage," *Edinburgh Review*, Vol. 31, No. 61 (December 1818), pp. 165-203.

Mill, James (1804a) "Taylor's Translation of Plato", I, *Literary Journal*, Vol. 3, No. 8 (May 1804), pp. 449-461.

―――― (1804b) "Taylor's Translation of Plato", II, *Literary Journal*, Vol. 3, No. 10 (June 1804), pp. 577-589.

―――― (1809) "Taylor's Plato", *Edinburgh Review*, Vol. 14, No. 27 (April 1809), pp. 187-211.

―――― (1978) "Essay on Government" in Terence Ball ed., *James Mill : Political Writings*, Cambridge University Press, pp. 53-95 (First published in 1820).

Mitchell, Thomas (1822) "Panegyrical Oratory of Greece", *The Quarterly Review*, Vol. 27 (July 1822), pp. 382-404.

[Mitchell, Thomas] (1826) "Greek Courts of Justice", *The Quarterly Review*, No. 66 (March 1826), pp. 332-356.

Mitford, William, (1818) *The History of Greece*, 5 vols., T. Cadell and W. Davies, 1818 (First published from 1784 to 1810).

Montagu, E. W. (1760) *Reflections on the Rise and Fall of Ancient Republicks*, A. Millar (First published in 1759).

Müller, K. O. (1847) *History of the Literature of Ancient Greece, to the Period of Isocrates*, trans.

George Cornwall Lewis and John William Donaldson, new ed., Robert Baldwin.

Russell, Bertrand and Patricia Russell eds.（1937）*The Amberley Papers*, Vol. 1, Hogarth.

Sewell, William（1841）*An Introduction to the Dialogues of Plato*, J. G. F. & J. Rivington and J. H. Parker.

Sidgwick, Henry（1872）"The Sophist", *Journal of Philology*, Vol. 4, pp. 288–307.

Stanyan, Temple（1774）*The Grecian History, from the Original of Greece, to the Death of Philip of Macedon*, 2 vols., W. Strahan etc.（First published in 1707 and 1739）.

Sydenham, Floyer and Thomas Taylor（1804）*The Works of Plato, viz. his Fifty-Five Dialogues and Twelve Epistles, Translated from the Greek, Nine of the Dialogues by the late Floyer Sydenham, and the Remainder by Thomas Taylor*, Thomas Taylor.

Taylor, Thomas（1787）*The Mystical Initiations ; Or, Hymns of Orpheus Translated from the Original Greek : With a Preliminary Dissertation on the Life and Theology of Orpheus*, Thomas Taylor.

Thirlwall, Connop（1845–52）*The History of Greece*, 8 vols., new ed., Longman, Brown, Green & Longmans（First published from 1835 to 1844）.

[Williams, John]（1831）"Subversion of Ancient Governments", *The Quarterly Review*, Vol. 45, No. 90（July 1831）, pp. 450–471.

2. 二次文献

Aldridge, A. O.（1974）"Ancients and Moderns in the Eighteenth Century," in Philip E. Wiener ed., *Dictionary of the History of Ideas : Studies of Selected Pivotal Ideas*, Vol. 1, Charles Scribner's Sons, pp. 77–80［川島昭夫訳「新旧論争（18世紀における）」『西洋思想大事典　第1巻』平凡社，1990年，564–548頁］.

Ball, Terence（2007）"James Mill", *Oxford Dictionary of National Biography*（Database）.

Ballacci, Giuseppe and Rob Goodman eds.（2024）*Populism, Demagoguery, and Rhetoric in Historical Perspective*, Oxford University Press.

Barrell, Callum（2021）*History and Historiography in Classical Utilitarianism, 1800–1865*, Cambridge University Press.

Bell, Duncan（2006）"From Ancient to Modern in Victorian Imperial Thought", *The Historical Journal*, Vol. 49, No. 3, pp. 735–759.

―――（2010）"John Stuart Mill on Colonies", *Political Theory*, Vol. 38, No. 1, pp. 34–64.

Bentley, Michael（2005）*Modernising England's Past : English Historiography in the Age of Modernism, 1870–1970*, Cambridge University Press.

Berlin, Isaiah（1991）"John Stuart Mill and the End of Life", in John Gray and G. W. Smith eds., *J. S. Mill, On Liberty in Focus*, Routledge［小川晃一・小池銈訳「ジョン・スチュアート・ミルと生の目的」小川晃一・小池銈・福田歓一・生松敬三共訳『自由論』みすず書房，新装版，

2000 年，391-451 頁］．

Berman, David（1990）*A History of Atheism in Britain from Hobbes to Russell*, Routledge.

Borthwick, E. Kerr（2009）"John Stuart Blackie", *Oxford Dictionary of National Biography*（Online Database）．

Buckley, Jessie（1926）*Joseph Parkes of Birmingham and the Part Which He Played in Radical Reform Movements from 1825 to 1845*, Methuen.

Burrow, John（1988）*Whigs and Liberals : Continuity and Change in English Political Thought*, Clarendon Press.

Calder, William M. III and Stephen Trzaskome eds.（1996）*George Grote Reconsidered : A 200th Birthday Celebration with a First Edition of his Essay "Of the Athenian Government"*, Weidmann.

Capaldi, Nicholas（2004）*John Stuart Mill : A Biography*, Cambridge University Press.

Carr, E. H.（2018）*What is History?*, Penguin Classics［近藤和彦訳『歴史とは何か』新版，岩波書店，2022 年］．

Claeys, Gregory（2022）*John Stuart Mill : A Very Short Introduction*, Oxford University Press.

Clark, J. W.（2023）"Connop Thirlwall", revised by H. C. G. Matthew, *Oxford Dictionary of National Biography*（Online Database）．

Clark, M. L.（1962）*George Grote : Biography*, The Athlone Press.

Collini, Stefan（1991）*Public Moralists : Political Thought and Intellectual Life in Britain 1850-1930*, Clarendon Press.

Collini, Stefan, Donald Winch and John Burrow（1983）*That Noble Science of Politics : A Study in Nineteenth-Century Intellectual History*, Cambridge University Press［永井義雄・坂本達哉・井上義朗訳『かの高貴なる政治の科学——19 世紀知性史研究』ミネルヴァ書房，2005 年］．

Crimmins, James E.（1990）*Secular Utilitarianism : Social Science and the Critique of Religion in the Thought of Jeremy Bentham*, Clarendon Press.

Demetriou, Kyriakos N.（1996a）"Grote in Socrates : An Unpublished Essay of the 1820s in its Context", *Dialogos*, No. 3, pp. 36-50.

——（1996b）"The Development of Platonic Studies in Britain and the Role of the Utilitarians", *Utilitas*, Vol. 8, No. 1, pp. 15-37.

——（1996c）"In Defence of the British Constitution : Theoretical Implications of the Debate over Athenian Democracy", *History of Political Thought*, Vol. 17, No. 2, pp. 280-297.

——（1998）"George Grote and the Platonic Revival in Victorian Britain", *Quaderni di storia*, Vol. 47, pp. 17-59.

——（2002）"Bishop Connop Thirlwall : Historian of Ancient Greece", *Quaderni di storia*, Vol. 56, pp. 49-90.

——（2009）"Socratic Dialectic and the Exaltation of Individuality : J. S. Mill's Influence on G. Grote's Platonic Interpretation", *Quaderni di storia*, Vol. 69, pp. 35-61.

────(2013)"The Spirit of Athens : George Grote and John Stuart Mill on Classical Republicanism", in Kyriakos N. Demetriou and Antis Loizides eds., *John Stuart Mill : A British Socrates*, Palgrave Macmillan, pp. 176-206.

────(2016a)"The Sophists, Democracy, and Modern Interpretation", in *Studies on the Reception of Plato and Greek Political Thought in Victorian Britain*, Routledge, IX : pp. 1-24.

────(2016b) *Studies on the Reception of Plato and Greek Political Thought in Victorian Britain*, Routledge.

Demetriou, Kyriakos N. ed.(2014) *Brill's Companion to George Grote and the Classical Tradition*, Brill.

Demetriou, Kyriakos N. and Antis Loizides eds.(2013)*John Stuart Mill : A British Socrates*, Palgrave Macmillan.

Devigne, Robert (2006) *Reforming Liberalism : J. S. Mill's Use of Ancient, Religious, Liberal, and Romantic Moralities*, Yale University Press.

Eggleston, Ben, Dale E. Miller and David Weinstein eds., *John Stuart Mill and the Art of Life*, Oxford University Press.

Finlay, M. I.(1973) *Democracy Ancient and Modern*, Rutgers Univ Press［柴田平三郎訳『民主主義──古代と現代』講談社学術文庫，2007 年］。

Fuller, Catherine(2014)"Bentham, Mill, Grote, and An Analysis of the Influence of Natural Religion on the Temporal Happiness of Mankind", in Kyriakos N. Demetriou ed., *Brill's Companion to George Grote and the Classical Tradition*, Brill, pp. 117-133.

Gianoutsos, Jamie A.(2020) *The Rule of Manhood Tyranny, Gender, and Classical Republicanism in England, 1603-1660*, Cambridge University Press.

Giorgini, Giovanni(2009)"Radical Plato : John Stuart Mill, George Grote and the Revival of Plato in Nineteenth-Century England", *History of Political Thought*, Vol. 30, No. 4, pp. 617-646.

────(2013)"Three Visions of Liberty : John Stuart Mill, Isaiah Berlin, Quentin Skinner", in Kyriakos N. Demetriou and Antis Loizides eds., *John Stuart Mill : A British Socrates*, Palgrave Macmillan, pp. 207-229.

────(2014)"The Sophists in Context : George Grote's Reappraisal", in Kyriakos N. Demetriou ed., *Brill's Companion to George Grote and the Classical Tradition*, Brill, pp. 303-328.

Goodwin, Gordon(2004)"Thomas Mitchell", revised by Richard Smail, *Oxford Dictionary of National Biography*(Online Database).

Gray, John(1979)"John Stuart Mill : Traditional and Revisionist Interpretations", *Literature of Liberty*, Vol. 2, No. 2, pp. 7-37.

Gray, John and G. W. Smith(1991)"Introduction", in John Gray and G. W. Smith eds., *J. S. Mill, On Liberty in Focus*, Routledge, pp. 1-20［泉谷周三郎・大久保正健訳「序論」『ミル『自由論』再読』，木鐸社，2000 年，5-28 頁］．

Hamburger, Joseph (2008) "Harriet Grote [née Lewin]", *Oxford Dictionary of National Biography* (Online Database).
―――― (2018) "George Grote", *Oxford Dictionary of National Biography* (Online Database).
Hammersley, Rachel (2019) *James Harrington : An Intellectual Biography*, Oxford University Press.
Herman, Gabriel (2007) *Morality and Behaviour in Democratic Athens : A Social History*, Cambridge University Press.
Inamura, Kazutaka (2020) "J. S. Mill on Liberty, Socratic Dialectic, and the Logic behind Political Discourse", *Journal of the History of Ideas*, Vol. 81, No. 2, pp. 257-277.
Irwin, T. H. (1998) "Mill and the Classical World", in John Skorupski ed., *The Cambridge Companion to Mill*, Cambridge University Press, pp. 423-463.
Jacobs, Jo Ellen (2002) *The Voice of Harriet Taylor Mill*, Indiana University Press.
Jenkyns, Richard (1980) *The Victorians and Ancient Greece*, Harvard University Press.
Kerferd, G. B. (1981) *The Sophistic Movement*, Cambridge University Press.
Kierstead, James (2014) "Grote's Athens : The Character of Democracy", in Kyriakas N. Demetriou ed., *Brill's Companion to George Grote and the Classical Tradition*, Brill, pp. 161-210.
Kunzer, Bruce (2014) "George Grote, The Philosophic Radical and Politician", in Kyriakos N. Demetriou ed., *Brill's Companion to George Grote and the Classical Tradition*, Brill, pp. 16-46.
Lianeri, Alexandra (2007) "Effacing Socratic Irony : Philosophy and Technê in John Stuart Mill's Translation of the Protagoras", in Micheal Trapp ed., *Socrates in the Nineteenth and Twentieth Centuries*, Routledge, pp. 167-186.
Loizides, Antis (2013a) *John Stuart Mill's Platonic Heritage : Happiness through Character*, Lexington Books.
―――― (2013b) "The Socratic Origins of John Stuart Mill's 'Art of Life'", in Kyriakos N. Demetriou and Antis Loizides eds., *John Stuart Mill : A British Socrates*, Palgrave Macmillan, pp. 75-96.
―――― (2014) "James Mill and George Grote : A Benthamite Defence of 'Theoretic Reform'", in Kyriakos N. Demetriou ed., *Brill's Companion to George Grote and the Classical Tradition*, Brill, pp. 47-84.
―――― (2019a) *James Mill's Utilitarian Logic and Politics*, Routledge.
―――― (2019b) "The Mills", in Christopher Moore ed., *Brill's Companion to the Reception of Socrates*, Brill, pp. 793-819.
Louth, Andrew (2004) "Thomas Taylor", *Oxford Dictionary of National Biography* (Online Database).
Macleod, Christopher and Dale E. Miller eds. (2017) *A Companion to Mill*, Wiley Blackwell.
McCabe, Helen (2014) "John Stuart Mill's Philosophy of Persuasion", *Informal Logic*, Vol. 34, No. 1, pp. 38-61.

―――(2023)*Harriet Taylor Mill*, Cambridge University Press.

Miller, Dale E.(2000)"John Stuart Mill's Civic Liberalism", *History of Political Thought*, Vol. 21, No. 1, pp. 88-113.

Momigliano, Arnaldo(1966)*Studies in Historiography*, Weidenfeld and Nicolson.

Murata, Minami(2019)"John Stuart Mill and Political Reform: Responses to Bentham and Grote", *Revue d'études benthamiennes*, Vol. 16.

Neocleous, Andreas, Giorgos Kataliakos and Antis Loizides(2022)"Text Mining in 19th-Century Essays for Investigating a Possible Collaborative Authorship Problem: John Stuart Mill and Harriet Taylor Mill", *IEEE Access*, Vol. 10, pp. 20937-20947.

Nordquest, David A.(2016)"Mill and the *Gorgias*", *Utilitas*, Vol. 28, No. 1, pp. 19-27.

Pappé, H. O.(1979)"The English Utilitarians and Athenian Democracy", in R. R. Bolgar ed., *Classical Influences on Western Thought: A.D. 1650-1870*, Cambridge University Press, pp. 295-307.

Pionke, Albert D.(2024)"Critical Introduction to George Grote's History of Greece Volumes 1 and 2", Mill Marginalia Online, Albert D. Pionke and Emma Annette Wilson eds., URL: https://millmarginalia.org/critical-intro/critical-introduction-to-george-grotes-history-of-greece-volumes-1-and-2/（最終閲覧：2024 年 11 月）.

Pitts, Jennifer(2006)*A Turn to Empire: The Rise of Imperial Liberalism in Britain & France*, Princeton University Press.

Pocock, J. G. A.(1975)*The Machiavellian Moment: Florentine Political Thought and the Atlantic Republican Tradition*, Princeton University Press［田中秀夫・奥田敬・森岡邦泰訳『マキァヴェリアン・モーメント――フィレンツェの政治思想と大西洋圏の共和主義の伝統』名古屋大学出版会，2008 年］.

Postema, Gerald J.(2019)*Utility, Publicity, and Law: Essays on Bentham's Moral and Legal Philosophy*, Oxford University Press［戒能通弘訳『ベンサム「公開性」の法哲学』慶應義塾大学出版会，2023 年］.

Richardson, Sarah(2014)"A Regular Politician in Breeches: The Life and Work of Harriet Lewin Grote", in Kyriakos N. Demetriou ed., *Brill's Companion to George Grote and the Classical Tradition*, Brill, pp. 134-160.

Riley, Jonathan(2007)"Mill's Neo-Athenian Model of Liberal Democracy", in Nadia Urbinati and A. Zakaras eds., *J. S. Mill's Political Thought: A Bicentennial Reassessment*, Cambridge University Press, pp. 221-249.

―――(2013)"Mill's Greek Ideal of Individuality", in Kyriakos N. Demetriou and Antis Loizides eds., *John Stuart Mill: A British Socrates*, Palgrave Macmillan, pp. 97-125.

Roche, Helen and Kyriakos N. Demetriou eds.(2017)*Brill's Companion to the Classics, Fascist Italy and Nazi Germany*, Brill.

Robbins, Caroline(2004)*The Eighteenth-Century Commonwealthman, Studies in the Transmission,*

Development, and Circumstance of English Liberal Thought from the Restoration of Charles II until the War with the Thirteen Colonies, Liberty Fund, (First Published in 1959) [田中秀夫訳『イギリス一八世紀のコモンウェルスマン——自由主義思想の伝播と発展』ミネルヴァ書房，2020 年].

Roberts, Jennifer T. (1994) *Athens on Trial: The Antidemocratic Tradition in Western Thought*, Princeton University Press.

Robson, Ann P. (2004) "Harriet Mill [née Hardy; other married name Taylor]", *Oxford Dictionary of National Biography* (Online Database).

Rosen, Frederick (1983) *Jeremy Bentham and Representative Democracy: A Study of the Constitutional Code*, Clarendon Press.

——— (2003) *Classical Utilitarianism from Hume to Mill*, Routledge.

——— (2007) "The Method of Reform: J. S. Mill's Encounter with Bentham and Coleridge", in Nadia Urbinati and Alex Zakaras eds, *J. S. Mill's Political Thought: A Bicentennial Reassessment*, Cambridge University Press, pp. 124-144.

Rumble, Wilfrid E. (2020) "Charles Austin", *Oxford Dictionary of National Biography* (Online Database).

Ryan, Alan (1991) "John Stuart Mill's Art of Living", in John Gray and G. W. Smith eds., *J. S. Mill, On Liberty in Focus*, Routledge, pp. 162-168 (First published in 1965) [泉谷周三郎・大久保正健訳「J. S. ミルの「生活の技術」」『ミル『自由論』再読』木鐸社，2000 年，69-76 頁].

Ryan, Alan (1998) "Mill in a Liberal Landscape", in Skorupski, John ed., *The Cambridge Companion to Mill*, Cambridge University Press, pp. 497-540.

Schmidt-Petri, Christoph, Michael Schefczyk and Lilly Osburg (2022) "Who Authored *On Liberty*? Stylometric Evidence on Harriet Taylor Mill's Contribution", *Utilitas*, Vol. 34, No. 2, pp. 120-138.

Schofield, Philip (2006) *Utility and Democracy: The Political Thought of Jeremy Bentham*, Oxford University Press [川名雄一郎・高島和哉・戒能通弘訳『功利とデモクラシー——ジェレミー・ベンサムの政治思想』慶應義塾大学出版会，2020 年].

——— (2014) "Jeremy Bentham and James Mill", in W. J. Mander ed., *The Oxford Handbook of British Philosophy in the Nineteenth Century*, Oxford University Press, pp. 347-364.

Schultz, Bart (2004) *Henry Sidgwick: Eye of the Universe, An Intellectual Biography*, Cambridge University Press.

Skinner, Quentin (1998) *Liberty before Liberalism*, Cambridge University Press [梅津順一訳『自由主義に先立つ自由』聖学院大学出版会，2001 年].

Skinner, S. A. (2004) "William Sewell", *Oxford Dictionary of National Biography* (Online Database).

Skorupski, John ed. (1998) *The Cambridge Companion to Mill*, Cambridge University Press.

Snyder, Laura J.（2006）*Reforming Philosophy : A Victorian Debate on Science and Society*, The University of Chicago Press.

Somerville College Library（2024）"The John Stuart Mill Library", Somerville College Library , URL : https : //library.some.ox.ac.uk/special-collections/jsm-library/（最終閲覧：2024 年 11 月）.

Sparshott, F. E.（1978）"Introduction", in CW, Vol. XI, pp. vii–lxxv.

Taylor, Charles（2006）"What's Wrong with Negative Liberty", in David Miller ed., *The Liberty Reader*, Paradigm Publishers, pp. 141–162（First published in 1979）.

Thomas, William（1971）"James Mill's Politics : A Rejoinder", *The Historical Journal*, Vol. 14, No. 4, pp. 735–750.

―――（1979）*The Philosophic Radicals : Nine-Studies in Theory and Practice 1817–1841*, Clarendon Press.

Thompson, Dennis. F.（1976）*John Stuart Mill and Representative Government*, Princeton University Press.

―――（2007）"Mill in Parliament : When Should a Philosopher Compromise?" in Nadia Urbinati and Alex Zakaras eds., *J. S. Mill's Political Thought : A Bicentennial Reassessment*, Cambridge University Press, pp. 166–199.

Turner, Frank M.（1981）*The Greek Heritage in Victorian Britain*, Yale University Press.

―――（1989）"Why the Greeks and not the Romans in Victorian Britain", in G. W. Clarke ed., *Rediscovering Hellenism : The Hellenic Inheritance and the English Imagination*, Cambridge University Press, pp. 61–82.

Urbinati, Nadia（2002）*Mill on Democracy : From the Athenian Polis to Representative Government*, The University of Chicago Press.

―――（2011）"An Alternative Modernity : Mill on Capitalism and the Quality of Life", in Ben Eggleston, Dale E. Miller, and David Weinstein eds., *John Stuart Mill and the Art of Life*, Oxford University Press, pp. 236–263.

―――（2013）"John Stuart Mill, Romantics' Socrates, and the Public Role of the Intellectual", in Kyriakos N. Demetriou and Antis Loizides eds., *John Stuart Mill : A British Socrates*, Palgrave Macmillan, pp. 49–74.

Urbinati, Nadia and A. Zakaras eds.（2007）*J. S. Mill's Political Thought : A Bicentennial Reassessment*, Cambridge University Press.

Varouxakis, Georgios（1999）"Guizot's Historical Works and J. S. Mill's a Reception of Tocqueville", *History of Political Thought*, Vol. 20, No. 2, pp. 292–312.

―――（2002）*Mill on Nationality*, Routledge.

―――（2013）*Liberty Abroad : J. S. Mill on International Relations*, Cambridge University Press.

―――（2017）"Mill on Democracy Revisited", in Christopher Macleod and Dale E. Miller eds., *A Companion to Mill*, Wiley Blackwell, pp. 454–471.

Varouxakis, Georgios and Paul Kelly eds. (2010) *John Stuart Mill - Thought and Influence : The Saint of Rationalism*, Routledge.

Weinberg, Adelaide (1963) *Theodor Gomperz and John Stuart Mill*, Librairie Droz.

Westminster Abbey (2024) "George Grote", Westminster Abbey, URL : https://www.westminster-abbey.org/abbey-commemorations/commemorations/george-grote/ （最終閲覧：2024 年 11 月）．

Whedbee, Karen E. (2004) "Reclaiming Rhetorical Democracy : George Grote's Defense of Cleon and the Athenian Demagogues", *Rhetoric Society Quarterly*, Vol. 34, No. 4, pp. 71-95.

――― (2007) "An English Plato : J. S. Mill's Gorgias", *Rhetoric Society Quarterly*, Vol. 37, No. 1, pp. 19-41.

――― (2008) "Making the Worse Case Appear the Better : British Reception of the Greek Sophists Prior to 1850", *Rhetoric & Public Affairs*, Vol. 11, No. 4, pp. 603-630.

Zuckert, Catherine (2014) "Grote's Plato", in Kyriakos N. Demetriou ed., *Brill's Companion to George Grote and the Classical Tradition*, Brill, pp. 273-302.

アリストテレス（1992）『弁論術』戸塚七郎訳，岩波文庫．

有江大介（1997）「ベンサムの宗教批判と快楽主義的人間像――ベンサム社会科学の方法」『経済系』第 193 集，19-33 頁．

――― (2008)「J. S. ミルの宗教論――自然・人類教・"希望の宗教"」『横浜国際社会科学研究』第 12 巻・第 6 号，676-708 頁．

アリストパネス（2024）『喜劇全集』(1)，戸部順一訳，京都大学学術出版会．

泉谷周三郎（1977）「J・S・ミルの思想と「ハリエット・テイラーの神話」」『横浜国立大学人文紀要第一類哲学・社会科学』第 23 巻，46-65 頁．

イソクラテス（1998）『イソクラテス弁論集』(1)，小池澄夫訳，京都大学学術出版会．

――― (2002)『イソクラテス弁論集』(2)，小池澄夫訳，京都大学学術出版会．

伊藤貞夫（2004）『古代ギリシアの歴史――ポリスの興隆と衰退』講談社学術文庫．

犬塚元（2008）「拡散と融解のなかの「家族的類似性」――ポーコック以後の共和主義思想史研究 1975-2007」『社会思想史研究』第 32 巻，54-65 頁．

岩田靖夫（2014）『ソクラテス』ちくま学芸文庫．

上野愼也（2014）「古典教育の黄昏のイギリス帝国」池田嘉朗編『第一次世界大戦と帝国の遺産』山川出版社，246-275 頁．

内山勝利（2022）『変貌するギリシア哲学』岩波書店．

大久保正健（1997a）「ジョージ・グロートのソクラテス論」『イギリス哲学研究』第 20 巻，5-18 頁．

――― (1997b)「『自然宗教が人類の地上の幸福に及ぼす影響の分析』の著者問題について」『杉野女子大学紀要』第 34 号，21-33 頁．

――― (2007)「ケンブリッジ・プラトン学派」日本イギリス哲学会編『イギリス哲学・思想事典』研究社，153-155 頁．

岡本慎平（2024）「植物学者 J. S. ミル，あるいは彼の哲学に見出される植物学の影響ついて」『イギリス哲学研究』第 47 号，37-55 頁．

小田川大典（2006）「J. S. ミルと共和主義」田中秀夫，山脇直司編『共和主義の思想空間——シヴィック・ヒューマニズムの可能性』名古屋大学出版会，137-165 頁．

─── （2008）「現代の共和主義——近代・自由・デモクラシー」『社会思想史研究』第 32 巻，18-29 頁．

─── （2014）「ジョン・スチュアート・ミル——功利主義と代議制」宇野重規編『岩波講義 政治哲学 第 3 巻——近代の変容』岩波書店，25-47 頁．

小畑俊太郎（2013）『ベンサムとイングランド国制——国家・教会・世論』慶應義塾大学出版会．

戒能通弘（2007）『世界の立法者，ベンサム——功利主義法思想の再生』日本評論社．

加来彰俊（2004）『ソクラテスはなぜ死んだのか』岩波書店．

加藤守通（2014）「ルネサンス」水地宗明・山口義久・堀江聡編『新プラトン主義を学ぶ人のために』世界思想社，337-353 頁．

川島堅二（2001）「シュライアーマッハーとヘーゲル——特に弁証法の形成をめぐって」『日本の神学』第 2001 巻，第 40 号，57-78 頁．

川名雄一郎（2006）「ジョン・オースティンの功利主義論と J. S. ミル」『イギリス哲学研究』第 29 号，103-118 頁．

─── （2012）『社会体の生理学——J. S. ミルと商業社会の科学』京都大学学術出版会．

─── （2015）「新しい資料，新しい思想？——近年の J. S. ミル研究」『経済学史研究』第 56 巻・第 2 号，67-93 頁．

木曽明子（2022）『弁論の世紀——古代ギリシアのもう一つの戦場』京都大学学術出版会．

クセノポン（1998）『ギリシア史』(1)，根本英世訳，京都大学学術出版会．

─── （2011）『ソクラテス言行録』(1) 内山勝利訳，京都大学学術出版会．

─── （2022）「ソクラテスの弁明」『ソクラテス言行録』(2)，内山勝利訳，京都大学学術出版会，207-222 頁．

桑原俊介（2010）「解釈における歴史意識——テンネマンとシュライアマハーによるプラトン解釈をめぐって」『美学芸術学研究』第 29 巻，1-41 頁．

児玉聡（2007）「グロート，G.」日本イギリス哲学会編『イギリス哲学・思想事典』研究社，592-593 頁．

佐々木毅（2000）『プラトンの呪縛——二十世紀の哲学と政治』講談社学術文庫．

─── （2012）『よみがえる古代思想』講談社学術文庫．

澤田典子（2008）『アテネ——最期の輝き』岩波書店．

─── （2010）『アテネ民主政——命をかけた八人の政治家』講談社．

関口正司（1989）『自由と陶冶——J. S. ミルとマス・デモクラシー』みすず書房．

─── （2023）『J. S. ミル——自由を探究した思想家』中公新書．

高島和哉（2017）『ベンサムの言語論——功利主義とプラグマティズム』慶應義塾大学出版会．

竹澤祐丈（2006）「「平等なコモンウェルス」としてのオシアナ共和国」田中秀夫，山脇直司編『共和主義の思想空間——シヴィック・ヒューマニズムの可能性』名古屋大学出版会，14-46頁．
田中美知太郎（1957）『ソクラテス』岩波新書．
ツェラー，エドゥアルト（1955）『ギリシャ哲学史綱要』大谷長訳，未來社．
塚田富治（1996）『ベイコン——もうひとつの近代精神』研究社出版．
トゥキュディデス（2000）『歴史』(1)，藤縄謙三訳，京都大学学術出版会．
——（2003）『歴史』(2)，城江良和訳，京都大学学術出版会．
トクヴィル，アレクシ・ド（2005-2008）『アメリカのデモクラシー』全4巻，松本礼二訳，岩波文庫．
納富信留（2002）『ソフィストと哲学者の間——プラトン『ソフィスト』を読む』名古屋大学出版会．
——（2015）『ソフィストとは誰か？』ちくま学芸文庫．
——（2021）『ギリシア哲学史』筑摩書房．
信澤淳（1994）「マコーリーの初期作品」『駒沢史學』第47号，103-135頁．
橋場弦（2016）『民主主義の源流——古代アテネの実験』講談社学術文庫．
濱真一郎（2008）『バーリンの自由論——多元論的リベラリズムの系譜』勁草書房．
原田健二朗（2014）『ケンブリッジ・プラトン主義——神学と政治の連関』創文社．
秀村欣二（1961）「近代ヨーロッパにおける古典古代史研究の発展」石母田正ほか編『古代史講座　1　古代史学序説』学生社，68-117頁．
姫岡とし子（2008）『ヨーロッパの家族史』山川出版社．
深貝保則（2007）「2つのJ. S. ミル生誕200年記念集会」『イギリス哲学研究』第30号，197-199頁．
——（2013）「ヴィクトリア期の時代思潮における中世主義と古典主義」有江大介編『ヴィクトリア時代の思潮とJ・S・ミル——文芸・宗教・倫理・経済』三和書籍．
深貝保則・戒能通弘編（2015）『ジェレミー・ベンサムの挑戦』ナカニシヤ出版．
藤塚知義（1973）『経済学クラブ——イギリス経済学の展開』ミネルヴァ書房．
プラトン（1975）『プロタゴラス』藤沢令夫訳，田中美知太郎・藤沢令夫編『プラトン全集8』岩波書店，107-231頁．
——（1976a）『ソピステス』藤沢令夫訳，田中美知太郎・藤沢令夫編『プラトン全集3』岩波書店，1-186頁．
——（1976b）『ポリティコス（政治家）』水野有庸訳，田中美知太郎・藤沢令夫編『プラトン全集3』岩波書店，187-387頁．
——（1993）『法律』（上）（下），森進一・池田美恵・加来彰俊訳，岩波文庫．
——（1994）『メノン』藤沢令夫訳，岩波文庫．
——（1998）『パイドン——魂の不死について』岩田靖夫訳，岩波文庫．
——（2007）『ゴルギアス』（改版），加来彰俊訳，岩波文庫．

―――(2008)『国家』（改版）（上）（下），藤沢令夫訳，岩波文庫。
―――(2010)『パイドロス』（改版），藤沢令夫訳，岩波文庫。
―――(2012)『ソクラテスの弁明』納富信留訳，光文社古典新訳文庫。
―――(2014)『テアイテトス』（改版），田中美知太郎訳，岩波文庫。
プルタルコス（2015）『英雄伝』(4)，城江良和訳，京都大学学術出版会。
ヘーゲル，G. W. F.（2016）『哲学史講義』(I)〜(IV)，長谷川宏訳，河出文庫。
ベーコン（1978）『ノヴム・オルガヌム（新機関）』桂寿一訳，岩波文庫。
ヘロドトス（2007）『歴史』（改版）（上）（中）（下），松平千秋訳，岩波文庫。
堀井健一（2003）「ギリーズとミトフォードにおけるクレオンの描き方についての一考察」『長崎大学教育学部社会科学論叢』第63号，1-12頁。
水地宗明（2014）「新プラトン主義のアウトライン」水地宗明・山口義久・堀江聡編『新プラトン主義を学ぶ人のために』世界思想社，3-18頁。
村川堅太郎（1986）「ギリシアの衰頽について」『村川堅太郎古代史論集　第1巻　古代ギリシアの国家』岩波書店，173-215頁。
村田陽（2023）「ギリシアへの陶酔――ジョージ・グロートとジョン・スチュアート・ミルのアテナイの民主政論」『政治思想研究』第23号，236-267頁。
村田陽，戒能通弘（2024）「第16回国際功利主義学会（Luiss Guido Carli, Rome, 5-7 July 2023）」『イギリス哲学研究』第47号，129-135頁。
モミッリャーノ，アルナルド（2021）『歴史学を歴史学する』木庭顕編訳，みすず書房。
森直人（2002）「Q. スキナーとJ. G. A. ポーコック――方法論的比較」『調査と研究』第25号，85-101頁。
安武真隆（2016）「「共和主義」と「政治的人文主義」――『マキァヴェリアン・モーメント』第三章再訪」高野清弘・土佐和生・西山隆行編『知的公共圏の復権の試み』行路社，13-38頁。
山口誠一（1998）『ヘーゲルのギリシア哲学論』創文社。
山下重一（1971）『J. S. ミルの思想形成』小峰書店。

3．オンライン文献・資料

Mill Marginalia Online（Albert D. Pionke and Emma Annette Wilson eds., URL：https : //millmarginalia.org/）.
Oxford English Dictionary（Online Database），Oxford University Press.
Oxford Dictionary of National Biography（Online Database），Oxford University Press.

あ と が き

　本書は，筆者が同志社大学大学院法学研究科に提出し，2018年3月に博士号（政治学）を授与された学位論文「ジョン・スチュアート・ミルとデモクラシーへの問い——古典古代，功利，自由」を基盤とし，その後のポストドクターでの研究成果を組み込むことで，同学位論文に大幅な加筆修正を施したものである。本書の一部に含まれる初出論文および研究報告原稿は以下のとおりである。

　　第1章…「ジョン・スチュアート・ミルの古典古代論——その受容と意義をめぐって」『同志社法学』69巻（3号），2017年；"John Stuart Mill and Political Reform: Responses to Bentham and Grote", *Revue d'études benthamiennes*, Vol. 16, 2019.
　　第2章…「ギリシアへの陶酔——ジョージ・グロートとジョン・スチュアート・ミルのアテナイの民主政論」『政治思想研究』第23号，2023年。
　　第3章…「ジョージ・グロートとジョン・スチュアート・ミルによるデマゴーグ解釈——ギリシア史受容における弁論術の再評価」日本イギリス哲学会関西部会第69回研究例会，京都，2023年。
　　第4章…「ジョージ・グロートとジョン・スチュアート・ミルによるソフィスト解釈——19世紀英国における古代ギリシア史受容」西洋史読書会大会，京都，2024年。

　2018年3月，筆者はサマーヴィル・カレッジ（オックスフォード大学）のジョン・スチュアート・ミル図書館を初めて訪問し，資料調査を行なった。この折に，同コレクションに所蔵されたミルが実際に使用していたジョージ・グロートの重厚な『ギリシア史』全12巻を1ページずつ開き，ミルによる大

量の注釈や記号的な書き込みを目の当たりにしたときの驚きと感動は，いまでも忘れられない。このとき筆者は，『ギリシア史』の分析に焦点を当てないかぎり，ミルによる古典古代受容は解明できないのではないかと感じた。その後，細々とグロート研究に着手し，2020年のパンデミックが研究上の障壁になるなど紆余曲折はあったものの，気がつくと，グロートの知的遺産の豊かさに魅了されていた。

　ミル研究者とグロート研究者という〈二足の草鞋を履いてしまった〉筆者の研究に関心を寄せ，手厚い研究支援を継続的にしていただいている京都大学の竹澤祐丈先生に，心より感謝の意を表したい。竹澤先生には，日本学術振興会特別研究員PDと京都大学白眉プロジェクトにおいて筆者の受入研究者を快く引き受けていただいた。ソクラテス的な一問一答式で思想史研究の奥深さに対する気づきを与えてくださる竹澤先生との日々の対話は，本書の完成へと至るまでの確かな支えであった。

　本書の出発地点は同志社大学法学部・法学研究科にある。博士号取得まで筆者の研究を見守ってくださった富沢克先生と出原政雄先生にまずお礼を申し上げたい。博士論文の副査を務めていただいた濱真一郎先生には，自由主義研究が何を意味するのかについて，筆者が自分自身で考えるために必要だった視点や姿勢を数多く教えていただいた。戒能通弘先生には，博士前期課程在学時以来，国内外の学会や研究会を通じて，ベンサム研究や功利主義研究のネットワーク構築の機会を筆者に提供していただき，さまざまな場面で研究に関わる貴重な助言をいただいている。同研究科での後輩の松本浩延さんには，本書の核となる第2章の議論を組み立てる過程で手助けをしていただいた。

　筆者が初めて国際功利主義学会（横浜大会）に参加して以来，日本の功利主義研究を代表する横浜国立大学の有江大介先生と深貝保則先生から貴重なコメントをいただいた。とりわけ深貝先生には，ヴィクトリア朝の古典古代受容の面白さとそのダイナミックな知的文脈を掘り起こすための貴重な手がかりを教えていただいた。筆者が大学院に在学していた時期に，関西大学の安武真隆先生が開催されていた研究会に出席させていただけたことは，共和主義研究や代表制論に触れる有益な機会となった。この研究会を通じて武井

敬亮さんや苅谷千尋さんと知り合い，先輩として色々なことを教えていただいた。さらに，日本イギリス哲学会や日本功利主義研究会，政治思想学会などを通じて，筆者がミル研究や英国思想史研究に携わる過程で，小畑俊太郎先生，児玉聡先生，板井広明先生をはじめとする研究者の皆様から貴重な助言や刺激的なコメントをいただいた。この場をお借りして感謝の気持ちをお伝えしたい。

海外の研究者の方々にもお世話になる機会がたびたびあったが，とりわけベンサム・プロジェクトの Philip Schofield 先生には，哲学的急進派の思想史研究としてミルやグロートを歴史的に位置づけることに関して重みあるご助言をいただいた。Antis Loizides 先生と議論できたことは，本書の着想を深めるうえで貴重な機会であった。Eleonora Buono さんには，若手研究者同士の交流を通じてヴィクトリア朝研究の動向や情報を教えていただいた。

筆者の所属先である京都大学白眉センターでは，研究活動に専念できるようさまざまなサポートをいただいている。本書を完成させる過程で知り合った同僚の白眉研究者や，同センターをはじめとする京都大学で学術・事務支援を行なってくださるスタッフの皆様にもお礼申し上げたい。

資料調査においては，British Library, John Stuart Mill Library, UCL Library にお世話になった。特に British Library では，草稿の資料分類や保管のことを司書の皆様に丁寧に教えていただいた。

本書に関わる研究課題を進める過程において，日本学術振興会特別研究員 (DC1, 2015-2017 年度・PD, 2022-2023 年度) として研究を行なう機会を与えていただけたことは，大変貴重であった。本書の執筆過程では，科学研究費助成事業（若手研究：20K13416，特別研究員奨励：22KJ1781，若手研究：24K16288）ならびに京都大学白眉プロジェクトから助成を受けた。これらの助成のおかげで，海外での資料調査や学会出席を行なうことができ，本書の出版へと至る多様な着想や成果を得ることができた。

本書の出版にあたっては，「令和 6 年度 京都大学人と社会の未来研究院若手出版助成」の助成を受けた。

本書の出版を引き受けてくださったナカニシヤ出版の米谷龍幸さんと石崎雄高さんに，あらためて心よりお礼を申し上げたい。編集者を担当してくだ

さった石崎さんには，仕上がりまで時間のかかる原稿を忍耐強く待っていただき，ご負担をおかけしたことをここにお詫びを申し上げるとともに，的確なご助言をいただき，筆者にとって最初となる単著の出版に向けてご尽力いただいたことに，深く感謝申し上げたい。

　本書の構想を練り上げ，書き進めていく過程で，筆者のことをさまざまな形で支えてくれた友人たちと家族に感謝している。とりわけパートナーの実が，筆者のことを日々見守り，献身的に支えてくれたことにお礼したい。

　最後に，筆者が「生活の実験 (experiments in living)」を繰り返し，自由に生きるために不可欠だったあらゆることを与えてくれた父の敬久と母のさとみに心から感謝の気持ちを伝えたい。

2025年1月

村田　陽

■著者略歴

村田　陽（むらた・みなみ）
　1990 年　大阪府に生まれる。
　2013 年　同志社大学法学部政治学科卒業。
　2018 年　同志社大学大学院法学研究科政治学専攻博士課程
　　　　　（後期課程）修了。博士（政治学）。
　現　在　京都大学白眉センター特定助教。
　著　作　『政治思想史──西洋と日本の両面から学ぶ』〔共著〕
　　　　　（法律文化社，2024 年），「ギリシアへの陶酔──
　　　　　ジョージ・グロートとジョン・スチュアート・ミル
　　　　　のアテナイの民主政論」(『政治思想研究』23 号，2023
　　　　　年），"John Stuart Mill and Political Reform: Re-
　　　　　sponses to Bentham and Grote," *Revue d'études ben-
　　　　　thamiennes*, Vol. 16, 2019, 他。

ギリシアへの陶酔
──ジョージ・グロートと J. S. ミルによる古代ギリシア思想の受容──

2025 年 3 月 31 日　初版第 1 刷発行

著　者　村　田　　　陽
発行者　中　西　　　良

発行所　株式会社　ナカニシヤ出版

〒606-8161　京都市左京区一乗寺木ノ本町 15
TEL　(075)723-0111
FAX　(075)723-0095
http://www.nakanishiya.co.jp/

©Minami MURATA 2025　印刷・製本／亜細亜印刷
＊乱丁本・落丁本はお取り替え致します。
ISBN978-4-7795-1849-2　Printed in Japan

◆本書のコピー，スキャン，デジタル化等の無断複製は著作権法上での例外を除き禁じられています。本書を代行業者等の第三者に依頼してスキャンやデジタル化することはたとえ個人や家庭内での利用であっても著作権法上認められておりません。